Sichtweisen der Wechselkursbestimmung

Wirtschaftswissenschaftliche Beiträge

Band 1: Christof Aignesberger
Die Innovationsbörse als Instrument zur Risikokapitalversorgung innovativer mittelständischer Unternehmen
1987. 326 Seiten. Brosch. DM 69,-
ISBN 3-7908-0384-7

Band 2: Ulrike Neuerburg
Werbung im Privatfernsehen
1988. 302 Seiten. Brosch. DM 69,-
ISBN 3-7908-0391-X

Band 3: Joachim Peters
Entwicklungsländerorientierte Internationalisierung von Industrieunternehmen
1988. 165 Seiten. Brosch. DM 49,-
ISBN 3-7908-0397-9

Band 4: Günther Chaloupek
Joachim Lamel und Josef Richter (Hrsg.)
Bevölkerungsrückgang und Wirtschaft
1988. 478 Seiten. Brosch. DM 98,-
ISBN 3-7908-0400-2

Band 5: Paul J. J. Welfens und Leszek Balcerowicz (Hrsg.)
Innovationsdynamik im Systemvergleich
1988. 466 Seiten. Brosch. DM 90,-
ISBN 3-7908-0402-9

Band 6: Klaus Fischer
Oligopolistische Marktprozesse
1988. 169 Seiten. Brosch. DM 55,-
ISBN 3-7908-0403-7

Band 7: Michael Laker
Das Mehrproduktunternehmen in einer sich ändernden unsicheren Umwelt
1988. 209 Seiten. Brosch. DM 58,-
ISBN 3-7908-0413-4

Band 8: Irmela von Bülow
Systemgrenzen im Management von Institutionen
1989. 278 Seiten. Brosch. DM 69,-
ISBN 3-7908-0416-9

Band 9: Heinz Neubauer
Lebenswegorientierte Planung technischer Systeme
1989. 183 Seiten. Brosch. DM 55,-
ISBN 3-7908-0422-3

Band 10: Peter Michael Sälter
Externe Effekte: „Marktversagen" oder Systemmerkmal?
1989. 196 Seiten. Brosch. DM 59,-
ISBN 3-7908-0423-1

Band 11: Peter Ockenfels
Informationsbeschaffung auf homogenen Oligopolmärkten
1989. 163 Seiten. Brosch. DM 58,-
ISBN 3-7908-0424-X

Band 12: Olaf Jacob
Aufgabenintegrierte Büroinformationssysteme
1989. 177 Seiten. Brosch. DM 55,-
ISBN 3-7908-0430-4

Band 13: Johann Walter
Innovationsorientierte Umweltpolitik bei komplexen Umweltproblemen
1989. 208 Seiten. Brosch. DM 59,-
ISBN 3-7908-0433-9

Band 14: Detlev Bonneval
Kostenoptimale Verfahren in der statistischen Prozeßkontrolle
1989. 180 Seiten. Brosch. DM 55,-
ISBN 3-7908-0440-1

Band 15: Thomas Rüdel
Kointegration und Fehlerkorrekturmodelle
1989. 138 Seiten. Brosch. DM 49,-
ISBN 3-7908-0441-X

Band 16: Konrad Rentrup
Heinrich von Storch, das „Handbuch der Nationalwirthschaftslehre" und die Konzeption der „inneren Güter"
1989. 146 Seiten. Brosch. DM 55,-
ISBN 3-7908-0445-2

Band 17: Manfred A. Schöner
Überbetriebliche Vermögensbeteiligung
1989. 417 Seiten. DM 98,-
ISBN 3-7908-0446-0

Band 18: Paulo Haufs
DV-Controlling
1989. 166 Seiten. DM 55,-
ISBN 3-7908-0447-9

Band 19: Rainer Völker
Innovationsentscheidungen und Marktstruktur
1989. 221 Seiten. Brosch. DM 65,-
ISBN 3-7908-0452-5

Band 20: Petra Bollmann
Technischer Fortschritt und wirtschaftlicher Wandel
1989. 184 Seiten. Brosch. DM 59,-
ISBN 3-7908-0453-3

Band 21: Franz Hörmann
Das Automatisierte, Integrierte Rechnungswesen
1989. 408 Seiten. Brosch. DM 89,-
ISBN 3-7908-0454-1

Band 22: Winfried Böing
Interne Budgetierung im Krankenhaus
1990. 274 Seiten. Brosch. DM 69,-
ISBN 3-7908-0456-8

Band 23: Gholamreza Nakhaeizadeh und Karl-Heinz Vollmer (Hrsg.)
Neuere Entwicklungen in der Angewandten Ökonometrie
1990. 248 Seiten. Brosch. DM 68,-
ISBN 3-7908-0457-6

Band 24: Thomas Braun
Hedging mit fixen Termingeschäften und Optionen
1990. 167 Seiten. Brosch. DM 55,-
ISBN 3-7908-0459-2

Band 25: Georg Inderst, Peter Mooslechner und Brigitte Unger (Hrsg.)
Das System der Sparförderung in Österreich
1990. 126 Seiten. Brosch. DM 55,-
ISBN 3-7908-0461-4

Band 26: Thomas Apolte und Martin Kessler (Hrsg.)
Regulierung und Deregulierung im Systemvergleich
1990. 313 Seiten. Brosch. DM 79,-
ISBN 3-7908-0462-2

Band 27: Joachim Lamel/Michael Mesch/Jiři Skolka (Hrsg.)
Österreichs Außenhandel mit Dienstleistungen
1990. 335 Seiten. Brosch. DM 79,-
ISBN 3-7908-0467-3

Fortsetzung auf Seite 265

Pay-Uwe Paulsen

Sichtweisen der Wechselkurs-bestimmung

Mit 17 Abbildungen

Physica-Verlag Heidelberg

Reihenherausgeber
Werner A. Müller

Autor
Dr. Pay-Uwe Paulsen
Lehrstuhl für Volkswirtschaftslehre
Universität Mannheim
A 5
D-6800 Mannheim 1

ISBN-13: 978-3-7908-0561-1 e-ISBN-13: 978-3-642-46924-4
DOI: 10.1007/978-3-642-46924-4

CIP-Titelaufnahme der Deutschen Bibliothek
Paulsen, Pay-Uwe:
Sichtweisen der Wechselkursbestimmung / Pay-Uwe Paulsen. -
Heidelberg: Physica-Verl., 1991
(Wirtschaftswissenschaftliche Beiträge; Bd. 55)
Zugl.: Mannheim, Univ., Diss.
ISBN-13: 978-3-7908-0561-1
NE: GT

7120/7130-543210

Inhaltsverzeichnis

0. Einleitung

Die Aufbruchstimmung der späten siebziger Jahre im Gebiet der Wechselkurstheorie hat sich gelegt. Der Auftrieb beruhte damals vor allem darauf, daß eine ganz neue Sichtweise der Wechselkursbestimmung entstand: An der - die Ökonomen zunächst irritierenden - Beobachtung, daß die Wechselkurse eine Variabilität zeigten, wie man sie sonst nur von den Finanzmärkten her kannte, entzündete sich die naheliegende Grundidee, daß der Wechselkurs überhaupt als ein "asset"-Preis aufzufassen ist, der durch das momentane Gleichgewicht auf den Finanzmärkten determiniert wird. Diese neue finanzmarkttheoretische Sichtweise der Wechselkursbestimmung wurde mit dem Anspruch vorgetragen, die "traditionelle Theorie" radikal in Frage zu stellen. Nach anfänglich durchaus ermutigenden empirischen Überprüfungen[1] folgte dann sehr schnell die empirische Ernüchterung. Vor allem die vielbeachteten Arbeiten von Meese und Rogoff, in denen die völlig unbefriedigende Prognosegüte der bekannten Finanzmarktmodelle herausgestellt wurde, haben zu dieser Ernüchterung beigetragen.[2]

Aber schwerwiegender war vielleicht noch, daß die Finanzmarktansätze sich gegenüber dem spektakulären Kursverlauf des US-Dollars in den achtziger Jahren, dem Anstieg bis 1985 und der nachfolgenden starken Abwertung, als völlig hilflos erwiesen. Die partielle Abkehr von den Finanzmarktansätzen zeigte sich dann auch darin, daß die Erklärung für diese Kursentwicklung in neuen Adhocerien, vor allem in sogenannten "speculative bubbles" und "sunspot equilibria", gesucht wurde.[3] Mittlerweile zeichnet sich eine Entwicklung ab, die für viele wirtschaftstheoretische und wirtschaftspolitische Debatten so typisch ist: Am Anfang ist die De-

1) Hier sind insbesondere zu nennen die Arbeiten von Bilson (1978b), Frenkel (1976) und Frankel (1979b).

2) In den Arbeiten von Meese und Rogoff (1983), (1984) wird die Prognosegüte bekannter Finanzmarktmodelle mit der der einfachen Random-Walk-Prognose verglichen. Obwohl die Finanzmarktmodelle nur Ex-Post-Prognosen abgeben müssen, ihnen also der tatsächliche Verlauf der exogenen Variablen im Prognosezeitraum vorgebenen wird, können sie sich gegenüber der Random-Walk-Prognose nicht durchsetzen.

3) Eine Übersicht und kritische Auseinandersetzung findet man bei Singleton (1987). Vgl. auch Dornbusch (1986), S. 41ff.

batte künstlich aufgeregt, und zum Schluß verläuft sie einfach im Sande. Die Klärungen, selbst dort wo sie möglich sind - und sei es nur im Lichte der logischen Analyse - unterbleiben. Die Lehrbücher werden um neue Kapitel ergänzt, und was vorher als unvereinbar aufeinanderprallte, steht nun einträchtig nebeneinander.

In dieser Arbeit soll der Versuch unternommen werden, diese noch ausstehende Klärung zu leisten. Die finanzmarkttheoretische Sichtweise ist zwar als Fundamentalkritik präsentiert worden, aber die Kritik an der herkömmlichen Theorie ist nur selten über stereotype Formeln hinausgekommen. Die mit Abstand am häufigsten anzutreffende Formel lautet: Die neue finanzmarkttheoretische Sichtweise begreift den Wechselkurs - endlich - als relativen Preis zweier Währungen, während die traditionelle Theorie den grundlegenden Fehler begeht, den Wechselkurs als relativen Preis zwischen international gehandelten Gütern aufzufassen. Diese Formel wird immer so präsentiert, als sei sie auf Anhieb einleuchtend. Aber ist sie es wirklich? Auch in einem Mundell-Fleming-Modell, das zweifellos zur traditionellen Theorie gehört, ist der Wechselkurs der relative Preis zwischen zwei Währungen, und er wird interdependent bestimmt durch alle Gleichgewichtsbedingungen des Modells. Dagegen geht der monetäre Ansatz der Wechselkursbestimmung bei flexiblen Güterpreisen, der zu den neuen Finanzmarktansätzen gerechnet wird, erklärtermaßen davon aus, daß der Wechselkurs durch die Einhaltung der Kaufkraftparität, des relativen Preises zwischen zwei Warenkörben, bestimmt wird. Die Formel ist also weit davon entfernt, wirklich klar zu sein.

In den wenigen Arbeiten, in denen eine eingehendere Kritik an der traditionellen Wechselkurstheorie versucht wird,[4] erstreckt sich diese jedoch immer nur auf die - letztlich aus der Zahlungsbilanztheorie stammende - partialanalytische Bestimmung des Wechselkurses auf dem sogenannten Devisenmarkt. Auch wenn in der monetären Außenwirtschaftstheorie häufig der gegenteilige Anschein erweckt wird, hat diese devisenmarkttheoretische Sichtweise mit einem voll spezifizierten makroökonomischen Modell für eine offene Volkswirt-

4) Zu nennen sind insbesondere die Arbeiten von Mussa (1976) und (1979).

schaft im allgemeinen und mit dem Mundell-Fleming-Modell im besonderen nichts zu tun. Allein daraus ergibt sich schon - und die vorliegende Arbeit wird dies nachhaltig bestätigen -, daß es unbedingt notwendig ist, diese drei Sichtweisen der Wechselkursbestimmung zu unterscheiden: die finanzmarkttheoretische Sichtweise, die devisenmarkttheoretische Sichtweise und die Wechselkursbestimmung im Rahmen von makroökonomischen Modellen für offene Volkswirtschaften.

Im ersten Kapitel sprechen wir - sozusagen auf der Metaebene - über diese drei grundlegenden Sichtweisen. Sie werden zunächst vorgestellt, und die Gleichgewichtsvorstellungen dieser Sichtweisen werden präzisiert. In den Abschnitten 1.1, 1.2 und 1.3 werden jeweils zwei Sichtweisen einander gegenübergestellt. Es geht dabei, neben einer weiteren Verdeutlichung der Sichtweisen, um die Fragen, ob und inwieweit diese Sichtweisen miteinander vereinbar oder unvereinbar sind und welchen Erklärungsanspruch sie, aus der Logik ihres eigenen Ansatzes, jeweils für sich reklamieren können. Es wird sich zeigen, daß die finanzmarkttheoretische Sichtweise und die Wechselkursbestimmung im Rahmen von makroökonomischen Modellen für offene Volkswirtschaften keineswegs unvereinbar sind, sondern sich in ihrem Erklärungsbeitrag vielmehr ergänzen. Es gibt hier nicht wirklich einen Gegensatz. Während das Urteil in dieser Hinsicht eher vermittelnd ausfällt, wird die Ablehnung der devisenmarkttheoretischen Sichtweise an Deutlichkeit nicht zu wünschen übrig lassen. Sie kann m.E. so schlagend kritisiert werden, daß eine weitere Daseinsberechtigung überhaupt nicht mehr zu erkennen ist. Vielmehr müßte es eigentlich eine Aufgabe der monetären Außenwirtschaftstheorie sein, die ganze devisenmarkttheoretische Sichtweise und weite Teile der traditionellen Zahlungsbilanztheorie (der intertemporale Ansatz der Zahlungsbilanztheorie ist hier ausdrücklich auszunehmen) in ihrer Vorwissenschaftlichkeit zu entlarven, um sich von der ganzen Scheinplausibilität dieser Sichtweise endlich befreien zu können.

Diese Urteile sind natürlich nicht absolut gültig, sondern werden aus einer methodischen Verankerung heraus getroffen, die folgendermaßen skizziert werden kann: Modelle werden im Hinblick auf

Fragestellungen entworfen. Nicht jede Ansammlung von Gleichungen verdient es, ein Modell genannt zu werden. Ein Modell ist vielmehr der Entwurf einer vorstellbaren Modellwelt, in der die Ausgangsfrage ebenfalls gestellt werden kann. Dieser Entwurf erfordert zunächst die Spezifikation der aggregativen Struktur (welche Märkte existieren in der Modellwelt? Nach welchen Kriterien werden die Wirtschaftssubjekte in Sektoren aufgeteilt?) und dann die Festlegung der Verhaltensannahmen (Wie verhalten sich die Sektoren auf den Märkten?). Die Beantwortung der auf die Modellwelt abgebildeten Fragestellung ist eine reine Frage der Logik. Ob man aus der Modellanalyse allerdings etwas lernen kann für die Fragestellung in der Realität, bleibt eine Frage der Einschätzung. Es hängt entscheidend davon ab, ob die Annahmen des Modells tatsächlich nur eine vereinfachte und idealisierte, aber im Kern unverzerrte, Behandlung der eigentlichen Fragestellung ermöglicht haben oder ob sie dazu geführt haben, daß der Kern der Frage- oder Problemstellung im Modell nun ganz anders gelagert ist als in der Realität. Die Ablehnung der devisenmarkttheoretischen Sichtweise hängt nicht an einer bestimmten aggregativen Struktur oder an bestimmten Verhaltenannahmen, sondern folgt allein aus dieser methodischen Verankerung. Es hätte also der finanzmarkttheoretischen Sichtweise gar nicht bedurft, um die devisenmarkttheoretische Sichtweise zu verwerfen.

Diese methodische Verankerung ist nicht einmal umstritten, sie wird nur nicht besonders ernst genommen und häufig aus den Augen verloren. In dieser Arbeit jedoch soll sie streng beachtet werden. Denn aus ihr heraus gelingen die entscheidenden Einsichten, die z.T. in einem deutlichen Widerspruch stehen zu Ansichten, die vielfach in der Literatur geäußert werden.

Im zweiten Kapitel geht es um die Erklärung des Wechselkurses im Rahmen makroökonomischer Modelle. Konkret wird anhand eines Zwei-Länder-Modells der Frage nachgegangen, wie eine dauerhafte, d.h. über mehrere Perioden durchgehaltene, Erhöhung der Absorptionsnachfrage in einem Land sich auswirkt auf den gleichgewichtigen nominalen und realen Wechselkurs. Im Hintergrund steht als Beispiel immer die Entwicklung des US-Dollarkurses in den achtziger

Jahren. Es wird also der Versuch unternommen, das beobachtete Zusammenspiel von Budgetdefiziten, Leistungsbilanzdefiziten und Dollarkursentwicklung in den achtziger Jahren zu erklären. Die Analyse wird eine Gesamtsicht liefern, in der die Entwicklung dieser Variablen keineswegs mehr als rätselhaft erscheint.

Im dritten Kapitel wird der finanzmarkttheoretische Erklärungsbeitrag zur Wechselkursdynamik ausgelotet. Die angedeutete methodische Verankerung führt zu einer Formulierung des Finanzmarktansatzes, die in einer ganz entscheidenden Hinsicht von der Literatur abweicht. Die Analyse des dritten Kapitels wird geprägt durch die damit verbundene Änderung des Analyserahmens und durch die im ersten Kapitel gewonnene zentrale Einsicht, daß jeder rein finanzmarkttheoretische Erklärungsbeitrag sich immer nur auf eine Abweichungsdynamik beziehen kann. Vor diesem Hintergrund gelingen dann einfache und zum Teil von der Literatur abweichende Antworten auf die im dritten Kapitel gestellten Fragen: Wie sind die beiden Varianten des monetären Ansatzes zu verstehen und einzuordnen? Unterscheidet sich die Logik der Wechselkursbestimmung in Portfolioansätzen von der in monetären Ansätzen? Wie ist letztlich das Zustandekommen einer Risikoprämie im Finanzmarktgleichgewicht zu erklären, und welche Konsequenzen ergeben sich aus einer Risikoprämie für die Bestimmung des Wechselkurses?

1. Drei Sichtweisen der Wechselkursbestimmung

In der zweiten Hälfte der siebziger Jahre ist eine Vielzahl von Modellen entstanden, deren gemeinsame Zielsetzung die Erklärung der Wechselkursentwicklung ist. Die Bezeichnung dieser Modellgeneration als Finanzmarktansätze deutet die neue Grundidee schon an: Wechselkurse werden wie die Kurse oder Renditen für Finanzaktiva durch das Gleichgewicht auf den Finanzmärkten bestimmt. Damit übernehmen die Finanzmarktansätze für die Untersuchung der Wechselkursentwicklung den Analyseansatz des Bestandsgleichgewichts, wie er zuvor schon von Tobin für die Bestimmung der Ertragsraten auf Finanzaktiva im Rahmen einer geschlossenen Volkswirtschaft entwickelt wurde.[1] Auch wenn heute ganz überwiegend die Einschätzung vorherrscht, daß keiner der einzelnen Finanzmarktansätze in der Lage ist, die Entwicklung der Wechselkurse, etwa die des US-Dollars in den letzten fünfzehn Jahren, auch nur annähernd zu erklären, ist es dennoch unstrittig, daß die Finanzmarktansätze einen Erkenntnisgewinn gebracht haben. Er liegt in der grundsätzlichen Änderung der Sichtweise der Wechselkursbestimmung, die einen Zugang zum Phänomen der Volatilität des Wechselkurses erlaubt. Auch wenn die tatsächlich zu beobachtende Wechselkursdynamik nach wie vor nicht erklärt werden kann, wird das Phänomen der Volatilität an sich besser verstanden.

Charakeristisch für die neue Sichtweise ist, daß die Wechselkursdynamik in gleicher Weise erklärt wird wie die Kursentwicklung von Finanzaktiva an Finanzmärkten. Finanzmärkte sind organisiert in Form hochintegrierter Auktionsmärkte, auf denen die Wirtschaftssubjekte zu jedem Zeitpunkt (an jedem Börsentag) zu vernachlässigbaren (und insbesondere mit dem Transaktionsvolumen nicht überproportional steigenden) Transaktionskosten Finanzaktiva kaufen oder verkaufen können. Die Anpassungsgeschwindigkeit, mit der die Kurse auf tendenziell sich entfaltende Überschußnachfragen reagieren, ist praktisch unendlich hoch. Die Kursdynamik ist somit als eine ständige Anpassung an ein sich laufend veränderndes Finanzmarktgleichgewicht zu deuten. Die gleichgewichtigen Kurse an den

1) Der Aufsatz von Tobin (1969) wird häufig als eine Pionierarbeit für die Finanzmarktansätze angesehen.

Finanzmärkten ändern sich laufend, weil ständig neue Informationen (news) auftreten und die zum jeweiligen Zeitpunkt gegebenen Bestände an Finanzaktiva in Kenntnis der neuen Informationen nur noch zu veränderten Kursen nachgefragt werden.[2]

Diese Finanzmarktdynamik kann noch präziser formuliert werden. Zu jedem Zeitpunkt halten die Wirtschaftssubjekte die ausstehenden Bestände an Finanzaktiva, und jedes Wirtschaftssubjekt realisiert eine bestimmte Portfolioaufteilung. Es stellt sich zu jedem Zeitpunkt, aber insbesondere immer dann, wenn neue Informationen bekannt werden, für jedes Wirtschaftssubjekt die Frage, ob die "vom Vorzeitpunkt" übernommene Portfolioaufteilung immer noch optimal ist. Wenn neue Informationen den Wunsch nach einer Umstrukturierung des Portefeuilles auslösen, entstehen bei den einzelnen Wirtschaftssubjekten individuelle Überschußnachfragen. Wenn die Wirtschaftssubjekte die neuen Informationen verschieden gerichtet auswerten, dann sind auch die Überschußnachfragen gegenläufig und die Wirtschaftssubjekte tauschen bei hohen Umsätzen auf den Finanzmärkten ihre Bestände an Finanzaktiva, ohne daß es zu Kursänderungen kommen muß. Werden die Informationen dagegen gleichgerichtet ausgewertet, kommt es idealtypisch zu einer instantanen Änderung der Kurse, ohne daß Umsätze getätigt werden müssen. Umsätze sind ein Maß für die Divergenz der Erwartungen bei gegebenen Kursen, während die Entwicklung der Kurse selbst den Prozess gleichgerichteter Informationsverarbeitung widerspiegelt.[3]

Wenn die Wirtschaftssubjekte des Modells Finanzaktiva in unterschiedlichen Währungen halten und zu jedem Zeitpunkt auch die Währungen wechseln können, dann stellt sich zu jedem Zeitpunkt auch die Frage nach der optimalen Währungsaufteilung des Portefeuilles. Dann kann auch der Wechselkurs als durch das Finanzmarktgleichgewicht determiniert angesehen werden. Die Kurse oder Ertragsraten der Finanzaktiva und der Wechselkurs stellen sich zu jedem Zeitpunkt so ein, daß die Finanzmärkte im Gleichgewicht sind. Die Variabilität des Wechselkurses trägt dabei in zweierlei Weise zur Erreichung des Gleichgewichts auf den Finanzmärkten bei.

2) vgl. z.B. auch Kouri (1976), S. 281
3) vgl. z.B. auch Mussa (1976), S. 235

Wenn eine neue Information von den Wirtschaftssubjekten z. B. dahingehend gleichgerichtet ausgewertet wird, daß sie ihre Bestände an DM Finanzakiva (zum alten Wechselkurs) verringern möchten, dann bewirkt eine entsprechend starke Abwertung der DM möglicherweise eine Aufwertungserwartung, die die auf DM lautenden Finanzaktiva wieder attraktiver macht, und allein durch die Umbewertung sinkt der auf DM lautende Anteil in den international investierten Portfolios.

Finanzmarktansätze modellieren immer die zu jedem Zeitpunkt sich stellende Vermögensallokationsentscheidung auf aggregierter Ebene. Betrachtet werden die Bedingungen für das momentane Gleichgewicht auf den Finanzmärkten. Bestimmt werden durch diese Gleichgewichtsbedingungen die Kurse oder Ertragsraten der verschiedenen Finanzaktiva und der Wechselkurs.

Diese neue finanzmarkttheoretische Sichtweise der Wechselkursbestimmung wird häufig konfrontiert mit der traditionellen Wechselkurstheorie. Die Gegenüberstellung lautet dann: "modern asset view" versus "traditional flow view".[4] Diese Unterscheidung ist wohl deshalb getroffen worden, weil die neue Sichtweise die Bestandsmärkte, insbesondere die für Finanzaktiva, so unverkennbar betont, aber sie wird der nicht-finanzmarkttheoretischen Wechselkurstheorie nicht gerecht. Auch in der sogenannten traditionellen Theorie müssen zwei grundsätzlich verschiedene Sichtweisen getrennt werden: Es handelt sich zum einen um die devisenmarkttheoretische oder auch zahlungsbilanztheoretische Sichtweise (balance of payments view) und zum anderen um die Wechselkursbestimmung im Rahmen von makroökonomischen Modellen für offene Volkswirtschaften.[5]

---

4) vgl. z.B. die Übersicht von Frankel (1984), S. 85, oder auch Mussa (1976)

5) Wenn Mussa sich in seinem Aufsatz von 1976 mit der traditionellen Theorie auseinandersetzt, dann wird immer nur die zahlungsbilanztheoretische Sichtweise angesprochen. Dies mag vielleicht damit zusammenhängen, daß der monetäre Ansatz der Wechselkursbestimmung aus dem monetären Ansatz der Zahlungsbilanztheorie entstanden ist, der -zu Recht- als eine grundsätzliche Abkehr von der traditionellen Zahlungsbilanztheorie verstanden wird. Aber zur traditionellen Wechselkurstheorie gehört z.B. auch das Mundell-Fleming-Modell, das als ein makroökonomisches Modell für eine of-

Die devisenmarkttheoretische Sichtweise folgt unmittelbar aus der Konzeption der Zahlungsbilanztheorie. Diese besteht darin, die Zahlungsbilanz in die Teilbilanzen aufzuspalten und diese dann getrennt voneinander partialanalytisch zu erklären. Hierbei wird etwa im bekannten Elastizitätsansatz der Frage nachgegangen, wie eine Veränderung des Wechselkurses auf den Leistungsbilanzsaldo wirkt, und im Rahmen einer Multiplikatoranalyse werden die Auswirkungen von Einkommensänderungen oder sogenannten autonomen Nachfrageänderungen auf den Leistungsbilanzsaldo untersucht. Für den Kapitalverkehrsbilanzsaldo trifft man die scheinbar plausible Annahme, daß internationale Kapitalströme von den Zinssätzen im In- und Ausland abhängen.[6] Eine Theorie der Wechselkursbestimmung wird daraus unter der Sichtweise, daß der Wechselkurs auf dem Devisenmarkt bestimmt wird und daß die Salden der Teilbilanzen identisch mit Überschußnachfragen auf dem Devisenmarkt sind. Verbleibt insgesamt eine Überschußnachfrage auf dem Devisenmarkt, dann reagiert der Wechselkurs. Die Wechselkursreaktion wirkt zurück auf die Teilbilanzen der Zahlungsbilanz und vermindert so die Überschußnachfrage. In diesem Regelkreis, so die Sichtweise, wird der Wechselkurs auf dem Devisenmarkt bestimmt.[7]

Folgerichtig steht in der formalen Darstellung im Mittelpunkt die sogenannte Zahlungsbilanz- oder Devisenmarktgleichung. Eine häufig anzutreffende Formulierung dieser Gleichung lautet:

$$T(Y, Y', E) + K(i, i') = 0 \qquad (1.1)$$

---

fene Volkswirtschaft einzuordnen ist. Wenn auch in der traditionellen Lehrbuchdarstellung der monetären Außenwirtschaftstheorie der Eindruck erweckt wird, daß es sich im Prinzip um eine Sichtweise handelt, sind sie doch strikt voneinander zu trennen. In dieser Arbeit wird dies im folgenden Abschnitt 1.1 versucht.

6) An dieser Stelle soll diese Aussage nicht weiter problematisiert werden.

7) Die einfachste Ausprägung dieser Sichtweise stellt die sogenannte Leistungsbilanztheorie des Wechselkurses dar. Die Vorstellung ist, daß z.B. ein Leistungsbilanzdefizit für sich genommen zu einem Überschußangebot an heimischer Währung auf dem Devisenmarkt und damit zu einer Abwertung führt, die dann ihrerseits wieder das Leistungsbilanzdefizit vermindert.

endogene Variable: E
exogene Variablen: Y, Y', i, i'

Bei gegebenen Werten von Y, Y', i, i' muß sich der Wechselkurs so einstellen, daß die Gleichung erfüllt ist. Aber natürlich können auch andere Abhängigkeiten für den Leistungsbilanz- und Kapitalverkehrsbilanzsaldo spezifiziert werden; wichtig ist nur, daß der Wechselkurs als Argument überhaupt auftaucht, damit die Regelkreisvorstellung aufrecht erhalten werden kann.[8]

Makroökonomische Modelle für offene Volkswirtschaften sind entstanden als natürliche Weiterentwicklung der makroökonomischen Modelle für geschlossene Volkswirtschaften. Es werden Strom- und Bestandsmärkte (Gütermärkte, Geldmärkte, Arbeitsmärkte und Wertpapiermärkte) betrachtet, auf denen In- und Ausländer anbieten und nachfragen. Bei flexiblen Wechselkursen ist der Wechselkurs eine der endogenen Variablen, die durch das Modell bestimmt werden. Die Modelle werden ganz überwiegend in zwei verschiedenen Formen präsentiert: als Modell für eine kleine offene Volkswirtschaft und als geschlossenes Modell für eine Zwei-Länder-Welt. Das bekannteste Modell ist sicher das Mundell-Fleming-Modell, das bei flexiblen Wechselkursen in der Lehrbuchdarstellung für das kleine Land durch die folgenden Gleichungen beschrieben wird:

$$Y = C(Y) + I(i) + G + T(Y, E) \qquad (1.2)$$

$$M = L(Y, i) \qquad (1.3)$$

$$0 = T(Y, E) + K(i, i') \qquad (1.4)$$

8) Diese devisenmarkttheoretische Sichtweise wird auch heute noch als ein durchaus gültiger Ansatz zur Erklärung des Wechselkurses aufgefaßt. Vgl. dazu z.B. MacDonald (1988), S. 25-36, oder auch Frenkel, Mussa (1984), S. 728ff. Darüberhinaus gibt es eine Vielzahl von Arbeiten, in denen die Wechselkursdynamik letztlich devisenmarkttheoretisch erklärt wird und die Autoren sich selbst darüber gar nicht im klaren sind. Prominente Beispiele hierfür sind Niehans (1977), Frenkel und Rodriguez (1982), Driskill und McCafferty (1987). Im Abschnitt 1.2.1 wird dies für die Arbeiten von Niehans (1977) und Frenkel, Rodriguez (1982) gezeigt.

endogene Variablen: Y, i, E
exogene Variablen: M, i', G

Es handelt sich zwar um das keynesianische Standardmodell für die offene Volkswirtschaft, aber es ist dennoch nur ein denkbares Modell neben anderen. Ob man diesem Modell irgendeine Relevanz hinsichtlich einer ökonomischen Fragestellung zubilligt, hängt zuerst von der Fragestellung selbst ab.

Ein Modell ist zunächst nur ein Konstrukt, und solange es für sich selbst steht, stellt sich eigentlich nur die Frage nach der logischen Konsistenz. Erst vor dem Hintergrund einer ökonomischen Fragestellung in einer gegebenen Situation stellt sich die Frage nach der Relevanz. Die Abstraktionen und Vereinfachungen des Modells dürfen den eigentlichen Kern der Fragestellung nicht berühren (oder verfälschen), und die zentralen Annahmen (von denen die Modellergebnisse entscheidend abhängen) müssen in der gegebenen Situation jedenfalls in grober Annäherung auch erfüllt sein.

In der obigen Modellformulierung ist eine der zentralen Annahmen, daß die Modellökonomie sich in der Situation der keynesianischen Unterbeschäftigung befindet und die Güterpreise für den Zeitraum der Betrachtung (die folgende Periode) fest sind. Eine die Modellwelt prägende Abstraktion steckt in der Spezifikation der Gütermärkte: alle Güter werden in nur zwei Gruppen aufgeteilt, und das Unterscheidungskriterium ist der Produktionsort. Beide Güter werden weltweit nachgefragt, aber das eine Gut wird nur im Inland und das andere Gut nur im Ausland produziert. Diese Einteilung kann nur sinnvoll sein im Hinblick auf bestimmte Fragestellungen. Eine Fragestellung, für die das Modell möglicherweise Relevanz beanspruchen kann, könnte dann lauten: Wenn eine Ökonomie sich im Zustand der keynesianischen Unterbeschäftigung befindet und der Staat erhöht die Nachfrage nach Gütern, die ganz überwiegend im Inland produziert werden, welche Auswirkungen ergeben sich in der betrachteten Periode für das Volkseinkommen, die Beschäfigung, den Zins und den Wechselkurs? Und genau für derartige Fragestellungen (Auswirkungen einer beschäfigungspolitisch motivierten Fiskal- oder Geldpolitik bei festen oder flexiblen Wechselkursen, Möglichkeiten der Isolierung des Inlandes von ausländischen Nachfrageschocks bei flexiblen Wechselkursen) ist das Mundell-Fleming-Modell auch entwickelt worden.

Aus methodischer Sicht liegt der eigentliche Vorteil der makroökonomischen Modelle für offene Volkswirtschaften darin, daß sie den Standards der Modelltheorie verpflichtet sind (oder doch sein sollten). In der obigen Formulierung für das Mundell-Fleming-Modell ist dies allerdings nur schwer zu erkennen: Obwohl die Inländer laut Modell auf mindestens fünf verschiedenen Märkten agieren (nämlich den Märkten für das inländische Gut, das ausländische Gut, das inländische Geld, das inländische Wertpapier und das ausländische Wertpapier) kommt das Modell mit drei Gleichungen aus. Die dritte Gleichung wird häufig noch als Devisenmarktgleichung bezeichnet; damit ist dann sogar von einem sechsten Markt die Rede. Es erscheint also gerade im Mundell-Fleming-Modell zweifelhaft, ob wirklich die methodischen Standards eingehalten werden.[9] Aber unabhängig davon, ob die obige Version des Mundell-Fleming-Modells nun eine konsistente Modellformulierung ist oder nicht, steht es außer Frage, daß konsistente Formulierungen des Modells an sich möglich sind. Und für das Verständnis der ganzen Arbeit ist es sehr wichtig zu erkennen, daß die devisenmarkttheoretische Sichtweise und die Wechselkursbestimmung im Rahmen von makroökonomischen Modellen für offene Volkswirtschaften vollkommen verschieden sind, und worin die Unterschiede in den Sichtweisen liegen.

1.1 Devisenmarkttheoretische Sichtweise versus makroökonomische Modelle für offene Volkswirtschaften

Diese beiden traditionellen Sichtweisen werden häufig miteinander vermengt. Dies liegt wohl auch am traditionellen Aufbau der Lehrbuchdarstellung der monetären Außenwirtschaftstheorie: In den ersten Kapiteln wird die Zahlungsbilanztheorie behandelt, die dann

9) Es hat um diese Frage auch eine ausführliche Debatte gegeben, die von Kuska (1978) eröffnet wurde. Es folgten Kommentare von Deardorff (1981), Miller (1981) und Buiter, Eaton (1981) sowie die Erwiderung von Kuska (1982).

scheinbar in ein gesamtwirtschaftliches Modell vom Typ Mundell-Fleming einmündet. In dieser Präsentation wird der Eindruck erweckt, die zahlungsbilanztheoretischen Überlegungen seien Vorüberlegungen, die später in das Mundell-Fleming-Modell eingehen. Und umgekehrt gibt es in der üblichen Formulierung dieses Mundell-Fleming-Modells immer eine Gleichung, die häufig als Devisenmarktgleichung oder als eine Gleichgewichtsbedingung für die Zahlungsbilanz bezeichnet wird. Es entsteht also der Eindruck, die Zahlungsbilanztheorie liefere notwendige Bausteine zur Konstruktion eines gesamtwirtschaftlichen Modells, das dann seinerseits durch die zahlungsbilanztheoretischen Vorüberlegungen geprägt sei.

Diese Auffassung ist jedoch völlig irreführend. Man kann ein Modell für eine Zwei-Länder-Welt oder auch für eine kleine offene Volkswirtschaft entwerfen, ohne daß die Begriffe "Zahlungsbilanz", "Leistungsbilanz", "Kapitalverkehrsbilanz" oder auch "Devisenmarkt" überhaupt auftauchen. Man spezifiziert schlicht das Angebots- und Nachfrageverhalten von In- und Ausländern auf den Märkten des Modells. Und es gibt, wenn man den Marktbegriff der makroökonomischen Theorie zugrunde legt, keinen Devisenmarkt. Aussagen über Realisationen der Modellökonomie (welche Mengen werden zu welchen Preisen auf den Märkten gehandelt?) sind nur möglich, wenn die (effektiven oder walrasianischen) Mengenplanungen kompatibel sind. Dann ist aber auch immer die Zahlungsbilanz der Inländer und der Ausländer ausgeglichen. Die unaufhebbaren Budgetrestriktionen für alle Wirtschaftssubjekte und die Kompatibilität der Mengenplanungen implizieren logisch die ausgeglichene Zahlungsbilanz. Man kann natürlich, wenn die gleichgewichtigen Mengen und Preise (darunter auch der Wechselkurs) schon bestimmt sind, rekursiv die Teilbilanzen der Zahlungsbilanz bestimmen, aber es wird von der Fragestellung abhängen, ob man sich diese Mühe macht. Für die Bestimmung des Wechselkurses ist es jedenfalls nicht notwendig.

In der devisenmarkttheoretischen Sichtweise wird der Wechselkurs so bestimmt, daß der Devisenmarkt geräumt ist. In einem makroökonomischen Modell gibt es überhaupt keinen Devisenmarkt; es gibt nur Geldmärkte, Arbeitsmärkte, Gütermärkte und Wertpapiermärkte, auf denen In- und Ausländer agieren. Durch die Gleichgewichtsbedingungen für diese Märkte wird der Wechselkurs zusammen mit den anderen Preisen oder anderen endogenen Variablen des Modells bestimmt. In der devisenmarkttheoretischen Sichtweise steht im Mittelpunkt die sogenannte Gleichgewichtsbedingung für den Devisenmarkt oder für die Zahlungsbilanz. In einem makroökonomischen Modell gibt es eine derartige Gleichgewichtsbedingung überhaupt nicht. Bei der dritten Gleichung im Mundell-Fleming-Modell, die häufig als Devisenmarktgleichung oder als "condition for balance of payments equilibrium" bezeichnet wird, handelt es sich um die Budgetrestriktion der Inländer. Überhaupt verschwindet diese Gleichung völlig, wenn man das Modell ausführlich Markt für Markt hinschreibt. Und in der Darstellung für eine Zwei-Länder-Welt (deren logische Konsistenz außer Frage steht), in der die inländischen und ausländischen Wertpapiere vollkommene Substitute sind, werden üblicherweise die Gleichgewichtsbedingungen für die beiden Güter- und die beiden Geldmärkte betrachtet. Der Wertpapiermarkt kann aufgrund des Walras-Gesetzes vernachlässigt werden.[10]

In einem makroökonomischen Modell gibt es keinen Devisenmarkt. Angesichts der Sorglosigkeit, mit der in Darstellungen von makroökonomischen Modellen immer wieder ganz selbstverständlich von Devisenmärkten die Rede ist, soll diese Aussage näher begründet werden.[11] Natürlich gibt es, genauso wie es z.B. Wochenmärkte für Obst und Gemüse gibt, auch Devisenmärkte, und in einem deskriptiven Sinn ist die Behauptung nicht von der Hand zu weisen, daß die Wechselkurse auf den Devisenmärkten bestimmt werden. Zudem sind im Gegensatz zu den Wochenmärkten die einzelnen Devisenmärkte so integriert, daß zu Recht von einem Weltdevisenmarkt gesprochen werden kann. Die marktmäßige Integration aller Umtauschaktionen zwischen (frei konvertiblen) Währungen ist ökonomische Realität. Dennoch ist die Aussage, der Wechselkurs wird auf dem Devisenmarkt bestimmt, im Rahmen eines makroökonomischen Modells sinnlos. Um sich dies ganz klarzumachen, kann man sich für einen Moment eine

10) vgl. z.B. Mundell (1968)

11) Insbesondere wird nie darauf hingewiesen, daß man nicht im gleichen Sinn, was den Begriff des Marktes angeht, von einem Devisenmarkt sprechen kann, wie man in makroökonomischen Modellen z.B. von einem Güter- oder Geldmarkt spricht.

geschlossene Volkswirtschaft vorstellen, in der - aus welchen Gründen auch immer - alle Güter nur auf einem zentralen Wochenmarkt gehandelt werden. Zwar erscheint dann auch die Aussage, der Güterpreis wird auf dem Wochenmarkt bestimmt, naheliegend, aber in einem makroökonomischen Modell für diese Ökonomie gibt es keinen Wochenmarkt und ist neben den üblichen Gleichgewichtsbedingungen für den Geld-, Güter-, Arbeits- und Wertpapiermarkt kein Raum für eine weitere Wochenmarktgleichung. Der Wochenmarkt ist nur der Ort, wo Güter gegen Geld getauscht werden, bzw. die Veranstaltung, auf der die Transaktionen stattfinden. Und genauso gibt es in einem Modell für eine kleine offene Volkswirtschaft oder für eine Zwei-Länder-Welt keinen Devisenmarkt. Der Devisenmarkt ist sozusagen nur die Veranstaltung, auf der die Transaktionen inländisches Geld gegen ausländisches Geld stattfinden.

Das Mißverständnis beruht letztlich wohl darauf, daß der Begriff des Marktes in der Wirtschaftstheorie anders gebraucht wird als in der Umgangssprache. Wenn man umgangssprachlich von einem Markt spricht, dann faßt man gedanklich Tauschtransaktionen zusammen. Beispiele sind Güter gegen Geld auf Wochenmärkten, Forderungen oder Aktien gegen Geld auf Renten- oder Aktienbörsen, inländisches Geld gegen ausländisches Geld auf Devisenmärkten. In der Wirtschaftstheorie dagegen faßt man die Angebots- und Nachfrageplanungen nach Gütern, Geld, Arbeit und Wertpapieren zusammen. Umgangssprachlich richtet sich der Blick auf Umsätze, wirtschaftstheoretisch eher auf Knappheiten.

Der Unterschied zwischen der devisenmarkttheoretischen Sichtweise der Wechselkursbestimmung und der Wechselkursbestimmung im Rahmen von Modellen für offene Volkswirtschaften kann auch auf der methodischen Ebene angesiedelt werden. In einem völlig indifferenten Sprachgebrauch kann man natürlich jede Ansammlung von Gleichungen als ein Modell bezeichnen. In einem strengen Sinn liegt ein Modell aber erst dann vor, wenn wirklich eine (vorstellbare) Modellwelt entworfen wird. Dies erfordert in einem makroökonomischen Modell, daß unterschiedliche Sektoren spezifiziert werden, auf die die Wirtschaftssubjekte partitionierend aufgeteilt werden, und daß die Märkte des Modells angegeben werden. Im nächsten Schritt sind dann über Verhaltensannahmen die Überschußnachfragen der Sektoren auf den Märkten anzugeben, wobei die sektoralen Budgetrestriktionen zu beachten sind. Auf jedem Markt müssen sich die sektoralen Überschußnachfragen zu Null addieren; dies liefert die Gleichgewichtsbedingungen des Modells. Darüber hinaus gibt es zwischen Variablen noch definitorische Beziehungen und müssen objektive Beschaffenheiten der Modellwelt (z.B. Produktionsfunktionen oder Steuerfunktionen) angegeben werden. Im Idealfall entsteht so vor dem geistigen Auge tatsächlich eine Modellwelt, in der man Annahmen variieren und überhaupt eigenständig und frei denken kann. Die Ergebnisse erscheinen dann als logische Implikationen der Vielzahl der Annahmen. Das alles ist gemeint, wenn wir von den methodischen Standards sprechen, denen die makroökonomischen Modelle für offene Volkswirtschaften verpflichtet sein sollten.

Dies gilt offenbar nicht für die devisenmarkttheoretischen Ansätze. Wenn man die methodischen Standards vor Augen hat, steht man etwa der Gleichung (1.1) ziemlich ratlos gegenüber. Diese Gleichung wird als eine Gleichgewichtsbedingung interpretiert, aber eine Gleichgewichtsbedingung wofür? Entweder für einen Devisenmarkt, den es nicht gibt, oder für die Zahlungsbilanz, die auch kein Markt ist. Und wie sind die spezifizierten Abhängigkeiten des Leistungs- und Kapitalverkehrsbilanzsaldos einzuordnen? Bei diesen Gleichungen für die Teilbilanzsalden handelt es sich natürlich nicht um Definitionsgleichungen, Gleichgewichtsbedingungen oder Gleichungen, die einen institutionellen oder technischen Sachverhalt ausdrücken, sondern am ehesten um Verhaltensannahmen. Aber es wird nicht den Wirtschaftssubjekten eines Sektors oder allen Wirtschaftssubjekten der betrachteten Modellökonomie ein Verhalten auf einem Markt zugeordnet, sondern es wird einer makroökonomischen Größe, die sich eigentlich in komplizierter Form aus den Angebots- und Nachfrageplanungen der in- und ausländischen Wirtschaftssubjekte auf allen Märkten ergibt, direkt und ad hoc eine Quasi-Verhaltensannahme zugeordnet.

Die Methodik der makroökonomischen Modelle besteht letztlich in einem indirekten Vorgehen. Ausgehend von einer Fragestellung wird eine Modellökonomie entworfen, in der diese Frage auch gestellt werden kann. Die Lösung der auf die Modellwelt abgebildeten Fragestellung ist eine reine Frage der Logik, aber ob man aus der Modellbetrachtung irgendetwas für die Realität lernen kann, bleibt letztlich ein Problem der Einschätzung und der empirischen Überprüfung. Einzuschätzen ist, ob die Abstraktionen des Modells zur isolierten Behandlung der Fragestellung sinnvoll sind, und empirisch zu überprüfen ist, ob die zentralen Modellannahmen jedenfalls in grober Annäherung eher erfüllt sind oder nicht. Die devisenmarkttheoretische Sichtweise ist dagegen eher einzuordnen als ein Versuch eines direkten Ad-hoc-Zugangs zur Realität. Er wird gespeist aus scheinbar plausiblen Erklärungen für die Teilbilanzsalden und durch die zutreffende Gewißheit, daß die Zahlungsbilanzgleichung nicht zu durchbrechen ist.

Auch wenn die abwertende Einschätzung der devisenmarkttheoretischen Sichtweise hier schon unüberhörbar ist, soll ihr an dieser Stelle nicht jede Berechtigung abgesprochen werden. Auch in der Wahl einer Methodik ist man frei, und es ist noch nicht erwiesen, daß die devisenmarkttheoretische Sichtweise an sich verfehlt ist. Es war zunächst nur zu klären, daß in der Tat vollkommen verschiedene Sichtweisen vorliegen.

1.2 Devisenmarkttheoretische versus finanzmarkttheoretische Sichtweise der Wechselkursbestimmung

Der Devisenmarkt ist die Veranstaltung, auf der inländisches gegen ausländisches Geld getauscht wird. Zweifellos gilt, daß die geplanten Transaktionen am Devisenmarkt gegeneinander aufgehen müssen, wenn man von einem Gleichgewicht in der Modellwelt sprechen will. Die devisenmarkttheoretische Sichtweise geht von dieser Gewißheit aus und spezifiziert ad hoc eine sogenannte Gleichgewichtsbedingung für den Devisenmarkt. Wir wissen bereits,daß sich bei Beachtung der modelltheoretischen Standards eine eigene Gleichgewichtsproblematik für den Devisenmarkt gar nicht stellt. Sie stellt sich nur für die eigentlichen Märkte des Modells und wenn die Mengenplanungen auf diesen kompatibel sind, gehen die Transaktionen auf dem Devisenmarkt immer gegeneinander auf. Aber dennoch wollen wir uns auf die devisenmarkttheoretische Gleichgewichtsvorstellung einlassen.

In welchem Sinne herrscht etwa ein Gleichgewicht am Devisenmarkt, wenn die Gl. (1.1) erfüllt ist? Die Gleichgewichtsvorstellung ist besonders prägnant zu entwickeln,wenn wir annehmen, daß bei jeder ökonomischen Transaktion zwischen Wirtschaftssubjekten Geld als Leistung oder Gegenleistung verwendet wird. Dies entspricht nur der ökonomischen Funktion des Geldes. Es werden dann nur die Transaktionen Arbeit gegen Geld, Güter gegen Geld, Wertpapiere gegen Geld und (inländisches) Geld gegen (ausländisches) Geld getätigt. Häufig wird angenommen, daß Arbeit international immobil ist und die Wirtschaftssubjekte nur das jeweils heimische Geld halten. Zwischen In- und Ausländern werden dann nur Güter gegen Geld, Wertpapiere gegen Geld und Geld gegen Geld getauscht. Wenn die inländischen Wirtschaftssubjekte im Aggregat auf den Gütermärkten einen Leistungsbilanzüberschuß planen, sie also wertmäßig mehr Güter anbieten als nachfragen, dann resultiert aus diesen Planungen ebenfalls eine Überschußtransaktionsnachfrage inländische Währung gegen ausländische Währung in Höhe des Leistungsbilanzsaldos am Devisenmarkt. Die gegenläufigen Transaktionen resultieren aus der Erhöhung der Nettoposition der Inländer gegenüber den Ausländern, so daß insgesamt die Transaktionen am Devisenmarkt gegeneinander wieder aufgehen. Wenn dann die Transaktionen während der betrachteten Periode tatsächlich ablaufen, dann weiß man nur, daß sozusagen am Ende der Periode die Rechnung aufgegangen sein wird. Am Ende der Periode wird das Ergebnis lauten, daß der Überschußtransaktionsnachfrage (inländische Währung gegen ausländische Währung) aus den Transaktionen Güter gegen Geld zwischen In- und Ausländern eine gleich hohe gegenläufige Überschußtransaktionsnachfrage (ausländische Währung gegen inländische Währung) aus den Transaktionen Wertpapiere gegen Geld gegenübersteht.

Aus dieser Rechnung für die Gesamtperiode kann natürlich nicht geschlossen werden, daß die Transaktionen für jeden Teilzeitraum oder, noch kürzer, für jeden Zeitpunkt gegeneinander aufgehen. Der Wechselkurs wird aber mehrmals an jedem Börsentag so bestimmt, daß die augenblicklichen Transaktionen gegeneinander aufgehen. Diese

Verkürzung der betrachteten Zeitspanne wirkt sich nun sehr unterschiedlich aus auf das (potentielle) Transaktionsvolumen aus güterwirtschaftlichen und finanzwirtschaftlichen Transaktionen. Güterimporte und Güterexporte sind Stromgrößen und das Transaktionsvolumen am Devisenmarkt aus diesen Größen steigt mit der Länge der betrachteten Periode, bei konstanter Stromstärke erhält man einen direkt proportionalen Zusammenhang. Wird nur ein Zeitpunkt betrachtet, verschwindet modelltheoretisch jedes Transaktionsvolumen aus Stromgrößen vom Devisenmarkt. Bei den finanzwirtschaftlichen Transaktionen gilt dagegen, daß zu jedem Zeitpunkt die gesamten Bestände zur Disposition stehen. Und wenn zu den gerade herrschenden Ertragsraten auf Finanzaktiva und zum momentanen Wechselkurs die Finanzmärkte nicht im Gleichgewicht sind, dann drohen an den Wertpapierbörsen und Devisenmärkten riesige Überschußtransaktionsnachfragen, die dann natürlich sofort die Anpassung der Ertragsraten und des Wechselkurses zum neuen Finanzmarktgleichgewicht erzwingen. Also selbst wenn man bei dem Versuch, die Wechselkursdynamik zu erklären, ausgeht von der ja zweifellos zutreffenden Aussage, daß zum gleichgewichtigen Wechselkurs die geplanten Transaktionen am Devisenmarkt gegeneinander aufgehen müssen, gelangt man zu dem Ergebnis, daß der Wechselkurs zu jedem Zeitpunkt sich so einstellen muß, daß keine Überschußtransaktionsnachfragen aus der zeitpunktbezogenen Vermögensallokationsentscheidung der Wirtschaftssubjekte auftreten. Auch aus dieser Perspektive muß der Wechselkurs zu jedem Zeitpunkt mit einem Finanzmarktgleichgewicht vereinbar sein.

Man könnte nun versucht sein einzuwenden, daß man die Gl.(1.1) auch verstehen kann als eine Betrachtung in stetiger Zeit. Der Leistungsbilanzsaldo hat dann die eigentliche Dimension einer Stromgröße und die Nettokapitalverkehrsfunktion gibt an die Veränderung (die Ableitung nach der Zeit) der Nettoposition. Wenn diese Gleichung für jeden Zeitpunkt während eines Zeitraums erfüllt ist, dann ist sie auch für jeden Teilzeitraum und für den gesamten Zeitraum erfüllt. Aber auch dann beschreibt die Gleichung nur eine Bedingung für eine gleichgewichtige Akkumulation in der Zeit. Wenn die Inländer einen Leistungsbilanzüberschuß gegenüber den Ausländern planen, dann müssen sie auch eine Erhöhung ihrer Nettoposition planen. Dies ist war richtig, aber nicht hilfreich, wenn die Frage gestellt wird, wie sich die Ertragsraten auf Finanzaktiva und der Wechselkurs einstellen müssen, damit die Wirtschaftssubjekte in ihrer momentanen Vermögensallokationsentscheidung genau die gegebenen Bestände an Finanzaktiva nachfragen. Wie reagiert der Wechselkurs, wenn die inländische Zentralbank unvorhergesehen die inländische Geldmenge erhöht oder wenn In- und Ausländer aufgrund einer neuen (gleichgerichtet ausgewerteten) Information ihre Bestände an Finanzaktiva in ausländischer Währung abbauen möchten? Auf diese Fragen gibt nur ein finanzmarkttheoretischer Ansatz eine Antwort, und in dieser Antwort ist kein Raum für eine über den Devisenmarkt unmittelbar wirkende Verursachung des Wechselkurses durch den Leistungs- oder Kapitalbilanzsaldo.[12]

Es ist nicht zu bestreiten, daß in einem Gleichgewicht die Transaktionen am Devisenmarkt gegeneinander aufgehen müssen. Dies muß gelten für eine Zeitraumbetrachtung und für eine Zeitpunktbetrachtung. Aber in beiden Fällen ist dies modelltheoretisch nicht als eine eigenständige Gleichgewichtsbedingung einzuordnen. Bei der Zeitraumbetrachtung folgt dies, wenn die Planungen auf den eigentlichen Märkten des Modells (Strom- und Bestandsmärkten) kompatibel sind. Bei der Zeitpunktbetrachtung können geplante Transaktionen nur aus einer geplanten Umstrukturierung der Vermögensbestände resultieren. Und hier gilt analog, daß aus dem momentanen Gleichgewicht auf den Bestandsmärkten folgt, daß die Transaktionen gegeneinander aufgehen (oder überhaupt unterbleiben). Wenn nur die Finanzaktiva als fungibel angesehen werden, dann beschränkt sich diese Betrachtung auf die Finanzmärkte. Weder in einem makroökonomischen Modell für einen Zeitraum noch in der Momentaufnahme eines Finanzmarktansatzes gibt es eine Gleichgewichtsbedingung für einen Devisenmarkt.

---

12) In einem nicht devisenmarkttheoretischen Sinn kann man allerdings immer noch davon sprechen, daß der Saldo der Leistungsbilanz den Wechselkurs unmittelbar beeinflußt. Vgl. dazu den Abschnitt 1.2.3.

1.2.1 Kritische Analyse der Aufsätze von Niehans (1977) und Frenkel, Rodriguez (1982)

Die Aufgabenstellung in beiden Arbeiten lautet sehr ähnlich: Niehans möchte für eine Analyse der Wechselkursdynamik die Annahme einer unendlich hohen Anpassungsgeschwindigkeit ersetzen durch die Annahme einer endlichen. Und Frenkel, Rodriguez möchten die Wechselkursdynamik im bekannten Dornbusch-Modell untersuchen für eine endliche Anpassungsgeschwindigkeit auf den Finanzmärkten. Die kritische Analyse dieser beiden Arbeiten fügt sich an dieser Stelle gut ein, weil in beiden Arbeiten der Versuch der Abweichung bzw. der Modifikation zur Folge hat, daß von der finanzmarkttheoretischen zur devisenmarkttheoretischen Sichtweise der Wechselkursbestimmung gewechselt wird.

Es gibt einen weiteren Grund für diese kritische Analyse. Man stößt in der Literatur zur Wechselkurstheorie immer wieder auf Mißverständnisse und Unklarheiten, die zeigen, daß eben keine allgemeine Klarheit über begriffliche und phänomenologische Unterscheidungen herrscht, die für das Verständnis und die richtige Einordnung der Sichtweisen wichtig sind. Es geht zum Beispiel um die Unterscheidungen von Zeitraumbetrachtung und Zeitpunktbetrachtung, Akkumulation von Vermögen und Allokation des Vermögens, internationalem Kapitalverkehr im Sinne tatsächlicher Ressourcenüberlassung und Arbitrage auf den Finanzmärkten. Auch in den beiden Arbeiten trifft man auf diese Unklarheiten, und es bietet sich die Möglichkeit an, diese Unklarheiten aufzugreifen und die Unterscheidungen in der kritischen Auseinandersetzung mit den Arbeiten zu verdeutlichen. Dabei erfährt der finanzmarkttheoretische Gleichgewichtsbegriff eine weitere Klärung, und es wird deutlich, was es für eine Analyse der Wechselkursdynamik eigentlich bedeutet, von der Annahme des ständigen Finanzmarktgleichgewichts abzurücken. Die devisenmarkttheoretische Sichtweise wird jetzt nicht nur aus methodischer, sondern auch aus inhaltlicher Sicht kritisiert. Es wird sich zeigen, daß die devisenmarkttheoretischen Aussagen im eklatanten Widerspruch zu gesicherten Verhaltensannahmen der Makroökonomie stehen. Es verdichtet sich der Eindruck, daß es sich bei der devisenmarkttheoretischen Sichtweise nur um eine vordergründige ad hoc Plausibilitätsüberlegung handelt, die einer kritischen Betrachtung nicht standhält. Diese Klärungen, Abgrenzungen und Einschätzungen sind in der Auseinandersetzung mit vorliegenden Argumentationen, sozusagen am Beispiel, leichter und griffiger zu verdeutlichen als in der freihändigen Darstellung.

Um Kritik zu üben, braucht man eine Verankerung, sozusagen ein Standbein. Die folgende Kritik ist eigentlich nur verankert in der methodischen Position, daß eine mathematische Modellformulierung nicht nur für sich steht, sondern wirklich als Beschreibung einer vorstellbaren Modellökonomie aufzufassen ist. Nur dann erscheint eine inhaltliche Kritik möglich, andernfalls ist jede Auseinandersetzung mit dem Modell auf die Überprüfung der Rechenschritte beschränkt. Es werden im folgenden keine mathematischen Betriebsamkeiten veranstaltet, und es soll auch vermieden werden, wohlklingende sprachliche Versatzstücke jargonhaft zu adaptieren. Es geht nur darum, durch einfaches und klares Nachdenken und durch den Gebrauch elementarer Aussagenlogik das zu fördern, woran es vor allem mangelt, nämlich grundlegende phänomenologische Klarheit.[13]

1.2.1.1 Niehans (1977)

Der Aufsatz von Niehans gehört mittlerweile sicher zu den Klassikern auf dem Gebiet der Wechselkurstheorie. Niehans selbst ordnet seine Arbeit wie folgt ein:[14]

> "The subject is the dynamic adjustment of the exchange rate and the domestic price level to an increase in the domestic money stock under flexible exchange rates. Recent contributions to this problem were made by Kouri (1976), Dornbusch (1976b) and Calvo and Rodriguez (1977). Their models postulate instantaneous asset adjustment. In the first two models this effectively eliminates trade flows from the adjustment process, in Dornbusch's model because

---

13) Was die Unterscheidung von internationalem Kapitalverkehr und Arbitrage auf Finanzmärkten angeht, hat Niehans selbst (Niehans 1984, Kap. 6) für diese Klarheit gesorgt.
14) Niehans (1977), S.1246. Im vierten Satz des Zitats wird behauptet, daß die Handelsbilanz im Dornbusch-Modell (gemeint ist in unserer Liste Dornbusch 1976) immer ausgeglichen ist. Diese Aussage ist m.E. falsch.

> trade is always in balance, in Kouri's model because trade flows adjust passively to the required stock adjustment. Calvo and Rodriguez, by introducing trade flows depending on relative prices, made a significant step beyond the pure stock approach, but their analysis is limited to perfect foresight and still assumes instantaneous stock adjustment. The present note focuses on the interaction between money stocks and trade flows on the assumption that asset adjustment takes time.

Entsprechend ist der Aufsatz in der Literatur auch durchweg rezipiert worden. So schreiben z.B. Baltensperger, Böhm:[15]

> "Niehans gibt die Annahme eines ständigen Portfoliogleichgewichts auf und zeigt, wie durch eine verzögerte Anpassung auf den Finanzmärkten die Handels-bzw. Leistungsbilanz zu einer wichtigen Bestimmungsgröße für die Wechselkursentwicklung wird".

Doch sehen wir uns einmal genauer an, welche Anpassungsgeschwindigkeiten als endlich angenommen werden und ob hier wirklich ein Gegensatz zu den Finanzmarktansätzen liegt. Niehans betrachtet eine kleine offene Volkswirtschaft. Deren Bewohner (die Inländer) haben nur die Wahl zwischen zwei Finanzaktiva, in- und ausländisches Geld, die sie als unvollständige Substitute halten. Dagegen halten die Ausländer nur ihr eigenes Geld. Somit ist durch den Bestand an ausländischer Währung in Händen der Inländer auch die Nettoposition der Inländer gegenüber den Ausländern bestimmt.

Die beiden Geldnachfragen der Inländer hängen ab von der Differenz der erwarteten Ertragsraten, die sich aus der erwarteten Wechselkursänderung ergibt. Sie lauten in logarithmischer Darstellung:

$$m^* - p = a_1 + k_1(e - \bar{e}) \qquad , k_1 > 0 \qquad (1.5)$$

$$m'^* - p' = a_2 + k_2(e - \bar{e}) \qquad , k_2 < 0 \qquad (1.6)$$

Wichtig ist hier, daß durch die Geldnachfragen keine gewünschte Aufteilung eines gegebenen Vermögens spezifiziert wird. Das Vermögen taucht als Argument der Geldnachfragen gar nicht auf. Der hochgestellte Stern bezeichnet absolut gewünschte Niveaus der Geldbestände.

15) Baltensperger, Böhm (1982), S.48

Jetzt heißt es bei Niehans weiter:[16]

> "The adjustment of actual assets to desired assets is not instanteanous, the real cash balances being changed by a constant proportion of the difference between desired and actual balances (Anmerkung des Verfassers: in den Formeln wird die eigene, leicht abweichende Notation benutzt.)
>
> $$\dot{m} - \dot{p} = \mu_1 (m^* - m) , \qquad \mu_1 > 0 \qquad (1.7)$$
>
> $$\dot{m}' - \dot{p}' = \mu_2 (m'^* - m') , \qquad \mu_2 > 0 \qquad (1.8)$$
>
> where $\dot{x} = d(\log X)/dt$

Es wird jetzt deutlich, daß es sich bei der Anpassung um einen Akkumulationsvorgang handelt, um die Anpassung der tatsächlichen an die absolut gewünschten Niveaus. Dies wird besonders deutlich auch im nächsten Schritt, der die Akkumulation der ausländischen Währung mit dem Handelsbilanzsaldo verknüpft.[17]

$$\dot{m}' = T'/M' = b + \beta(p-e) , \qquad \beta < 0 \qquad (1.9)$$

Da das Preisniveau im großen Ausland sich nicht ändert nach einer Erhöhung der inländischen Geldmenge ($\dot{p}' = 0$), erhält man dann unter Beachtung von Gleichung (1.8):

$$\mu_2 (m'^* - m') = b + \beta(p - e) \qquad (1.10).$$

Für m'^* kann gemäß Gleichung (1.6) substituiert werden, um die Zahlungsbilanzgleichung in den Variablen m', p und e auszudrücken. Dies sind die endogenen Variablen des Modells, in denen sich die Dynamik des Modells abspielt. Man erhält dann:

$$\mu_2 (a_2 + k_2 (e - \bar{e}) + p' - m') = b + \beta(p - e) \qquad (1.11).$$

---

16) Niehans (1977), S.1247

17) Der Ausdruck $b + \beta(p - e)$ muß deshalb gleich T'/M' gesetzt werden, weil dm'/dt nicht die absolute, sondern prozentuale Zunahme des Bestandes an ausländischer Währung in Händen der Inländer bezeichnet.
Der Handelsbilanzsaldo hängt gemäß Elastizitätsansatz ab vom relativen Preis zwischen dem in- und ausländischen Gut. Die exogene Variable p' wird nicht extra aufgeführt.

Die genaue Betrachtung zeigt aber, daß, jedenfalls soweit es die Annahmen über Anpassungsgeschwindigkeiten betrifft, sich zunächst kein Gegensatz zu den Finanzmarktansätzen ergibt. Auch dort können Finanzaktiva, wenn es um die Anpassung an absolut gewünschte Bestände geht, nur im Zeitablauf akkumuliert werden. Wenn im Kontext von Finanzmarktansätzen von einer unendlich hohen Anpassungsgeschwindigkeit die Rede ist, dann bezieht sich dies immer nur auf die Vermögensallokation, auf die Anpassung der tatsächlichen an die gewünschte Vermögensstruktur bei zum jeweiligen Zeitpunkt gegebener Vermögenshöhe.

Dennoch hat das Niehans-Modell nichts gemein mit einem Finanzmarktmodell. Um dies zu erkennen, empfiehlt es sich, die Anpassungsdynamik im Niehans-Modell einmal aus der finanzmarkttheoretischen Perspektive zu beleuchten. Algebraisch ergibt sich diese Dynamik aus der Gleichung (1.9) und den beiden folgenden Gleichungen (1.12) und (1.13). Diese erhält man, wenn man in den Gleichungen (1.7) und (1.8) für m^* und m'^* gemäß den Gleichungen (1.5) und (1.6) substituiert und ferner beachtet, daß das ausländische Preisniveau und die inländische Geldmenge nach der einmaligen Geldmengenerhöhung unverändert bleiben.

$$\dot{p} = -\mu_1(a_1 + k_1(e - \bar{e}) + p - m) \qquad (1.12)$$

$$\dot{m}' = \mu_2(a_2 + k_2(e - \bar{e}) + p' - m') \qquad (1.13)$$

Der Wechselkurs muß sich zu jedem Zeitpunkt so einstellen, daß die Gleichung (1.11) erfüllt ist. Die Variablen p und m' entwickeln sich stetig in der Zeit zu ihren langfristigen Gleichgewichtswerten hin.

Graphisch kann die Dynamik in den Variablen p, e und m' nach einer Geldmengenerhöhung anhand der Abbildung 1 dargestellt werden.Der Punkt A bezeichnet das langfristige Gleichgewicht vor der Geldmengenerhöhung. Auch bei Niehans kommt es unmittelbar nach der Geldmengenerhöhung zu einer instantanen Abwertung der inländischen Währung (Sprung nach Punkt B), diese tritt jetzt allerdings ein,

Abbildung 1: Wechselkursdynamik nach einer einmaligen Erhöhung der Geldmenge im Modell von Niehans (Quelle: Niehans (1977), S.1255)

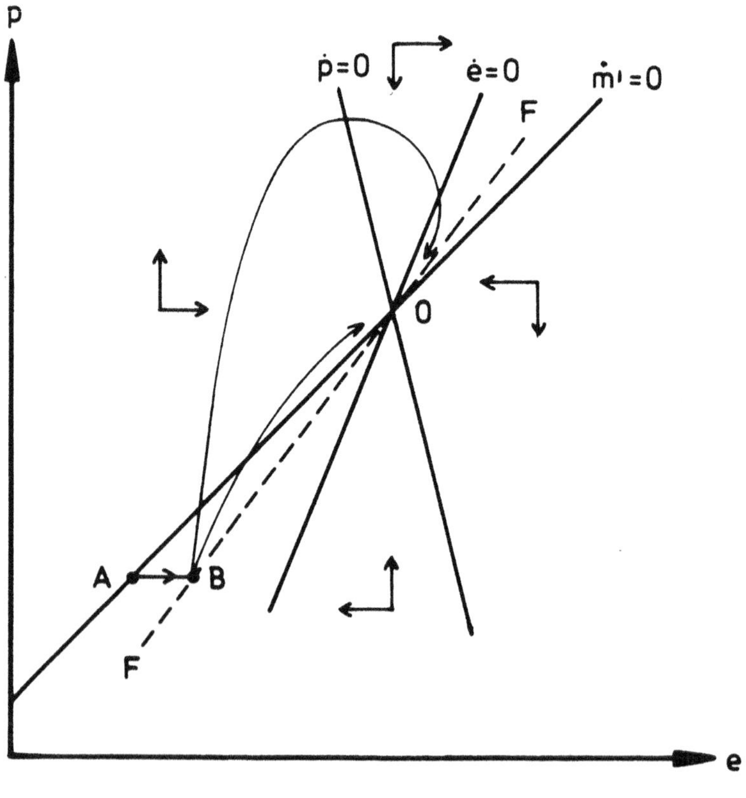

um das Zahlungsbilanz-Stromgleichgewicht herbeizuführen. In der Gleichung (1.11) erkennt man diesen Sprung daran, daß nach der Erhöhung von m sich sofort auch $\bar{e}$ ändert; bei zunächst noch unveränderten Werten von m' und p muß sich dann e sofort so einstellen, daß die Gleichung wieder erfüllt ist. Die weitere Anpassungsdynamik in den endogenen Variablen verläuft dann stetig in der Zeit zum neuen langfristigen Gleichgewicht im Punkt Q. In der späteren Anpassungsphase sind die verschiedensten, auch zyklischen Anpassungspfade ableitbar, die frühe Anpassungsphase (vom Punkt B bis zum Schnittpunkt mit der $\dot{m}'= 0$ Kurve) weist jedoch immer die folgenden Merkmale auf:

1) Der Sprung nach B ist immer, verglichen mit dem neuen langfristigen Gleichgewichtswechselkurs, ein "undershooting". In der frühen Anpassungsphase erwarten die Inländer mit Sicherheit eine weitere Abwertung der inländischen Währung zum neuen langfristigen Gleichgewicht hin.

2. Die Inländer wünschen einen Abbau ihres gestiegenen Bestandes an inländischer Währung. In der frühen Phase steigt immer das Preisniveau.

3. Die Inländer wünschen eine Zunahme des Bestandes an ausländischer Währung. In der frühen Phase werden folglich immer Handelsbilanzüberschüsse erzielt.

Betrachtet man diese frühe Phase aus finanzmarkttheoretischer Sicht, dann ist sofort erkennbar, daß zu keinem Zeitpunkt in dieser frühen Phase ein Finanzmarktgleichgewicht vorliegen könnte.[18] Wenn die Inländer mit Sicherheit eine weitere Abwertung für ihre Währung voraussehen[19], sie ohnehin die Bestände in dieser Währung abbauen und die Bestände an ausländischer Währung (temporär) aufbauen möchten, warum versuchen sie dann nicht in der frühen Phase, den gesamten für Transaktionszwecke nicht benötigten Betrag sofort und auf einen Schlag in ausländische Währung umzutauschen, um die erwarteten Abwertungsverluste auf diese Beträge zu vermeiden?

---

18) Wir entwickeln diese Kritik nur für die frühe Phase, aber sie gilt natürlich für den gesamten Anpassungsprozess.

19) Es wird angenommen, daß die Inländer den Wechselkurs im neuen langfristigen Gleichgewicht kennen.

Anders ausgedrückt, wenn alle Inländer zu jedem Zeitpunkt die Möglichkeit haben, zum herrschenden Wechselkurs beliebige Beträge von inländischem Geld gegen ausländisches Geld am Devisenmarkt (im Sinne von Devisenbörse) zu vernachlässigbaren (und insbesondere mit dem Umtauschbetrag nicht progressiv steigenden) Transaktionskosten zu tauschen, dann muß sich zwangsläufig eine andere, nämlich finanzmarkttheoretische Anpassungsdynamik ergeben.
Wie sähe nun diese Dynamik ungefähr aus, wenn wir mit Niehans von folgender Annahme ausgehen:

> "Domestic and foreign balances are imperfect substitutes inasmuch as in full equilibrium (that is with $E = \bar{E}$) transactions motives generally produce positive demands for each, while expected capital gains or losses result in shifts in the desired portfolio composition"? (1977, S.1247)

In A herrscht ein langfristiges Gleichgewicht in dem Sinne, daß die absolute Höhe des Vermögens gleich ist der gewünschten und die tatsächliche Aufteilung mit der gewünschten übereinstimmt. Die unerwartete Geldmengenerhöhung hat zwei unmittelbare Folgen: Das Gesamtvermögen ist nun höher als gewünscht, und der Anteil des inländischen Geldes ist zum alten Wechselkurs überhöht. Die erste Abweichung können die Inländer nicht sofort korrigieren, die Anpassung des Gesamtvermögens kann sich durch (versuchtes) Entsparen immer nur stetig im Zeitablauf vollziehen. Aber die Inländer stehen dann immer noch zu jedem Zeitpunkt während der Anpassung vor der Aufgabe, ihr nun einmal gegebenes Vermögen effizient aufzuteilen. Zum alten Wechselkurs werden die Inländer in Anbetracht der Abwertungserwartung versuchen, den für Transaktionszwecke nicht benötigten Teil des inländischen Geldes in ausländisches Geld umzutauschen. Da dies für alle Inländer gilt, entsteht ein Überschußangebot an inländischer Währung und in gleicher Höhe eine Überschußnachfrage nach ausländischer Währung. Der Wechselkurs muß sich jetzt so einstellen, daß ein momentanes Bestandsgleichgewicht wieder erreicht wird. Dazu ist es notwendig, daß für die inländische Währung eine Aufwertungserwartung entsteht; nur dann werden die Inländer bereit sein, den, gemessen am langfristigen Gleichgewicht, überhöhten Portfolioanteil der inländischen Geldmenge auch nachzufragen. Im Zeitablauf wird dann der gemeinsame Versuch der

Inländer, bei letztlich (d.h. nach Abschluß der Anpassung) unveränderter Nettoposition gegenüber den Ausländern mehr zu konsumieren als zu produzieren, zu einer Preissteigerung für das inländische Gut führen. Diese vermindert den (real gemessenen) Portfolioanteil der inländischen Währung und gleicht den Realwert der inländischen Geldbestände an das gewünschte absolute Niveau an. In diesem Prozess baut sich auch die Aufwertungserwartung immer mehr ab, der Wechselkurs nähert sich stetig seinem langfristigen Gleichgewichtswert.

Die Existenz eines herkömmlich funktionierenden Devisenmarktes dürfte also immer (wie bei Dornbusch) zu einem Überschießen des Wechselkurses führen. Dem steht nicht entgegen, daß die Akkumulationsgeschwindigkeiten nicht unendlich sind - sie sind es nie. Wie kann man sich nun eine Ökonomie vorstellen, in der eine wie bei Niehans geschilderte Anpassungsdynamik abläuft? Man könnte einmal annehmen, daß den Inländern die Transaktion inländisches gegen ausländisches Geld schlicht wirksam verboten ist. In ökonomischen Kategorien heißt dies, die Transaktionskosten sind prohibitiv hoch. Auch die indirekte Herstellung eines Devisenmarktes durch Kauf eines Gutes von Inländern gegen inländische Währung und Weiterverkauf an Ausländer gegen ausländische Währung soll an den Transaktionskosten scheitern. Es treten dann nur die folgenden Transaktionen auf: Die Inländer tauschen untereinander im Inland produzierte Güter gegen inländisches Geld, sie verkaufen inländische Güter an die Ausländer gegen ausländisches Geld, und sie kaufen von Ausländern ausländische Güter gegen Herausgabe von ausländischem Geld. Durch diese Konstruktion ist dann der Wunsch der Inländer, ihre Bestände an inländischem Geld abzubauen identisch damit, daß sie voneinander mehr Güter nachfragen als sie sich gegenseitig anbieten. Und der Wunsch, die Bestände an ausländischem Geld zu erhöhen ist identisch mit einem gewünschten Handelsbilanzüberschuß. Die Fragen der Allokation und der Akkumulation werden untrennbar miteinander verknüpft. Durch diese Annahmen wird die von Niehans beschriebene Anpassungsdynamik eher verständlich, aber sie laufen eben letztlich darauf hinaus, jedes herkömmliche Finanzmarktgeschehen auszuschließen. So gesehen kann man das

Niehans-Modell zu Recht als einen Anti-Finanzmarktansatz auffassen.

1.2.1.2 Frenkel, Rodriguez (1982)

Im ersten Teil ihres Aufsatzes befassen sich Frenkel und Rodriguez mit der bahnbrechenden Arbeit von Dornbusch (1976), in der die bekannte Wechselkursdynamik des Überschießens entwickelt wird. Sie beschreiben ihre Problemstellung am Anfang des ersten Kapitels wie folgt:[20]

> "In this section, the dynamics of exchange rates and the overshooting hypothesis are analyzed from the perspective that emphasizes the speeds of adjustment in commodity and asset markets. This perspective was developed by Dornbusch (1976), who assumed that, as a first approximation, asset markets clear instantaneously while adjustment in commodity markets is sluggish. Dornbusch showed that, when these assumptions are coupled with the assumption that expectations are rational, a monetary expansion induces an immediate depreciation of the currency in excess of its long-run equlibrium value; that is, a monetary expansion results in an overshooting of the exchange rate. To gain further understanding of the relationship between the dynamics of exchange rates and the speeds of adjustment in goods and asset markets, the Dornbusch model is modified and allowance has been made for a finite speed of adjustment in asset markets. It is shown that under these circumstances the key factors determining whether the exchange rate overshoots or undershoots its equilibrium value are the relationship between the speed of adjustment in asset markets, the interest elasticity of the demand for money, and the effects of relative prices on the balance of trade. The speed of adjustment in commodity markets does not seem to be a fundamental factor."

Die Autoren möchten also die Anpassungsgeschwindigkeit, die bei Dornbusch als unendlich angenommen wird, als endlich spezifizieren und die Auswirkungen dieser Veränderung untersuchen. Sie benutzen dazu in Anlehnung an Dornbusch das folgende Modell einer kleinen offenen Volkswirtschaft, in der ständig Vollbeschäftigung herrscht.

$$m - p = \phi y - \frac{1}{b}i \qquad (1.14)$$

---

20) Frenkel, Rodriguez (1982), S.3

$$D = A(Y) + T(EP'/P) \tag{1.15}$$

$$\dot{p} = \pi(D - Y) \tag{1.16}$$

$$i - i' = x \tag{1.17}$$

$$x = \dot{e} = \alpha(\bar{e} - e) \tag{1.18}$$

$$C = ß(i - i' - \alpha(\bar{e} - e)) \tag{1.19}$$

$$T(EP'/P) + ß(i - i' - \alpha(\bar{e} - e)) = 0 \tag{1.20}$$

Gleichung (1.14) ist die bekannte Gleichgewichtsbedingung für den Geldmarkt. In Gleichung (1.15) ist die gesamte Güternachfrage spezifiziert, wobei A die inländische Absorption und T den Handelsbilanzsaldo in Abhängigkeit von den Terms of Trade (Elastizitätsansatz) angibt. Gleichung (1.16) beschreibt die allmähliche Reaktion des Güterpreisniveaus auf eine Überschußnachfrage auf dem Gütermarkt. Gleichung (1.17) ist die Zinssatzparität, die jedoch bei Frenkel, Rodriguez jetzt nur im langfristigen Gleichgewicht erfüllt sein soll. Die Autoren schreiben zu dieser Gleichung:[21]

> Equilibrium in the world asset market attains when the difference between the rates of interest on domestic and foreign securities, which are identical in all respects except for the currency of denomination, just equals the expected rate of change in the exchange rate. For example, when the domestic currency is expected to depreciate at the percentage rate x, long-run equilibrium requires that
>
> $$i - i' = x$$
>
> where i' denotes the rate of interest on assets denominated in foreign currency.

Gleichung (1.18) beschreibt in Übereinstimmung mit Dornbusch die Erwartungsbildung für den Wechselkurs. Auch bei Frenkel, Rodriguez wird der Parameter α so gewählt, daß er mit vollkommener Voraussicht vereinbar ist. Interessant sind die Gleichungen (1.19) und (1.20), in denen der Parameter ß ein Maß für die zu diskutierende Anpassungsgeschwindigkeit ist. Gleichung (1.19) beschreibt den Nettokapitalzustrom in Abhängigkeit von der Renditedifferenz und Gleichung (1.20) ist die Budgetrestriktion der Inländer, die von

21) Frenkel, Rodriguez (1982), S.5f

den Autoren als Bedingung für das Zahlungsbilanzgleichgewicht bezeichnet wird. Zum Parameter ß schreiben die Autoren:[22]

> The equilibrium that is described in equation (9) [Anmerkung d.V.: In unserer Numerierung ist es die Gleichung (1.17)] is attained through the mechanism of arbitrage that is effected through the international mobility of capital. It is assumed that capital flows are proportional to (i - i'-x) - the discrepancy between the net rates of return on the various securities. Substituting equation (10) for the expected depreciation of the currency, the international flow of capital can be specified as
>
> (11) $$C = \beta(i - i' - \alpha(\bar{e} - e))$$
>
> where C denotes net capital inflow (the surplus in the capital account) and where ß denotes the speed of adjustment in asset markets.When capital is perfectly mobile, $\beta=\infty$, and the mobility of capital ensures that equation (9) holds all the time. At the other extreme, when $\beta=0$, capital is completely immobile, and the mechanism of arbitrage in asset markets is completely inoperative. It is shown below that the magnitude of ß is a key factor determining the dynamics of exchange rates.

Nachdem das Modell soweit vorgestellt wurde, wollen wir schon an dieser Stelle mit einer ersten Kritik beginnen. Es wird sich später herausstellen, daß das Modell von Frenkel und Rodriguez keineswegs als eine Modifikation des Dornbusch-Modells, etwa als ein monetärer Ansatz bei begrenzter Kapitalmobilität - wie die Autoren meinen -, eingeordnet werden kann.[23] Es wird sich zeigen, daß die Wechselkursdynamik während der Anpassung zu keinem Zeitpunkt mit einem Arbitragegleichgewicht auf den Finanzmärkten vereinbar ist. Sie wird nicht finanzmarkttheoretisch, sondern devisenmarkttheoretisch abgeleitet. Es liegt damit eine völlige Änderung der Sichtweise der Wechselkursbestimmung vor.

Die eigentliche Ursache für diese elementaren Unklarheiten liegt darin, daß das Phänomen der Arbitrage auf den Finanzmärkten nicht klar unterschieden wird vom Phänomen der Kapitalmobilität oder ge-

22) Frenkel, Rodriguez (1982), S.6

23) Diese Einordnung (und überhaupt die ganze Argumentation) von Frenkel, Rodriguez wird kritiklos übernommen z.B. von MacDonald (1988), der das Modell im Kapitel 4.2 als ein "sticky price monetary model" bei unvollkommener Kapitalmobilität bezeichnet.

nauer: des internationalen Kapitalverkehrs im Sinne echter Ressourcenüberlassung. Deshalb konzentrieren wir uns zunächst auf diese Unterscheidung.

Kapitalmarktmobilität und Arbitrage auf den Finanzmärkten

Einen ersten Vorgeschmack auf die Konfusion erhält man schon, wenn man in den beiden letzten Zitaten danach fragt, was genau mit in- und ausländischen Wertpapieren gemeint ist. Dies ist keineswegs klar, denn die Unterscheidung kann nach zwei Kriterien getroffen werden: nach der Währung, auf die die Zahlungsversprechen des Wertpapiers lauten, und danach, ob der Emittent des Wertpapiers ein Inländer oder ein Ausländer ist. In der Erläuterung der Zinssatzparität ist das Unterscheidungskriterium die Währung, in der die Wertpapiere denominiert sind. Mit i (i') ist dort der Zins der Wertpapiere in inländischer (ausländischer) Währung gemeint. In dem nächsten Zitat beim Thema vollkommene oder unvollkommene Kapitalmobilität ist das Unterscheidungskriterium dann die Herkunft des Emittenten, denn es geht dort um den Saldo der Kapitalverkehrsbilanz aus den Transaktionen zwischen In- und Ausländern. Dort bezeichnet i (i') die Rendite der von Inländern (Ausländern) emittierten Wertpapiere. Um die Kritik fortsetzen zu können, müssen wir also die Annahme einführen, daß Inländer Wertpapiere nur in inländischer Währung und Ausländer Wertpapiere nur in ausländischer Währung emittieren. Diese Annahme rettet zwar zunächst das Modell, sie ist aber restriktiv in bezug auf die Fragestellung.[24] Übrigens ist das Dornbusch-Modell auf diese Annahme nicht angewiesen; dies zeigt schon, daß es nicht als Grenzfall (für $\beta \rightarrow \infty$) des Modells von Frenkel und Rodriguez anzusehen ist.

Der Parameter β ist nach Ansicht der Autoren von zentraler Bedeutung. Wir wollen deshalb zunächst klären, welche ökonomische Größe durch β am ehesten bezeichnet wird. Dies wird erst möglich, wenn

24) Wie restriktiv diese Annahme ist, wird deutlich, wenn wir sie auch auf die Halter der Wertpapiere ausdehnen. Wenn auch für die Halter der Wertpapiere von vorneherein nur Wertpapiere in ihrer eigenen Landeswährung in Frage kommen, dann hat der Wechselkurs überhaupt keinen Einfluß mehr auf die Vermögensallokationsentscheidung der Wirtschaftssubjekte, und die Frage nach einem finanzmarkttheoretischen Erklärungsbeitrag für die Wechselkursbestimmung hat sich von selbst erledigt.

wir zuvor die von Frenkel und Rodriguez als Vereinfachung gedachte Annahme, daß die Absorption der Inländer nur vom Volkseinkommen und nicht vom Zins abhängt, für diese Kritik wieder aufheben. Sie führt zu einem Widerspruch, denn wenn der Nettokapitalzustrom zinsabhängig ist, dann muß auch die inländische Absorption (noch dazu wenn Y via Vollbeschäftigungsannahme exogen ist) zinsabhängig sein. Wir spezifizieren also die Absorption in Abhängigkeit vom Einkommen und vom Zins und teilen die gesamte Absorptionsnachfrage in eine Konsumnachfrage[25] und Investitionsnachfrage auf.

$$A = A(Y,i) = CS(Y) + I(i). \qquad (1.21)$$

Der Gleichgewichtszustand des Modells wird dann durch die folgenden Gleichungen beschrieben:

$$Y = CS(Y) + I(i) + T(EP'/P) \qquad (1.22)$$

$$m - p = \phi y - \frac{1}{b}i \qquad (1.23)$$

$$T(EP'/P) + ß(i - i' - \alpha(\bar{e} - e)) = 0 \qquad (1.24)$$

Man kann nun (1.24) in (1.22) einsetzen und erhält

$$Y = CS(Y) + I(i) - ß(i - i' - \alpha(\bar{e} - e)) \qquad (1.25)$$

oder

$$S(Y) = I(i) - ß(i - i' - \alpha(\bar{e} - e)). \qquad (1.26)$$

Die Gleichung (1.26) eignet sich noch am ehesten, um zu klären, welche ökonomische Größe durch ß beschrieben wird. Diese Gleichung kann interpretiert werden als eine Gleichgewichtsbedingung für ein Stromgleichgewicht (flow of funds equilibrium) auf dem Wertpapiermarkt. Besonders leicht einzusehen ist dies unter den folgenden Annahmen:

A1: Das Reinvermögen der Unternehmen beträgt in jeder Periode null, d.h. Gewinne werden immer vollständig an die

---

25) Es spielt für die folgenden Überlegungen keine Rolle, ob die Konsumnachfrage der Inländer auch vom Zins abhängt.

Unternehmenseigner (die zum Sektor Haushalte gehören) ausgeschüttet bzw. Verluste von diesen vollständig ausgeglichen.

A2: Haushalte investieren nicht, und Unternehmen konsumieren nicht.

A3: Von Inländern ausgegebene und auf inländische Währung lautende Wertpapiere befinden sich nur in den Händen von Inländern.

A4: Die Gleichgewichtsbedingung für den Geldmarkt gilt nicht nur für die Gesamtheit der Inländer, sondern auch für die Sektoren Unternehmen und private Haushalte einzeln betrachtet. Es soll der Fall ausgeschlossen werden, daß die Sektoren Haushalte und Unternehmen betragsmäßig in gleicher Höhe aber gegenläufig ihre Geldbestände verändern möchten.

Aus A1 folgt dann, daß das gesamte Volkseinkommen und die gesamtwirtschaftliche Ersparnis bei den Haushalten anfällt. Da die Haushalte nicht investieren (A2) und auch ihre Geldbestände nicht verändern möchten (A4), müssen sie ihre gesamte Ersparnis dazu verwenden, ihre Bestände an Wertpapieren, die von in- oder ausländischen Unternehmen emittiert werden, zu erhöhen.[26] Die Sparfunktion S(Y) ist identisch mit der Stromnachfrage auf dem Wertpapiermarkt. Für die inländischen Unternehmen folgt aus den Annahmen A1, A2, A4, daß sie ihre Investitionen vollständig durch Ausgabe von Wertpapieren finanzieren müssen, ihre Investitionsnachfrage und ihre Stromangebot an Wertpapieren fallen zusammen. Die Differenz zwischen der gesamten Ersparnis (= Stromnachfrage nach Wertpapieren) und der Investitionsnachfrage der Inländer (= Stromangebot an Wertpapieren von Inländern) ist im Stromgleichgewicht (wegen A3) gleich dem (Überschuß)Stromangebot an Wertpapieren von Ausländern (= Erhöhung der Nettoposition der Inländer = Leistungsbilanzüberschuß).

Es ist nicht ganz leicht, exakt anzugeben, welche ökonomische Größe durch ß beschrieben wird. Am ehesten noch ist ß ein Maß für die Reagibilität der Wertpapiernachfragen in bezug auf eine erwar-

26) Der Einfachheit halber soll es im Inland und im Ausland nur die Sektoren Haushalte und Unternehmen geben.

tete Renditedifferenz.[27] Aber es handelt sich bei den Wertpapiernachfragen eben nicht um Bestandsnachfragen zu einem Zeitpunkt, sondern um Stromnachfragen, d.h. um gewünschte Bestandsänderungen aus der Ersparnis eines Zeitraums. Wenn β gegen unendlich geht, dann reicht die kleinste erwartete Renditedifferenz dafür aus, daß die gesamte Ersparnis in das Wertpapier mit der höheren Rendite angelegt wird. Natürlich kommt es dann nie zu einer Renditedifferenz; in diesem Fall müssen sich in einem Stromgleichgewicht die Renditen ständig ausgleichen. Es ist diese Situation, die treffend beschrieben wird durch den Begriff der vollkommenen Kapitalmobilität. Jedes Land kann auf dem Weltkapitalmarkt zum herrschenden Weltzins beliebig seine Nettoposition ändern. Gilt weltweit die Entscheidungsregel, daß Investitionsprojekte immer dann und nur dann durchgeführt werden, wenn die Rendite höher ist als der Weltzins (oder doch mindestens genauso hoch), dann bedeutet vollkommene Kapitalmobilität letztlich, daß sich nicht nur die Renditen der Wertpapiere ausgleichen, sondern es auch - und zwar ohne Rücksicht auf die Änderung der Nettoposition - zum Ausgleich der Grenzproduktivitäten des Faktors Kapital in den einzelnen Ländern kommt. Spricht man von Kapitalmobilität, so ist die tatsächliche Bewegung des Faktors Kapital (die Ressourcenüberlassung) während eines Zeitraums gemeint, eben der Leistungsbilanzsaldo, dessen Spiegelbild die Änderung der Nettoposition ist.[28]

---

27) Das entscheidende Kriterium für die Unterscheidung der beiden Wertpapiere ist jetzt die Herkunft des Emittenten.

28) Die von Frenkel und Rodriguez gewählte Formalisierung des Konzeptes der Kapitalmobilität leuchtet jedoch nur für die beiden Extremfälle der vollkommenen Kapitalmobilität ($\beta=\infty$) und der vollkommenen Kapitalimmobilität ($\beta=0$) ein, nicht dagegen für den Fall der begrenzten Kapitalmobilität ($0<\beta<\infty$). Bei vollkommener Kapitalmobilität impliziert $\beta=\infty$ korrekterweise die ständige Erfüllung der Zinssatzparität. Das Ausmaß des tatsächlichen Kapitalverkehrs ist ebenfalls korrekterweise mathematisch unbestimmt, es kann nur im Gesamtmodell aus der Kenntnis der inländischen Ersparnis und des zum Realzins auf dem Weltmarkt rentablen Investitionsvolumens ermittelt werden. Bei vollkommener Kapitalimmobilität impliziert $\beta=0$ unabhängig von anderen Gleichungen des Modells und unabhängig von jeder Renditedifferenz einen Leistungs- und Kapitalverkehrsbilanzsaldo von Null. Dies trifft den Fall vollkommen getrennter Kapitalmärkte. Schwierigkeiten bereitet jedoch der Fall der begrenzten Kapitalmobilität. Denn die Formulierung für den Nettokapitalzustrom impliziert für diesen Fall, daß bei Erfüllung der Zinssatzparität der Nettokapitalverkehr immer Null ist. Begrenzte Kapitalmobilität heißt aber nur, daß Renditedifferenzen auftreten

Es ist richtig, daß auch bei Dornbusch die Renditen ständig ausgeglichen sind und auch die Dynamik des Überschießens nach einer Geldmengenerhöhung durch den Renditeausgleich erzwungen wird. Aber diese Dynamik wird nicht abgeleitet aus Annahmen über die gewünschte Aufteilung der laufenden Ersparnis auf in- und ausländische Wertpapiere, sondern aus Annahmen über die gewünschte Portfolioaufteilung in der logischen Sekunde nach der Geldmengenerhöhung. Weil die Wertpapiere als vollkommene Substitute angesehen werden, muß die Zinsdifferenz durch eine gegenläufige Wechselkursänderungserwartung kompensiert werden, damit die gesamten Wertpapierbestände weiterhin nachgefragt werden.[29] In diesem Falle erfordert das Bestandsgleichgewicht das Überschießen des Wechselkurses.

Exkurs: Zur Unterscheidung von Kapitalmobilität und Arbitrage auf den Finanzmärkten[30]

Dem Begriff der Kapitalmobilität im obigen Sinn ist gegenüberzustellen der Begriff der Arbitrage auf den Finanzmärkten. Diese beiden Begriffe werden in (meist ungenauen) Aussagen über den internationalen Kapitalverkehr immer wieder konfundiert. So hört man z.B. häufig die Aussage: Wenn in Deutschland der Zins steigt, dann "fließt Kapital" nach Deutschland. Dies ist eine scheinbar plausible Aussage über den Kapitalbilanzsaldo bei begrenzter Kapitalmobilität, die auch mit der Formalisierung $C = \beta(i - i' - x)$ vereinbar ist. Nun ist der Kapitalbilanzsaldo definitionsgemäß nichts anderes als die Differenz zwischen inländischen Investitionen und inländischer Ersparnis. Wenn wir die Aussage nur logisch umformen (und dabei den Gehalt der Aussage natürlich nicht verändern), dann

können und i.d.R. auch auftreten werden; sie impliziert nicht, daß bei (zufälliger) Übereinstimmung der Renditen jeder Nettokapitalverkehr zum Erliegen kommt. Die Formalisierung kann also gerade den Fall, den Frenkel und Rodriguez in den Mittelpunkt ihrer Überlegungen stellen, nicht adäquat abbilden.

29) Deshalb ist das entscheidende Kriterium für die Unterscheidung der beiden Wertpapiere jetzt die Währung, auf die die Zahlungsversprechen der Wertpapiere lauten.

30) Wichtige Anregungen für diesen Exkurs lieferten die beiden Arbeiten von Niehans: "Interest Rates and Capital Flows" (unveröffentlichtes Manuskript) und Niehans (1984), Kap. 6.

lautet sie jetzt in etwas ungenau zugespitzter Form: Wenn in Deutschland der Zins steigt, dann wird in Deutschland mehr investiert und/oder weniger gespart.[31] Dies hört sich nun keineswegs mehr so plausibel an, obwohl es nur eine logische Umformung der obigen Aussage ist. Des Rätsels Lösung ist natürlich, daß sowohl der Zins wie auch der Kapitalbilanzsaldo beides endogene Variablen sind. Derartige Aussagen über Beziehungen zwischen endogenen Variablen sind sinnlos, denn die endogenen Variablen werden gemeinsam durch die exogenen Variablen bestimmt.

Aber häufig ist mit der obigen Aussage etwas anderes gemeint, nämlich ein Sachverhalt, der in den Bereich der Arbitrage fällt. Wenn der Zins der deutschen Wertpapiere steigt, dann wird es attraktiver, deutsche Wertpapiere zu halten. Also werden die in- und ausländischen Wirtschaftssubjekte versuchen, ausländische Wertpapiere zu verkaufen und deutsche Wertpapiere zu kaufen. Ähnliche Transaktionen, allerdings in umgekehrter Richtung, werden wohl unterstellt, wenn es heißt, daß etwa die Einführung einer Quellensteuer in Deutschland zu massiven Kapitalabflüssen geführt hat, oder, ganz allgemein, irgendeine Maßnahme dazu führt, daß das "Kapital ins Ausland flieht". Diesen Aussagen liegt die Perspektive und der Erfahrungshorizont des einzelnen Anlegers zugrunde, der weiß, daß er sein "Kapital" (=Vermögen), soweit es in Finanzaktiva angelegt ist, von einem Tag auf den anderen "ins Ausland schaffen kann".[32] Natürlich ist es einzelwirtschaftlich möglich, inländische Wertpapiere zu verkaufen und ausländische Wertpapiere zu kaufen. Nur hat dies im makroökonomischen Sinn nichts mit tatsächlicher Kapitalbewegung zu tun; aufgrund dieser reinen Finanztransaktion fließt kein Kapital, und es ändert sich auck keine Nettoposition. Ein Inländer, der seine Wertpapiere verkaufen will, muß an der Börse einen Käufer finden und für die zu kaufenden ausländischen Wertpapiere muß er einen Verkäufer finden. Allenfalls haben also Wertpapiere ihre Besitzer gewechselt. Aber idealtypisch wird es nicht einmal zu diesen Umsätzen kommen, wenn die Neuigkeit, die dem In-

---

31) in genauer Form: ..., dann steigt in Deutschland die Differenz zwischen Investitionen und Ersparnis.
32) Wobei es vom vermuteten Risiko abhängen wird, ob ein Wechsel der Währung oder der nationalen Zugehörigkeit des Schuldners beabsichtigt ist.

länder die Transaktion (zu noch unveränderten Kursen) ratsam erscheinen läßt, alle Wirtschaftssubjekte gleichzeitig erreicht und sie diese gleichgerichtet auswerten. Denn dann werden alle diese Transaktionen ausführen wollen und keiner die gegenläufigen, so daß die Überschußnachfragen auf den Finanzmärkten eine sofortige Reaktion der Kurse und Ertragsraten bewirken. Zu diesen neuen Kursen und Ertragsraten befinden sich dann alle Wirtschaftssubjekte wieder im Portfoliogleichgewicht. Die Neuigkeit hat also nur zu einer instantanen Änderung der Kurse und Ertragsraten auf den Finanzmärkten geführt, die Kursentwicklung spiegelt den Prozeß gleichgerichteter Informationsverarbeitung wider. Dies ist ja gerade die zentrale Sichtweise des Finanzmarktansatzes, dessen Grundidee lautet, daß die Momentaufnahme von Ertragsraten und Wechselkursen determiniert wird durch das augenblickliche Finanzmarktgleichgewicht, d.h. alle Wirtschaftssubjekte befinden sich im individuellen Portfoliogleichgewicht, und die Finanzmärkte sind geräumt. Und erreicht wird dieses ständige Finanzmarktgleichgewicht durch den Arbitragemechanismus auf den Finanzmärkten, der glänzend funktioniert, weil diese Märkte als Auktionsmärkte praktisch instantan auf ein Ungleichgewicht mit einer Kursänderung reagieren, sie weltweit integriert sind, und alle Wirtschaftssubjekte bei vernachlässigbaren Transaktionskosten Marktzugang haben.

Aber noch einmal, was heißt Arbitrage auf den Finanzmärkten? In der engsten Bedeutung umfaßt die Arbitrage das Ausnutzen von praktisch risikolosen Gewinnmöglichkeiten durch Transaktionen auf den Finanzmärkten. Im weiteren Sinne können alle Transaktionen gemeint sein, die für das Wirtschaftssubjekt einen Nutzenzuwachs versprechen. Damit fallen dann alle Transaktionen, durch die ein Wirtschaftssubjekt seine tatsächliche an die gewünschte Vermögensallokation anpaßt unter den Begriff der Arbitrage. Ungenau und mißlich an dieser Definition ist jetzt noch, daß der Begriff sich primär auf tatsächliche Transaktionen bezieht, die möglicherweise, wie oben gezeigt, idealtypisch gar nicht auftreten. Deshalb die folgende Definition: Arbitrage ist das zu jedem Zeitpunkt latent vorhandene Bestreben, durch Transaktionen auf den Finanzmärkten Gewinnmöglichkeiten auszunutzen bzw. die tatsächliche an die gewünschte Portfolioaufteilung anzupassen. Voraussetzung für Arbi-

trage ist dann auch nur, daß die Wirtschaftssubjekte tatsächlich die Möglichkeit haben, auf allen Finanzmärkten (im Sinne von Börsen) das ganze Spektrum von Finanzaktiva zu kaufen und zu verkaufen. Ist diese Voraussetzung erfüllt und herrscht Arbitrage auf den Finanzmärkten, dann führt dies für den einfachsten Fall, daß zwei Wertpapiere als vollkommene Substitute angesehen werden, dazu, daß die erwarteten Renditen ständig ausgeglichen sind.
Ende des Exkurses

Die Annahme der vollkommenen Kapitalmobilität impliziert die Übereinstimmung der erwarteten Renditen der Wertpapiere in einem Stromgleichgewicht. Sie liefert aber keine unmittelbare Begründung für den Renditeausgleich in einem reinen momentanen Bestandsgleichgewicht. Wenn nur für einen Zeitpunkt die Vermögensensallokationsentscheidung betrachtet wird, dann gibt es keine Investitionen und Ersparnisse und folglich kein Stromangebot und Stromnachfrage nach Wertpapieren. Die Begründung liegt jetzt in der Annahme, daß die Wertpapiere zum Zeitpunkt der Modellaufnahme als vollkommene Substitute aufgefaßt werden. Die Wechselkursdynamik des Überschießens nach Dornbusch kann geschildert werden, ohne eine einzige Stromgröße zu erwähnen.

Betrachten wir dazu die folgenden Gleichungen des Dornbusch-Modells:

$$m - p = \phi y - \frac{1}{b}i \qquad (1.27)$$

$$i = i' - x \qquad (1.28)$$

$$x = \dot{e} = \alpha(\bar{e} - e) \qquad (1.29)$$

$$dp/dt = \dot{p} = \pi \ln(D/Y) \qquad (1.30)$$

Diese Gleichungen sind zu interpretieren als eine Momentaufnahme. In jedem Moment sind vorgegeben die exogenen Variablen m, y und i' sowie das Preisniveau p, das durch die Vergangenheit determiniert ist. Bestimmt werden durch die Gleichungen die Momentanwerte der Variablen i, x, e und dp/dt. In dieser Reihenfolge sind die Variablen nacheinander aus den Gleichungen ableitbar, diese rekursive

Struktur erleichtert die spätere Argumentation. Bekannt und vorgegeben ist auch in jeden Moment der Wechselkurs im langfristigen Gleichgewicht e. Aus den obigen Gleichungen können e und p abgeleitet werden, wenn man für das langfristige Gleichgewicht fordert $x = 0$ und $\dot{p} = 0$. In diesem Zustand ($x=0$, $i=i'$, $e=e$, $\dot{p}=0$, $D=Y$, $p=\bar{p}$) befindet sich das Modell in der Ausgangssituation.

Wird nun die Geldmenge unerwartet erhöht, dann erfordert bei kurzfristig starren Güterpreisen das momentane Geldmarktgleichgewicht, daß der inländische Zins sinkt (Gl. 1.27). Darüberhinaus bewirkt die Geldmengenerhöhung, daß die Wirtschaftssubjekte einen höheren Wechselkurs im neuen langfristigen Gleichgewicht erwarten. Da nun in- und ausländische Wertpapiere (die jetzt nach der Währung zu unterscheiden sind) als vollkommene Substitute angesehen werden, muß die gegenüber ausländischen Wertpapieren entstandene Zinsdifferenz durch eine Aufwertungserwartung für die heimische Währung kompensiert werden, um die erwarteten Renditen wieder auszugleichen (Gl. 1.28). Ein verbleibender Renditeunterschied wäre unvereinbar mit einem Finanzmarktgleichgewicht, alle Wirtschaftssubjekte würden versuchen, das Wertpapier mit der niedrigeren in das mit der höheren Rendite zu tauschen. Die erforderliche Aufwertungserwartung kann sich aber nur dann einstellen, wenn der momentane Wechselkurs höher ist als der langfristig erwartete Gleichgewichtswechselkurs (Gl. 1.29). Es ist also das momentane Bestandsgleichgewicht auf den Finanzmärkten, das das Überschießen des Wechselkurses erfordert. Diese Reaktionen spielen sich modelltheoretisch instantan, in der logischen Sekunde (nach) der Geldmengenerhöhung ab. Im nachfolgenden Zeitablauf vollzieht sich dann die allmähliche Anpassung zum neuen langfristigen Gleichgewicht. Der gesunkene Zins und die starke Abwertung führen zu einer Überschußnachfrage auf dem heimischen Gütermarkt, die einen stetigen Anstieg des Güterpreisniveaus bewirkt. Die reale Geldmenge sinkt wieder, der anfängliche Liquiditätseffekt wird kontinuierlich abgebaut. Der inländische Zinssatz steigt und nähert sich dem ausländischen Zins wieder an, dabei verringert sich die erwartete Aufwertungsrate durch Annäherung des laufenden Wechselkurses an den erwarteten langfristigen Wert.

Frenkel und Rodriguez gehen nun davon aus, daß ihr Modell das Dornbusch-Modell als Grenzfall enthält, wenn der Parameter ß gegen unendlich geht. Ihrer Meinung nach ist es die Annahme der vollkommenen Kapitalmobilität, die die ständige Erfüllung der Zinssatzparität bewirkt. Dagegen wurde gerade gezeigt, daß es bei der Betrachtung eines momentanen Finanzmarktgleichgewichts konzeptionell verfehlt ist, die Zinssatzparität durch vollkommene Kapitalmobilität zu begründen; die Begründung muß lauten, daß die Wertpapiere zum Zeitpunkt der Modellaufnahme als vollkommene Substitute angesehen werden.[33] Bei Dornbusch selber findet man beide Annahmen, sowohl die vollkommene Kapitalmobilität wie auch die vollkommene Substituierbarkeit der Wertpapiere.[34] Offenbar wählt Dornbusch den Fall, der keine Probleme aufwirft. Die vier im Modell unterscheidbaren Typen von Wertpapieren, von In- oder Ausländern emittiert und auf inländische oder ausländische Währung lautend, werden bei Dornbusch von den Wirtschaftssubjekten zu jedem Zeitpunkt als vollkommene Substitute angesehen. Dann herrscht im Modell auch für jeden betrachteten Zeitraum vollkommene Kapitalmobilität. Die Wirtschaftssubjekte reagieren dann auch bei der Neuanlage ihrer Ersparnisse dieses Zeitraums in von Inländern oder Ausländern emittierten Wertpapieren - und dies ist die über den Kapitalmarkt koordinierte Zuteilung der nicht für Konsumzwecke in Anspruch genommenen Ressourcen auf In- oder Ausländer - vollkommen elastisch auf eine Renditedifferenz. Man kann jetzt zwar darauf bestehen,

---

33) Ganz abgesehen davon, daß es bei der vollkommenen oder unvollkommenen Kapitalmobilität um die Präferenzen der Gläubiger hinsichtlich der Nationalität der Schuldner geht (der umgekehrte Fall, daß Schuldner Präferenzen hinsichtlich der Nationalität der Gläubiger haben, ist wohl kaum relevant), während es bei Dornbusch um Präferenzen hinsichtlich der Währungsaufteilung des Wertpapierportefeuilles geht.

34) So heißt es bei Dornbusch (1976), S. 1162:
"Assets denominated in terms of domestic and foreign currency are assumed to be perfect substitutes given a proper premium to offset anticipated exchange rate changes."
Zur Zinssatzparität (bei Dornbusch die Gleichung 1) führt er dann auf Seite 1163 aus:
"Equation (1) is a representation of perfect capital mobility, and it is assumed that incipient capital flows will ensure that (1) holds at all times"
In diesem Zitat meint Dornbusch - im Gegensatz zu Frenkel und Rodriguez - mit "perfect capital mobility" wohl eher die Arbitrage auf den Finanzmärkten als die Wanderung von Ressourcen.

daß die eigentliche Annahme die der vollkommenen Substituierbarkeit der Wertpapiere zu jedem Zeitpunkt ist und daß die vollkommene Kapitalmobilität daraus abgeleitet und eben keine eigenständige Annahme ist; aber bei Dornbusch grenzt das doch schon sehr an Haarspalterei. Es ist bei Dornbusch nicht das Thema, und es ist nicht erforderlich, in diesen Unterscheidungen so genau zu sein. Erforderlich wird es aber bei Frenkel und Rodriguez, weil sie sich vornehmen, genau diese Annahmen zu modifizieren.

Die Wechselkursdynamik in der Logik des Modells

In der Beschreibung der Problemstellung geben die Autoren an, sie möchten das Dornbusch-Modell dahingehend modifizieren, daß eine endliche Anpassungsgeschwindigkeit auf den Finanzmärkten erlaubt ist. Was sie genau mit "finite speed of adjustments on asset markets" meinen, wird aus diesem Abschnitt nicht deutlich. Die Einleitung jedoch legt den Verdacht nahe, daß die Autoren die Begriffe "rate of capital mobility" und "speed of adjustment in capital markets" gleichsetzen.

Letzte Zweifel daran werden ausgeräumt, wenn man noch einmal die Ausführungen der Autoren zur Gleichung (1.19) auf diesen Verdacht hin untersucht. Diese Interpretation steht auch in Übereinstimmung mit der Vorgehensweise in der formalen Analyse. Der Parameter ß, der, wie gezeigt wurde, tatsächlich unter Vorbehalt als ein Maß für die Kapitalmobilität bezeichnet werden kann, wird als ein endlicher Wert angesetzt, und es wird dann die Wechselkursdynamik nach einer Geldmengenerhöhung untersucht.

Diese Dynamik ist in der Abbildung 2 graphisch veranschaulicht. Die $\dot{p}=0$ Kurve ist mit der T=0 Kurve identisch, weil die Autoren vereinfachend (was den Formalismus betrifft) annehmen, daß nach Abschluß der Wechselkursanpassung gilt A(Y) = Y.

$$\dot{p} = \pi(D-Y) \tag{1.31}$$

$$D = A(Y) + T(EP'/P) \tag{1.32}$$

Wenn D = Y und A(Y) = Y, dann gilt dp/dt = 0 und ebenfalls T = 0.

Für den Handelsbilanzsaldo wird einfach eine proportionale Abhängigkeit von dem logarithmierten Realtauschverhältnis angenommen:[35]

$$T = \delta(e-p-k), \ \delta>0 \qquad (1.33)$$

Hier bezeichnet $k=\bar{e}-\bar{p}$ den Wert für das logarithmierte Realtauschverhältnis, bei dem der Handelsbilanzsaldo nach Abschluß der Wechselkursanpassung ausgeglichen ist. Die T=0-Kurve (bzw. dp/dt=0-Kurve) ist also der geometrische Ort aller Kombinationen von p und e, für die e-p-k=0 bzw. p=e-k gilt. Für die spätere Ableitung der QQ-Kurve sei hier schon darauf hingewiesen, daß wir den Handelsbilanzsaldo auch folgendermaßen ausdrücken können:

$$T(EP'/P) = \delta((e - \bar{e}) - (p - \bar{p})) \qquad (1.34)$$

Die mit C = 0 bezeichnete Kurve erhält man aus:

$$C = \beta \ (i - i' - \alpha(\bar{e} - e) \ ) = 0 \qquad (1.35)$$

$$\Rightarrow \ i - i' - \alpha(\bar{e} - e) = 0 \qquad (1.36)$$

Die Gleichgewichtsbedingung für den Geldmarkt liefert einen Zusammenhang zwischen i und p.

$$i = b \ (\ p + \phi y - m) \qquad (1.37)$$

Wenn i = i' ist, dann ist $p = \bar{p}$:

$$i' = b \ (\bar{p} + \phi y - m) \qquad (1.38)$$

Setzt man (1.37) und (1.38) in (1.36) ein, dann erhält man die C=0-Kurve als Funktion in den endogenen Variablen p und e:

$$b(p - \bar{p}) \ - \alpha(\bar{e} - e) = 0 \qquad (1.39)$$

---

35) Der Preis für das ausländische Gut in ausländischer Währung wird auf eins normiert, der Logarithmus dieses Preises ist dann gleich null.

Abbildung 2: Wechselkursdynamik nach einer einmaligen Erhöhung der Geldmenge im Modell von Frenkel und Rodriguez
(Quelle: Frenkel, Rodriguez (1982), S.11)

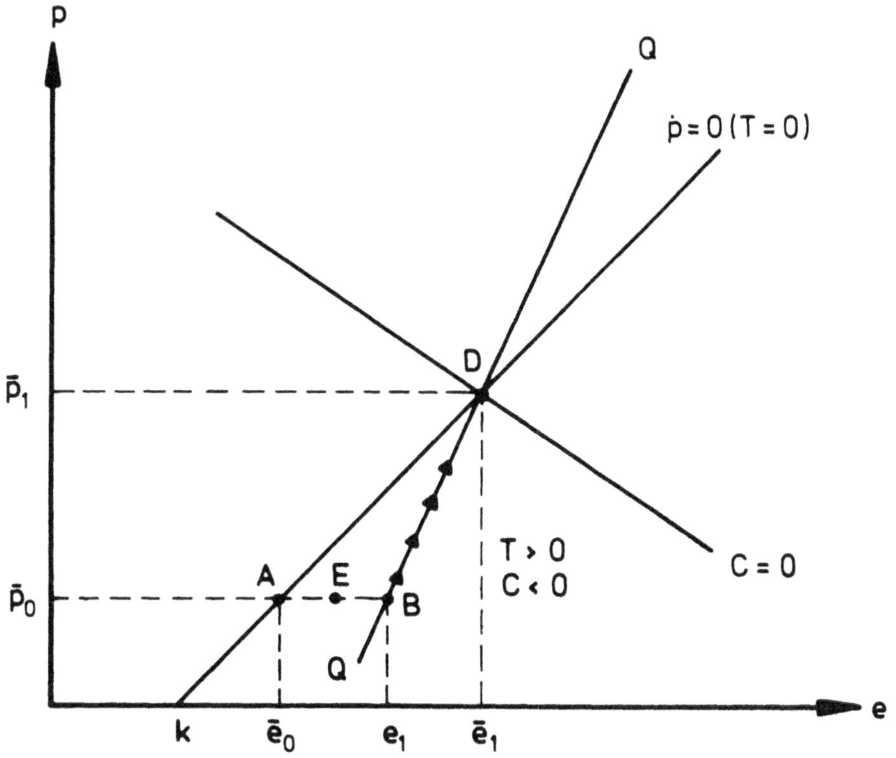

Die Wechselkursdynamik während der Anpassung wird eindeutig devisenmarkttheoretisch abgeleitet. Während der Anpassung sind erfüllt die Gleichgewichtsbedingung für den Geldmarkt und die Bedingung für das sogenannte Stromgleichgewicht in der Zahlungsbilanz. In jedem Zeitpunkt sind gegeben die Werte für die Variablen p, m und y, und damit wird, wie auch bei Dornbusch, durch die Gleichgewichtsbedingung für den Geldmarkt zu jedem Zeitpunkt der Zinssatz bestimmt. Der Wechselkurs wird jedoch nicht durch eine Arbitragegleichung (der Bedingung für die Bereitschaft, die vorhandenen Bestände an Wertpapieren in beiden Währungen auch nachzufragen), sondern durch die Zahlungsbilanzgleichung determiniert. Dies ist genau die devisenmarkttheoretische Sichtweise: Der Wechselkurs beeinflußt den Saldo der Handelsbilanz und den Saldo der Kapitalverkehrsbilanz und hat sich zu jedem Zeitpunkt so einzustellen, daß die Stromgrößen der beiden Salden sich genau ausgleichen und ein Gleichgewicht auf dem Devisenmarkt herrscht. Die QQ-Kurve ist der geometrische Ort aller Kombinationen von p und e, wo diese Bedingung erfüllt ist. Man erhält sie, indem man in der Zahlungsbilanzgleichung

$$\delta\,(e - p - k) + \beta\,(i - i' - \alpha(\bar{e} - e)) = 0 \qquad (1.40)$$

gemäß (1.34) und (1.39) substituiert.

$$\delta\,((e - \bar{e}) - (p - \bar{p})) + \beta\,(b(p - \bar{p}) - \alpha(\bar{e} - e)) = 0 \qquad (1.41)$$

Die QQ-Kurve verläuft immer durch das untere Feld zwischen der T=0- und der C=0-Kurve. Die Steigung hängt jedoch ab von den Parameterwerten für β, δ, b. Wenn $\infty > \beta > \delta/b$, dann liegt der Fall der hohen, aber begrenzten Kapitalmobilität vor. Die QQ-Kurve weist dann eine negative Steigung auf. Ist $\beta=\infty$, dann verläuft die QQ-Kurve auf der C=0-Kurve.[36] In der Abbildung 2 wird der Fall der niedrigen Kapitalmobilität, $\beta < \delta/b$, betrachtet, die QQ-Kurve weist eine positive Steigung auf.

---

36) Der Saldo der Kapitalverkehrsbilanz ist dann aber nicht gleich null. Wenn man nur die Gleichung (1.35), aus der die C=0-Kurve abgeleitet wurde, betrachtet, dann ist der Saldo unbestimmt. Im Gesamtmodell erhält man den Saldo der Kapitalverkehrsbilanz als Gegenstück zum Saldo der Handelsbilanz, der bestimmt werden kann.

Wie sieht nun die Anpassungsdynamik nach einer Geldmengenerhöhung in der Logik des Modells aus? Der Ausgangszustand wird durch den Punkt A angegeben. Die Geldmengenerhöhung bewirkt eine Rechtsverschiebung der C=O- und der QQ-Kurve, deren neuer Schnittpunkt D auf der unveränderten T=O-Kurve liegt. Der momentane Wechselkurs springt instantan von A nach B auf die QQ-Kurve, um das Stromgleichgewicht sofort wieder zu erfüllen. Im Zeitablauf wandert der Wechselkurs dann auf der QQ-Kurve zum neuen langfristigen Gleichgewicht im Punkt D.

Die Geldmengenerhöhung hat genau wie bei Dornbusch zwei unmittelbare Effekte: aufgrund des Liquiditätseffektes sinkt der inländische Zins und der für das neue langfristige Gleichgewicht erwartete Wechselkurs steigt. Die sprunghafte Abwertung des Wechselkurses von A nach B hat auf das Stromgleichgewicht der Zahlungsbilanz zwei entgegengesetzte Wirkungen. Der Anstieg von e vermindert die entstandene Renditedifferenz des inländischen zum ausländischen Wertpapier (der horizontale Abstand zwischen der QQ-Kurve und der C=0-Kurve ist ein Maß für die noch verbleibende Renditedifferenz während der Anpassung). Damit sinkt in der Logik des Modells bei gegebenem ß der gewünschte Kapitalexport. Gleichzeitig bewirkt die Abwertung einen Handelsbilanzüberschuß. Der horizontale Abstand zwischen der T=0- und QQ-Kurve ist ein Maß für die Abweichung des tatsächlichen vom gleichgewichtigen Wechselkurs k und damit ein Maß für die Stromstärke des Handelsbilanzüberschusses. Es leuchtet jetzt ein, warum (in der Logik des Modells) der Parameter ß so wichtig ist. Das Ausmaß der instantanen Abwertung und damit auch, ob es zu einem Überschießen oder Unterschießen kommt, hängt entscheidend von der Größe von ß ab. Je größer c.p. der Wert für ß ist, desto größer muß nach einer Geldmengenerhöhung der Sprung von A nach B ausfallen, um das "Stromgleichgewicht in der Zahlungsbilanz" wieder herzustellen. Die Abwertung verursacht eine Überschußnachfrage auf dem inländischen Gütermarkt, das Preisniveau steigt allmählich. Der anfängliche Liquiditätseffekt wird kontinuierlich abgebaut, und der inländische Zins steigt. Die Renditedifferenz wird allmählich verringert und damit auch der gewünschte

Kapitalexport. Parallel dazu verringert sich der Handelsbilanzüberschuß, der reale Wechselkurs nähert sich stetig seinem Wert im neuen langfristigen Gleichgewicht D.

Die finanzmarkttheoretische Kritik an der Anpassungsdynamik

Obwohl die Beschreibung den Eindruck erweckt, die Anpassung verlaufe vielleicht etwas komplizierter, aber doch ähnlich wie im Dornbusch Modell, gibt es einen fundamentalen Unterschied. Das Dornbusch-Modell ist zu jedem Zeitpunkt während der Anpassung vereinbar mit einem Finanzmarktgleichgewicht. Dies gilt nicht für das Modell von Frenkel und Rodriguez. Im Dornbusch-Modell gilt zu jedem Zeitpunkt die Zinssatzparität, und dies ist für das momentane Finanzmarktgleichgewicht auch erforderlich, denn die Wertpapiere werden in der Vermögensallokationsentscheidung der Wirtschaftssubjekte als vollkommene Substitute angesehen. Bei Frenkel und Rodriguez taucht der Begriff der vollkommenen Substituierbarkeit zwar nicht auf, aber in der Ausgangssituation wie auch im neuen langfristigen Gleichgewicht soll die Zinssatzparität - und zwar unabhängig von den dann jeweils im Besitz der Wirtschaftssubjekte befindlichen Gesamtbeständen - gelten. Dies ist kaum anders zu verstehen, als daß die beiden Wertpapiere als vollkommene Substitute angesehen werden. Auch die Ausführungen der Autoren zu der Gleichung (1.17) lassen sich kaum anders interpretieren. Dann ist aber jeder Zeitpunkt während der Anpassung nicht mit einem Finanzmarktgleichgewicht vereinbar. Betrachten wir den Punkt B. In der Logik des Modells wird das Ausmaß der instantanen Abwertung, die zum Punkt B führt, dadurch bestimmt, daß die Stromstärke des Handelsbilanzsaldos gleich ist der gewünschten Veränderung der Nettoposition aus der stetigen Neuanlage der Ersparnisse. Aber wie sieht es im Punkt B aus mit der Bereitschaft, die zu diesem Zeitpunkt schon vorhandenen Bestände an in- und ausländischen Wertpapieren zu halten? Für jedes Wirtschaftssubjekt lohnt es sich doch, inländische gegen ausländische Wertpapiere zu tauschen. Nicht nur die Zinserträge auf ausländische Wertpapiere sind höher, es werden auch noch mit Sicherheit Aufwertungsgewinne erwartet. Darüberhinaus hat jedes Wirtschaftssubjekt die Möglichkeit, unendliche Gewinne zu machen. Es muß nur inländische Wertpapiere zum gesunkenen Zins emittieren und aus dem Emissionserlös sofort ausländische Wertpapiere kaufen. Nach Abschluß der Anpassung werden die ausländischen Wertpapiere wieder verkauft und aus dem Verkaufserlös werden die emittierten Wertpapiere zurückgekauft. Es verbleibt der Aufwertungsgewinn und der Gewinn aus der Zinsdifferenz. Diese Gewinnmöglichkeiten existieren wohlgemerkt in einem Modell, in dem jedes Wirtschaftssubjekt die Zukunft mit Sicherheit genau kennt, denn Frenkel und Rodriguez machen wie Dornbusch die Annahme der vollkommenen Voraussicht. In einem derartigen Modell ist aber die Arbitragefreiheit (d.h. die Unmöglichkeit unendlicher Gewinne) geradezu eine Konsistenzbedingung. Deutlicher kann kaum gezeigt werden, daß weder im Punkt B, noch zu einem anderen Zeitpunkt während der Anpassung auf der QQ-Kurve ein Finanzmarktgleichgewicht vorliegen kann.

1.2.1.3 Fazit

Die beiden Arbeiten von Frenkel, Rodriguez und von Niehans weisen im wesentlichen Punkten Gemeinsamkeiten auf. Gezeigt wurde, daß in beiden Fällen die Wechselkursdynamik mit der Existenz von Arbitrage auf den Finanzmärkten nicht vereinbar ist. Der Wechselkurs wird nicht aus einem Finanzmarktgleichgewicht abgeleitet, sondern aus der Zahlungsbilanzgleichung. Dabei herrscht folgende Sichtweise: Der Wechselkurs hat sowohl einen Einfluß auf den Handelsbilanzsaldo wie auch auf den gewünschten Saldo der Kapitalverkehrsbilanz. Der Wechselkurs muß sich dann zu jedem Zeitpunkt so einstellen, daß (bei Formulierung des Modells in stetiger Zeit) die Stromstärke des Handelsbilanzsaldos gleich ist der Ableitung (nach der Zeit) der gewünschten Nettoposition der Inländer. Diese Zahlungsbilanzbedingung wird auch in beiden Arbeiten als Gleichgewichtsbedingung bezeichnet. Auf die Frage, für welchen Markt dies eine Gleichgewichtsbedingung ist, käme wohl nur der Devisenmarkt als Antwort in Betracht. In diesem Sinne können beide Modelle als eine Rückkehr zur devisenmarkttheoretischen Sichtweise verstanden werden.

1.2.2 Methodische und inhaltliche Kritik an der devisenmarkttheoretischen Sichtweise

Wir wollen in diesem Abschnitt die methodische Kritik an der devisenmarkttheoretischen Sichtweise noch einmal aufgreifen und uns darüberhinaus auch inhaltlich mit ihr auseinandersetzen. Mit inhaltlicher Kritik ist jetzt gemeint eine Auseinandersetzung mit den am häufigsten gewählten Quasi-Verhaltensannahmen für die Teilbilanszsalden. Für den Handelsbilanzsaldo ist es die postulierte Abhängigkeit vom Realtauschverhältnis, also dem relativen Preis zwischen den im Inland und den im Ausland produzierten Gütern. Und für den Kapitalverkehrsbilanzsaldo ist es die Abhängigkeit von der Renditedifferenz zwischen von Inländern und von Ausländern emittierten Wertpapieren.

Methodische Kritik

Der Devisenmarkt ist im üblichen makroökonomischen Sinn kein Markt, und die Zahlungsbilanzgleichung ist keine Gleichgewichtsbedingung. Betrachten wir als Beispiel eine Spezifikation eines makroökonomischen Modell für eine Zwei-Länder-Welt. Nehmen wir wie üblich an, daß der Faktor Arbeit international immobil ist; es gibt dann zwei segmentierte Arbeitsmärkte. Möglicherweise gibt es zwei verschiedene Güter, die in beiden Ländern nachgefragt, aber nur jeweils in einem Land produziert werden.[37] Inländische und ausländische Unternehmen und öffentliche Haushalte emittieren Wertpapiere nur in ihrer eigenen Währung, die von den in- und ausländischen Wirtschaftssubjekten als unvollkommene Substitute gehalten werden. Und letztlich emittieren die beiden Zentralbanken zwei verschiedene Währungen, die in den beiden Ländern jeweils als nationales Zahlungsmittel nachgefragt werden. Dann gibt es acht verschiedene Märkte in der Zwei-Länder-Welt: zwei Arbeitsmärkte, zwei Gütermärkte, zwei Geldmärkte und zwei Wertpapiermärkte. Von den acht Marktgleichgewichtsbedingungen sind sieben voneinander unabhängig, also können die sieben Preise des Modells bestimmt werden: zwei Güterpreise, zwei Zinssätze, zwei Nominallöhne und der Wechselkurs. Für jede andere Spezifikation von Märkten gibt es

---

37) Diese Spezifikation für die Gütermärkte liegt z.B. auch dem Mundell-Fleming-Modell zugrunde.

eine analoge Rechnung über die Zahl der Gleichungen und der zu bestimmenden Preise. Es gibt weder einen Devisenmarkt, noch ist eine Zahlungsbilanzgleichung notwendig, um die Gleichgewichtspreise zu bestimmen. Natürlich ist die Zahlungsbilanzrestriktion für die Inländer (und für die Ausländer) erfüllt. Da jedes Wirtschaftssubjekt aus seiner Budgetrestriktion nicht herauskommt, ist auch die zusammengefaßte Budgetrestriktion für die Gruppe der Inländer (und für die Gruppe der Ausländer) immer erfüllt.

Wir sind in dem Beispiel davon ausgegangen, daß die Preise vollkommen flexibel sind und sich so einstellen, daß die hypothetischen (nur von den Preisen abhängigen) Planungen der Wirtschaftssubjekte auf allen Märkten kompatibel sind. Nun wird bei Niehans wie auch bei Frenkel, Rodriguez die Annahme eines starren Güterpreises gemacht, und außerdem betrachten sie nicht eine Zwei-Länder Welt, sondern eine kleine offene Volkswirtschaft. Ist es unter diesen Annahmen plötzlich notwendig, von einem Devisenmarkt zu sprechen und eine Zahlungsbilanzgleichung in das Modell aufzunehmen? Wie verhält es sich, wenn ein Preis oder mehrere Preise in einem Modell als starr angenommmen werden, so daß nach einer exogenen Störung die Kompatibilität der hypothetischen Wirtschaftspläne nicht zu erwarten ist. Will man für diesen Fall noch das tatsächliche Geschehen auf den Märkten (welche Mengen werden zu welchen Preisen gehandelt?) in der Modellökonomie bestimmen, so muß man ein temporäres Gleichgewicht bei Mengenrationierung betrachten. Beantwortet wird dann die Frage, bei welchen Mengen (auf den Märkten, auf denen die Preise starr sind) und Preisen (die noch flexibel sind) die effektiven Wirtschaftspläne kompatibel sind. Nehmen wir an, es gibt n Märkte und von den n-1 Preisen sind k Preise starr. Dann gibt es n-1 unabhängige Markträumungsbedingungen, die k Mengen und n-1-k Preise bestimmen. Dies mag sehr schnell sehr kompliziert werden, weil Fallunterscheidungen notwendig werden, aber an der grundlegenden Marktlogik ändert sich nichts. Die Kompatibilität der effektiven Wirtschaftspläne, die Markträumung, und die sowieso unaufhebbaren Budgetrestriktionen für alle Wirtschaftssubjekte implizieren die ausgeglichene Zahlungsbilanz, es ist kein Raum für eine unabhängige Zahlungsbilanzgleichung. Wenn wir in dem aggregierten Zwei-Länder-Modell die

Gruppe der Inländer identifizieren können und ihre effektiven Wirtschaftspläne kennen, dann können wir auch die Teilbilanzen der Zahlungsbilanz bestimmen, aber eben erst im nachhinein, nachdem das Modell bereits gelöst ist.

Wie sieht es jetzt aus unter Annahme einer kleinen offenen Volkswirtschaft? Die extreme Ausprägung dieser Annahme liegt vor im Modell der <u>sehr</u> kleinen offenen Volkswirtschaft, in der alle Preise auf den Weltmärkten determiniert sind. Die Inländer verhalten sich dann auf diesen Märkten als reine Mengenanpasser. Diese Situation ist formal praktisch identisch mit der eines einzelnen Wirtschaftssubjekts, das aus der Maximierung einer Zielfunktion unter Beachtung seiner Budgetrestriktion seine Überschußnachfragen auf den Märkten ableitet; nur daß es sich jetzt nicht um individuelle Überschußnachfragen eines Wirtschaftssubjektes, sondern um die über die Gruppe der Inländer aggregierten Überschußnachfragen handelt. Wenn wir im folgenden von der Überschußnachfrage eines Wirtschaftssubjektes sprechen, könnten wir genauso gut von der Überschußnachfrage der Inländer sprechen.

Betrachten wir auch hier ein Beispiel. Ein Wirtschaftssubjekt maximiert seinen Nutzen über zwei Perioden. Es lebt in einer Welt mit drei Märkten, einem Arbeitsmarkt, auf dem es als Anbieter auftritt, einem Gütermarkt, auf dem es Konsumgüter nachfragt, und einem Wertpapiermarkt, der letztlich die Transaktion Güter oder Arbeitsleistungen heute gegen Güter oder Arbeitsleistungen morgen ermöglicht. Nehmen wir an, das Anfangsvermögen und das Endvermögen betragen Null, das Konsumgut sei nicht lagerbar. Das Wirtschaftssubjekt maximiert dann seine Nutzenfunktion

$$U = U\ (c_1,\ c_2,\ n_1\ n_2)$$

unter der Nebenbedingung:

$$(w_1n_1 - p_1c_1)(1+i) + (w_2n_2 - p_2c_2) = 0$$

Dies bestimmt die Überschußnachfragen auf dem Güter- und Arbeitsmarkt in der ersten und zweiten Periode:

$$\hat{c}_1 = \hat{c}_1 \, (p_1, \, p_2, \, w_1, \, w_2, \, i)$$

$$\hat{c}_2 = \hat{c}_2 \, (p_1, \, p_2, \, w_1, \, w_2, \, i)$$

$$\hat{n}_1 = \hat{n}_1 \, (p_1, \, p_2, \, w_1, \, w_2, \, i)$$

$$\hat{n}_2 = \hat{n}_2 \, (p_1, \, p_2, \, w_1, \, w_2, \, i)$$

Aus der Budgetrestriktion für jede Periode ergeben sich dann auch die Überschußnachfragen auf dem Wertpapiermarkt für die beiden Perioden. Sie lauten nominal ausgedrückt:

$$\hat{b}_1 \;=\; w_1 \, \hat{n}_1 - p_1 \, \hat{c}_1$$

$$\hat{b}_2 \;=\; -(w_1 \, \hat{n}_1 - p_1 \, \hat{c}_1) \;=\; w_2 \, \hat{n}_2 - p_2 \, \hat{c}_2 + i \, (w_1 \, \hat{n}_1 - p_1 \, \hat{c}_1)$$

Der Ausdruck $w_1\hat{n}_1 - p_1\hat{c}_1$ kann jetzt als der Leistungsbilanzüberschuß und der Ausdruck $\hat{b}_1$ als das Defizit in der Kapitalverkehrsbilanz für die erste Periode aufgefaßt werden. Entsprechend ist $w_2\hat{n}_2 - p_2\hat{c}_2 + i(w_1\hat{n}_1 - p_1\hat{c}_1)$ der Leistungsbilanzüberschuß und $\hat{b}_2$ das Defizit in der Kapitalverkehrsbilanz für die zweite Periode.

Auch hier dieselbe grundlegende Einsicht: Das Modell der (sehr) kleinen offenen Volkswirtschaft ist vollständig determiniert durch die Angebots- und Nachfragefunktionen der Inländer auf den Weltmärkten. Damit sind auch die Teilbilanzen der Zahlungsbilanz determiniert, und ausgeglichen ist die Zahlungsbilanz ohnehin. Sind die Überschußnachfragen der Inländer auf den Märkten spezifiziert, gibt es keinen Raum für eine davon unabhängige Zahlungsbilanzgleichung. Erhöht man die Zahl der Märkte, ändert sich an dieser grundlegenden Einsicht natürlich gar nichts.

Im Unterschied zu dem Modell der sehr kleinen offenen Volkswirtschaft haben die Inländer im Modell der kleinen offenen Volkswirtschaft auf einigen Märkten einen Einfluß auf den Preis. Formal bedeutet dies aber nur, daß statt der Menge bei ausreichender Preisflexibilität der Preis wieder die endogene Variable wird. Treten auf einem Markt (etwa für das heimische Gut) nur Inländer als Anbieter und Nachfrager auf, dann muß sich der Preis so einstellen, daß die Überschußnachfragen der Inländer auf diesem Markt sich zu null addieren. Etwas komplizierter wird es, wenn neben den Inländern auch die Ausländer auf einem Markt gemäß einer preisabhängigen Überschußnachfragefunktion (die dann bekannt sein muß) auftreten. Dann muß sich der Preis so einstellen, daß die Überschußnachfrage der Inländer zu diesem Preis gerade die Überschußnachfrage der Ausländer zu diesem Preis ausgleicht. Wandeln wir das vorige Beispiel dahingehend ab, daß die Inländer auf dem Gütermarkt, auf dem sie auftreten, in beiden Perioden einen Einfluß auf den Preis haben. Die Überschußnachfragen der Ausländer für die beiden Perioden seien $\hat{y}_1$ und $\hat{y}_2$.

Dann lautet das Gleichungssystem:

$$\hat{y}_1 (p_1, p_2) + \hat{c}_1 (p_1, p_2, w_1, w_2, i) = 0$$

$$\hat{y}_2 (p_1, p_2) + \hat{c}_2 (p_1, p_2, w_1, w_2, i) = 0$$

$$\hat{n}_1 = \hat{n}_1 (p_1, p_2, w_1, w_2, i)$$

$$\hat{n}_2 = \hat{n}_2 (p_1, p_2, w_1, w_2, i)$$

Diese vier Gleichungen bestimmen p_1, p_2, $\hat{n}_1$, $\hat{n}_2$. Danach sind dann bestimmbar $\hat{c}_1$, $\hat{c}_2$, $\hat{b}_1$, $\hat{b}_2$ und damit wieder die Teilbilanzen der Zahlungsbilanzen für beide Perioden. Auch hier sind die Zahlungsbilanzgleichungen durch die Kenntnis der Überschußnachfragen der Inländer (und - wo nötig - der Ausländer) auf den Märkten festgelegt. Und auch wenn man die Annahme des kleinen Landes mit der Annahme starrer Preise kombiniert, bleibt die konzeptionelle Einsicht erhalten: Wird das effektive Verhalten der Wirtschaftssubjekte auf den Märkten modelliert, dann sind damit auch die Teilbilanzen der Zahlungsbilanz determiniert. Kompatibilität der effektiven Wirtschaftspläne und die Budgetrestriktionen implizieren die ausgeglichene Zahlungsbilanz.

Die Vorgehensweise in devisenmarkttheoretischen Ansätzen steht in einem krassen Widerspruch zu diesen methodischen Überlegungen. Es wird nicht das effektive Verhalten der Wirtschaftssubjekte auf den eigentlichen Märkten modelliert. Stattdessen wird eine Zahlungsbilanzgleichung eingeführt, und es werden unabhängige Quasi-Verhaltensannahmen für den Handels- und Kapitalverkehrsbilanzsaldo postuliert, so daß die Zahlungsbilanzgleichung plötzlich als eine eigenständige Gleichgewichtsbedingung erscheint. Dieser Gleichung kann man dann indirekt Informationen entnehmen über das Verhalten der Wirtschaftsubjekte auf den Märkten. So erfährt man z.B. bei Niehans nur über die Zahlungsbilanzgleichung etwas über die Transaktionen der Wirtschaftssubjekte auf den Märkten. Neben den beiden Differentialgleichungen (1.12) und (1.13), die keine Informationen über das tatsächliche Verhalten der Inländer auf den Märkten enthalten, gilt nur noch die Zahlungsbilanzgleichung (1.11). Diese drei Gleichungen determinieren vollständig die Anpassungsdynamik. Bei Frenkel, Rodriguez verhält es sich ähnlich: Informationen über das Verhalten der Inländer auf den Märkten während der Anpassung enthalten ebenfalls nur die Zahlungsbilanzgleichung und die Gleichgewichtsbedingungen für den Geldmarkt.

Inhaltliche Kritik

Aber sind diese Quasi-Verhaltensannahmen für den Handels- und Kapitalverkehrsbilanzsaldo nicht sehr plausibel? Um die Plausibilität zu überprüfen, empfiehlt es sich zu untersuchen, was diese Quasi-Verhaltensannahmen für das Verhalten der Inländer auf den Güter- und Wertpapiermärkten implizieren.

Im Modell von Frenkel und Rodriguez führt die Abwertung nach der Geldmengenerhöhung während des gesamten Amnpassungszeitraums zu einem Handelsbilanzüberschuß. Darüberhinaus ist noch bekannt, daß im Modell Vollbeschäftigung herrscht und der Zinssatz wegen des Liquiditätseffekts gesunken ist.

Vollbeschäftigung bedeutet, daß die inländische Produktion sich nicht ändert und damit auch das reale Einkommen der Inländer, ausgedrückt in Einheiten des inländischen Gutes (das "production income"), ebenfalls unverändert bleibt. Aus der realen Abwertung folgt jetzt aber auch, daß das Realeinkommen der Inländer als Kaufkraft über inländische und ausländische Güter (das Nominaleinkommen deflationiert mit einem Preisindex, in dem in- und ausländische Güter vorkommen, das "enjoyment income") sinkt. Je nachdem von welchem Einkommen die Ersparnis abhängt (eher wohl vom "enjoyment income"), deutet dieser Effekt auf eine sinkende, bestenfalls gleichbleibende Ersparnis hin. Auch daß es sich bei dem Rückgang des "enjoyment income" um ein temporäres Phänomen handelt und dies zutreffend von den Wirtschaftssubjekten erkannt wird, deutet bei intertemporaler Nutzenmaximierung (Glättung der Konsumausgaben) auf einen temporären Rückgang der Ersparnis hin. Dazu kommt der Effekt der Zinssenkung. Soweit er einen Einfluß auf die Ersparnis hat, führt er zu einem weiteren Rückgang. Insbesondere würde man aber einen Anstieg der Investitionen erwarten. Und letztlich bewirkt die gestiegene Geldmenge möglicherweise noch über andere Kanäle als die Zinssenkung einen Anstieg der Absorption der Inländer. Jeder einzelne Effekt wirkt eindeutig auf ein (temporäres) Handelsbilanzdefizit; es ist in höchstem Maße unplausibel, daß eine Geldmengenerhöhung in einer vollbeschäftigten Wirtschaft zu einem Rückgang der Absorption, der noch stärker ausfällt als der Rückgang des enjoyment income, führt. Die ad hoc Spezifikation für den Leistungsbilanzsaldo widerspricht den elementaren mikroökonomisch fundierten Verhaltensannahmen der Makroökonomik.

Woher rührt dann diese scheinbare Plausibilität, die überhaupt den Elastizitätsansatz begleitet? Es liegt wohl daran, daß Aussagen über hypothetische Nachfrageplanungen nicht getrennt werden von Aussagen über tatsächlich ablaufende Transaktionen. Natürlich ist es unmittelbar einleuchtend, daß, wenn der Walras-Auktionator einen höheren Wechselkurs (also eine Abwertung) der inländischen Währung) ausruft, die eingehenden Nachfragegebote für das inländische Exportgut eine Zunahme und für das aus dem Ausland kommende Importgut eine Abnahme aufweisen. Könnten diese Nachfrageplanungen realisiert werden, so würde dies bei Normalreaktionen einen Anstieg des Handelsbilanzsaldos bedeuten. Aber zunächst liegen nur Aussagen über eine Marktseite vor. Will man aber Aussagen über tatsächliche Transaktionen in der Modellökonomie - in der ja Transaktionen von beiden Marktpartnern freiwillig durchgeführt werden - ableiten, braucht man die Kompatibilität der Planungen auf den Märkten, und dies beinhaltet auch Aussagen über die Angebotsseite. Wenn schon in der Ausgangssituation im Inland Vollbeschäftigung herrscht, kann der gestiegenen Nachfrage nach inländischen Gütern kein zusätzliches Angebot gegenüberstehen. Nur wenn allein die Güternachfrage die Produktion und das Angebot determiniert, kann von einer Zunahme der Nachfrage auf einen Anstieg der gehandelten Mengen und damit auf eine Leistungsbilanzreaktion geschlossen werden. Die Plausibilität der elastizitätstheoretischen Quasi-Verhaltensannahme für den Handelsbilanzsaldo ist insoweit von vorneherein auf die Situation der keynesianischen Unterbeschäftigung beschränkt.

Darüberhinaus ist es an sich keineswegs plausibel, daß Leistungsbilanzsalden verursacht werden durch den relativen Preis zwischen in- und ausländischen Gütern. Die internationale Überlassung von Ressourcen ist das Ergebnis der Investitions- und Sparentscheidungen der Wirtschaftssubjekte und impliziert entsprechende Kreditgeschäfte. Diese Entscheidungen sind aber ihrem Wesen nach nur in einem intertemporalen Ansatz zu erklären. Warum wird denn überhaupt gespart und investiert? Doch deshalb, weil letztlich der Produktionsumweg der Investition bei intertemporaler Nutzenmaximierung einen Nutzenzuwachs verspricht.[38] Die Veränderung des relativen Preises zwischen in- und ausländischen Gütern sagt (bei gleichbleibenden Faktorproduktivitäten) eher etwas aus über die

38) Man kann diesen Gedanken noch zwingender formulieren: Allen Transaktionen liegt letztlich ein Tausch von Gütern oder Dienstleistungen (einschließlich Faktorleistungen) gegen Güter oder Dienstleistungen zugrunde. Geld ist nur zwischengeschaltet, um die Transaktionskosten zu vermindern. Eine Transaktion Gut (oder Dienstleistung) gegen Wertpapier ist letzlich eine Transaktion Gut (oder Dienstleistung) heute gegen Gut (oder Dienstleistung) morgen. Der Leistungsbilanzsaldo resultiert aber gerade aus den Transaktionen Güter (oder Dienstleistungen) heute gegen Güter (oder Dienstleistungen) morgen zwischen In- und Ausländern. Ein Leistungsbilanzsaldo wird dann auftreten, wenn in der fiktiven Situation vor Kapitalverkehr die relativen Preise zwischen Gütern heute und Gütern morgen, also die Realzinssätze, im In- und Ausland verschieden sind. Es handelt sich doch nur um das Grundprinzip des komparativen Vorteils, daß Handelsströme - jetzt eben intertemporale Handelsströme - zu erklären sind durch unterschiedliche Opportunitätskosten (in der Situation vor Handel bzw. Kapitalverkehr). Angesichts dieser elementaren Einsicht ist es geradezu absurd, mit welchem Aufwand in der Zahlungsbilanztheorie versucht wird, eine typische Abhängigkeit des Leistungsbilanzsaldos von dem relativen Preis zwischen Gütern heute zu begründen, und mit welcher Selbstverständlichkeit diese behauptete Abhängigkeit allgemein akzeptiert wird.

Entwicklung des Realeinkommens (des enjoyment income) oder der internationalen Verteilungsposition.. Auf Anhieb einleuchtend ist dies, wenn man die Entscheidungssituation und die Zahlungsbilanz eines einzelnen Wirtschaftssubjekts betrachtet. Erfährt ein Wirtschaftssubjekt eine Verschlechterung seiner Terms of Trade (im Beispiel für das sehr kleine Land ist es der Reallohn), dann bedeutet dies eine Verminderung des Realeinkommens. Ohne weitere Informationen gibt es keine naheliegende Tendenzaussage für den Leistungsbilanzsaldo. Sinkt im angeführten Beispiel der Reallohn in beiden Perioden in gleichem Maße, wird die Konsumgüternachfrage in beiden Perioden zurückgehen. Eine typische Leistungsbilanzreaktion auf diesen exogenen Schock ist nicht ableitbar. Wenn dagegen der exogene Schock darin besteht, daß eine Differenz in den Perioden-Reallöhnen entsteht, bzw. sich diese Differenz verändert, dann liegt die typische Leistungsbilanzreaktion sofort auf der Hand. Und an dieser prinzipiellen Betrachtung ändert sich wiederum nichts, wenn wir statt des individuellen Leistungsbilanzsaldos den über alle Inländer aggregierten Leistungsbilanzsaldo betrachten. Es erscheint bei näherer Betrachtung doch ziemlich fragwürdig, einen typischen Zusammenhang zwischen dem Leistungsbilanzsaldo einer Periode und dem relativen Preis zwischen in- und ausländischen Gütern während dieser Periode zu postulieren.

Die Quasi-Verhaltensannahme für den Kapitalverkehrsbilanzsaldo, von Frenkel, Rodriguez auch hier in Übereinstimmung mit der herrschenden Meinung spezifiziert, kann in gleicher Weise kritisiert werden, und stellt sich dann als ähnlich fragwürdig heraus. Daß eine steigende Rendite auf inländische (d.h. jetzt von Inländern emittierte) Wertpapiere für sich genommen zu einem Anstieg der Kapitalimporte führt, ist bei näherer Betrachtung keineswegs plausibel. Wenn die Begründung lautet, daß etwa bei einem Renditeanstieg auf inländische Wertpapiere die Wirtschaftssubjekte statt der ausländischen lieber die inländischen Wertpapiere halten möchten, dann handelt es sich eher um eine zeitpunktbezogene Arbitrageüberlegung. Aber diese Aussage kann sich natürlich auch auf die Neuanlage der Ersparnisse über einen Zeitraum beziehen, und erscheint auch dann plausibel. Bei gestiegenem Zins auf inländische Wertpapiere möchten die Wirtschaftssubjekte einen größeren Teil ihrer

Ersparnisse in inländischen Wertpapieren anlegen. Aber dies ist wieder nur eine Aussage über die hypothetische Nachfrage der Wirtschaftssubjekte. Die Quasi-Verhaltensannahme bezieht sich aber auf den Saldo der Kapitalverkehrsbilanz, also auf tatsächlich ablaufende Transaktionen. Damit stellt sich wieder die Frage nach der Angebotsseite, und wieder ist nicht zu sehen, woher das zusätzliche Stromangebot an inländischen Wertpapieren kommen sollte. Wenn der inländische Zins steigt, ist eine Abnahme der Investitionen und somit des Stromangebots an Wertpapieren seitens der inländischen Unternehmen zu erwarten. Wieder beruht das Gefühl von Plausibilität auf einer Konfundierung von Aussagen über hypothetische Nachfragen und Aussagen über Marktergebnisse.

Fassen wir die Grundsatzkritik noch einmal zusammen. Es entspräche der weitgehend anerkannten Vorgehensweise in der makroökonomischen Analyse, ausgehend von den Annahmen über das Verhalten der Wirtschaftssubjekte auf den Märkten, die endogenen Variablen des Modells zu bestimmen. Es gäbe dann keinen Raum für weitere unabhängige Preis-, Einkommens- oder Zahlungsbilanzgleichungen. Die devisenmarkttheoretische Konzeption jedoch bricht mit dieser Vorgehensweise. Denn über das angenommene tatsächliche Verhalten der Wirtschaftssubjekte auf den Märkten der Modellökonomie erfährt man auf direkten Wege so gut wie gar nichts; stattdessen werden Gleichungen für den Leistungsbilanz- und Kapitalverkehrsbilanzsaldo postuliert, die allenfalls auf mehr oder weniger plausiblen partialanalytischen Überlegungen beruhen. Diese Quasi-Verhaltensannahmen haben aber ihrerseits nun Implikationen für das Verhalten der Wirtschaftssubjekte auf den Märkten und sind von daher einer Kritik zugänglich. Diese zeigt, daß das implizierte Verhalten den elementaren und mikroökonomisch fundierten Verhaltensannahmen der Makroökonomik widerspricht. Insgesamt handelt es sich konzeptionell um eine Adhocerie, die vermutlich allein durch vordergründige Plausibilitätseinschätzungen inspiriert ist.

Diese Grundsatzkritik erstreckt sich auf die gesamte zahlungsbilanzorientierte Außenwirtschaftstheorie. Die typische Vorgehensweise dieser Zahlungsbilanztheorie, wie sie in den Lehrbüchern entwickelt wird, besteht darin, sich einer gesamtwirtschaftlichen

Fragestellung durch partialanalytische Überlegungen zu nähern. Es ist aber von vornherein unzulässig, aus einer Partialanalyse gesamtwirtschaftliche Schlußfolgerungen zu ziehen. Partialanalytische Überlegungen vermögen allenfalls, einen Verdacht zu begründen, der dann aber durch ein gesamtwirtschaftliches Modell abzuklären wäre. Neben dieser logischen Unhaltbarkeit führt der grundlegende Ansatz der Zahlungsbilanztheorie, den Leistungsbilanz- und Kapitalverkehrsbilanzsaldo als verschiedene Phänomene aufzufassen und getrennt zu erklären, zu einem fehlgeleiteten Problembewußtsein, zu verfehlten Fragestellungen und zu sinnlosen Aussagen. Nennen wir einige Beispiele:

Fehlgeleitetes Problembewußtsein

So werden etwa angesichts hoher Leistungsbilanzdefizite immer wieder Befürchtungen geäußert, daß diese möglicherweise nicht mehr finanzierbar seien. Diese Befürchtungen - und überhaupt die ganze Sorge um den Zahlungsbilanzausgleich - lassen ein fehlgeleitetes Problembewußtsein erkennen, denn wenn ein Leistungsbilanzdefizit entstanden ist bzw. in Zukunft entstehen wird, dann hat es sich bereits finanziert bzw. wird sich finanzieren.

Verfehlte Fragestellungen

Da Leistungsbilanzsaldo und entsprechender Kapitalverkehrsbilanzsaldo nicht als Ausdruck eines gesamtwirtschaftlichen Phänomens begriffen werden, sie aber andererseits sich sowohl in der Expost-Betrachtung als auch in der Gleichgewichtsbetrachtung zu null addieren, taucht häufig die Frage auf, ob der Leistungsbilanzsaldo den Kapitalverkehrsbilanzsaldo verursacht oder ob es sich umgekehrt verhält. Es handelt sich um eine verfehlte Fragestellung, und dies wird besonders deutlich, wenn wir wieder die Entscheidungssituation und die Zahlungsbilanz eines einzelnen Unternehmens betrachten. Befindet sich dieses Unternehmen in der Situation, daß das zum herrschenden Kapitalmarktzins rentable (Netto-) Investitionsvolumen die eigenen Ersparnisse (der Periodengewinn) übersteigt, dann wird es zur Finanzierung der Investitionen Wertpapiere emittieren bzw. bei den Banken Kredite aufnehmen. Das Unternehmen hat nicht investiert, weil es Kredite aufgenommen hat oder umgekehrt; die Teilbilanzen der Zahlungsbilanz sind simultan zu erklären aus dem Gewinnmaximierungskalkül des Unternehmens. Oder anders ausgedrückt: Es ist ein Knappheitsphänomen, daß beide Teilbilanzen erklärt, nämlich die Kapitalknappheit im Unternehmen (wenn es sich nicht verschulden könnte) relativ zur Kapitalknappheit in der gesamten Ökonomie. Übertragen auf die aggregierte Situation aller Inländer eines Landes geht es um die Kapitalknappheit auf dem nationalen Kapitalmarkt (wenn es keinen Zugang zum Weltkapitalmarkt gäbe) relativ zur Knappheit auf dem Weltkapitalmarkt.

Sinnlose Aussagen

Häufig trifft man auf Aussagen, in denen ein Teilbilanzsaldo als gleichgewichtig oder ungleichgewichtig bezeichnet wird. Typischerweise wird ein Saldo umso eher als ungleichgewichtig bezeichnet, je höher er betragsmäßig ausfällt. Insbesondere gilt dies bei hohen Defiziten in der Leistungsbilanz. Diese Aussage ist sinnlos, weil überhaupt nicht definiert ist, was ein Ungleichgewicht in der Leistungsbilanz bedeuten soll. Märkte befinden sich im Gleichgewicht oder Ungleichgewicht, aber nicht Teilbilanzsalden. Wenn, wie in den USA Anfang der achziger Jahre vorexerziert, durch prozesspolitische und ordnungspolitische Maßnahmen (Steuersenkungen, Reform der Unternehmensbesteuerung, Deregulierung) hohe Budgetdefizite entstehen und zugleich ein günstiges Investitionsklima geschaffen wird, dann können zunehmende Leistungsbilanzdefizite geradezu als Ausdruck einer Anpassung an das Gleichgewicht auf den Märkten interpretiert werden.

1.2.3 Gibt es noch eine Verursachung des Wechselkurses durch die Leistungsbilanz?

Der Grund dafür, daß diese Frage in der Literatur gestellt und diskutiert wurde, dürfte schlicht in dem Kontrast zwischen der traditionellen devisenmarkttheoretischen und der neuen finanzmarkttheoretischen Sichtweise liegen: Während in der ersten Sichtweise dem Leistungsbilanzsaldo ganz selbstverständlich eine geradezu dominierende Rolle zuerkannt wird, ist in den Finanzmarktansätzen ein unmittelbarer Einfluß überhaupt nicht mehr erkennbar. Deshalb wurde untersucht, ob nicht auch in Modellen, in denen der Wechselkurs durch das Arbitragegleichgewicht auf den Finanzmärkten determiniert wird, ein Einfluß der Leistungsbilanz auf den Wechselkurs nachweisbar ist.

Ein weiterer Grund für die Beschäftigung mit dieser Fragestellung dürfte darin liegen, daß schon gegen Ende der siebziger Jahre, bedingt durch das unbefriedigende Abschneiden der Finanzmarktansätze in der empirischen Überprüfung, eine gewisse Ernüchterung eingesetzt hat. Es wurde der Ruf laut nach einer wieder stärkeren Beachtung der Leistungsbilanz. Dadurch wurden den Finanzmarktansatz kritisierende und scheinbar vermittelnde Einschätzungen ermutigt, die ebenso vage wie ungenau formuliert waren, und ebenso vage und ungenau wie folgt wiedergegeben werden können: Der alte Ansatz war einseitig, weil er nur die "Stromgleichgewichtsaspekte", den Einfluß der internationalen Handelsströme, beachtet, aber die Grundintention des Finanzmarktansatzes ist ebenfalls einseitig, weil er nur die "Bestandsgleichgewichtsaspekte" des Problems erfaßt. In diesem Zusammenhang werden dann auch noch häufig die "Stromgleichgewichtsaspekte" mit der Leistungsbilanz und die "Bestandsgleichgewichtsaspekte" mit der Kapitalverkehrsbilanz assoziiert.[1] Es kommt aber doch vielmehr darauf an, so der vermittelnde Lösungsvorschlag, alle Aspekte des Problems zu erfassen und

1) Damit wird dann wieder das Phänomen der Arbitrage auf den Finanzmärkten verwechselt mit dem Phänomenen der Kapitalmobilität.

insbesondere die Interaktion von Strom- und Bestandsgrößen, die zur Wechselkursdynamik entscheidend beiträgt, zu analysieren[2].

---

2) Zwei Beispiele seien hier genannt. In einem Übersichtsaufsatz zur Finanzmarkttheorie des Wechselkurses schreibt Bender (1982), S. 761:

> "Zweifelsohne hat die Renaissance der monetären Tradition in der Wechselkurstheorie wesentliche Einsichten in die von der traditionellen Devisenmarkttheorie vernachlässigten Zusammenhänge zwischen finanziellen Bestandsgrößen und Wechselkursanpassung vermittelt. Es ist jedoch zweifelhaft, ob die im Anpassungsprozeß wirksame Interaktion aller Änderungen der internationalen Forderungsbestände und Handelsströme von finanzmarkttheoretischen Ansätzen konsistent abgebildet wird. In ähnlich einseitiger analytischer Perspektive führt nun der kurzfristig dominierende Einfluß der in der Kapitalbilanz wirksamen Bestandsgrößenanpassung zu einer Vernachlässigung der in der Handelsbilanz erfaßten Stromgrößenanpassung. Die Annahme sofortiger Anpassung des Portfoliogleichgewichts an eine monetäre Störung ("instantaneous adjustments") impliziert eine ausgeglichene Kapitalbilanz, so daß im ebenfalls sofort sich einspielenden Devisenmarktgleichgewicht auch eine ausgeglichene Leistungsbilanz vorliegen muß."

Der Irrtum im letzten Satz sollte korrigiert werden. Das "instantaneous adjustment" bezieht sich auf einen Zeitpunkt, für den ein Leistungsbilanz- oder Kapitalverkehrsbilanzsaldo gar nicht definiert ist. In allen Finanzmarktmodellen, die nicht nur die instantane Wechselkursdynamik nach einem Schock, sondern auch die nachfolgende Anpassung in der Zeit betrachten, ist der Leistungsbilanzsaldo für diesen Zeitraum i.d.R. verschieden von null. Dies ist häufig geradezu Bestandteil des Anpassungsprozesses (Branson, Calvo und Rodriguez, Kouri). Für monetäre Ansätze gilt, daß aus dem Modell der Leistungsbilanzsaldo für den betrachteten Zeitraum nicht bestimmt werden kann. Er ist etwa bei Dornbusch für die Wechselkursdynamik auch uninteressant, aber er ist nicht gleich null.

P. Lang und R. Ohr (1981) schreiben auf S. 296:

> "Problematisch bei diesen Portfolio- und Assetmarktansätzen erscheint nun, daß sie die kurzfristige Wechselkursentwicklung nur durch den monetären Sektor bestimmt sehen - also allein über Einflüsse auf die Kapitalbilanz - und Veränderungen der Leistungsbilanz zunächst außer acht lassen.
> Hier setzt unsere Kritik an diesen Ansätzen an: Das Ausschalten des Leistungsbilanzsaldos für die kurzfristige Wechselkursbestimmung ist nicht gerechtfertigt, da die Leistungsbilanz mit Variationen des Wechselkurses zugleich auch wertmäßig verändert wird. Dies führt zu Veränderungen der Devisennachfrage, die wiederum auf die Wechselkursbestimmung zurückwirken. Die Portfolio- und Assetmarktansätze vermögen daher nicht die tatsächlichen Wechselkursreaktionen der Realität ausreichend zu erklären, da sie nicht gleichzeitige Interdependenzen von Leistungsbilanzsaldo und Wechselkurs mit einbeziehen können."

Nun ist es sicher immer wünschenswert, alle (wichtigen) Aspekte eines Problems zu beachten, und in einem engeren oder weiteren Sinn ist sicher jede Zeitreihe von ökonomischen Variablen durch ein Zusammenspiel von Strom- und Bestandsgrößen zu erklären; was dann jedoch vorgeschlagen wird, ist eine bewußte Rückkehr zur devisenmarkttheoretischen Sichtweise; es werden nur neue Quasi-Verhaltensannahmen für den Leistungs- und Kapitalverkehrsbilanzsaldo formuliert, aber wieder steht der "Devisenmarkt" im Mittelpunkt und wieder bestimmt sich der Wechselkurs durch das Gleichgewicht auf diesem Devisenmarkt.[3] Es kommt aber nicht darauf an, andere Quasi-Verhaltensannahmen auszuprobieren, sondern die konzeptionelle Verfehltheit dieses Vorgehens einzusehen.

Die Frage, ob es eine Verursachung des Wechselkurses durch den Leistungsbilanzsaldo gibt, wurde insbesondere in den Arbeiten von Dornbusch, Fischer (1980) und Rodriguez (1980) behandelt. Die nachgewiesenen (Rodriguez) bzw. konstruierten (Dornbusch, Fischer) "Einflußkanäle" sind in diesen Arbeiten nur besonders herausgestellt worden; sie sind auch in anderen Portfolioansätzen, also auch z.B. in den bekannten Modellen von Kouri (1976), Branson (1979) und Calvo, Rodriguez (1977) anzutreffen. Es können drei Arten der Verursachung bzw. der Interdependenz unterschieden werden:
1) Der im Zeitablauf sich einstellende, mittelbare Einfluß auf den Wechselkurs durch die mit einem anhaltenden Leistungsbilanzsaldo einhergehende Umverteilung des Finanzvermögens (Branson (1979), Kouri (1976), Calvo und Rodriguez (1977), Dornbusch und Fischer (1980)).

In beiden Beispielen wird der untaugliche Versuch unternommen, das Konzept des Finanzmarktansatzes mit der Sichtweise (der Begrifflichkeit) des Devisenmarktansatzes zu erfassen.

3) So gelangt D. Bender auf S. 762 zu der Schlußfolgerung:
"Eine konsistente Analyse der Interaktionen von Außenhandelsströmen und Finanzaktiva müßten den Devisenmarkt als Bestandteil des Finanzmarktsystems explizit berücksichtigen und die strenge finanzmarkttheoretische Annahme eines "instantenous adjustment" aufgeben.

Und bei P. Lang und R. Ohr heißt es dann weiter:
"Zur Analyse solcher Phänomene ist statt dessen nur ein devisenmarkttheoretisch unterlegter Bestimmungsansatz des Wechselkurses fähig".

2) Die Signalwirkung eines Leistungsbilanzsaldos bei Unsicherheit (Rodriguez (1980), Hooper und Morton (1984)).
3) Die Interdependenz von Leistungsbilanzsaldo und Wechselkurs unter der Annahme der vollkommenen Voraussicht (Rodriguez (1980), Kouri (1976), Calvo und Rodriguez (1977)).
Diese drei Einflußkanäle stehen in keinem Widerspruch zu der Grundintention des Finanzmarktansatzes und können in keiner Weise als Rechtfertigung einer devisenmarkttheoretischen Sichtweise interpretiert werden. Dies wird deutlich, wenn wir die drei Argumentationen etwas näher betrachten.

1.2.3.1 Der Umverteilungseffekt des Leistungsbilanzsaldos auf den Wechselkurs

Die Argumentation ist am einfachsten darstellbar am bekannten Finanzmarktmodell von Branson:[4]

$$M = m\,(i,\ i')\ W \tag{1.42}$$

$$B = b\,(i,\ i')\ W \tag{1.43}$$

$$EF = f\,(i,\ i')\ W \tag{1.44}$$

$$W = M + B + EF \tag{1.45}$$

Modelliert wird die Vermögensallokationsentscheidung der Bewohner einer kleinen offenen Volkswirtschaft, die ihr Vermögen W in inländischem Geld M, inländischen Bonds B (von inländischen Schuldnern in inländischer Währung) und ausländischen Bonds F (von ausländischen Schuldnern in ausländischer Währung) anlegen können. Neben der restriktiven Annahme, daß Wirtschaftssubjekte Wertpapiere nur in ihrer heimischen Währung emittieren, sind derartige Modelle für eine kleine offene Volkswirtschaft auf eine weitere restriktive Annahme angewiesen, die man als Asymmetrieannahme bezeichnen kann: Nur die Inländer halten ein international diversifiziertes Portefeuille. Die Ausländer halten nur ihr ausländisches

4) vgl. Branson (1979)

Geld und ihr ausländisches Wertpapier. Das inländische Geld und das inländische Wertpapier werden nur von Inländern nachgefragt; nur unter dieser Annahme können die ersten beiden Gleichungen als Marktgleichgewichtsbedingungen interpretiert werden. Die dritte Modellgleichung ist streng genommen keine Marktgleichgewichtsbedingung, sondern besagt nur, daß der Bestand an ausländischen Wertpapieren in Händen der Inländer von diesen auch nachgefragt wird.

Das obige Gleichungssystem ist wieder aufzufassen als eine Zeitpunktbetrachtung. Zu jedem Zeitpunkt sind exogen gegeben die Bestände der Finanzaktiva M, B und F. Da das Inland klein ist, ist der ausländische Zins i' eine exogene Variable. Bestimmt werden durch das Modell die endogenen Variablen i, e und W.
Direkte Folge der Asymmetrieannahme ist nun, daß ein Leistungsbilanzsaldo unmittelbar verknüpft ist mit einer entsprechenden Veränderung des Bestandes an ausländischen Wertpapieren (in ausländischer Währung), und daraus ergibt sich dann auch der mittelbare Einfluß des Leistungsbilanzsaldos auf den Wechselkurs im Zeitablauf. Vergleicht man zwei Zeitpunkte miteinander und tritt während des Zeitraums zwischen den beiden Zeitpunkten etwa ein Leistungsbilanzdefizit auf, dann geht in die Momentaufnahme zum späteren Zeitpunkt ein gesunkener Bestand an ausländischen Wertpapieren (in ausländischer Währung) als exogene Variable ein, und es ergibt sich, verglichen mit der Momentaufnahme zum früheren Zeitpunkt, eine Abwertung der inländischen Währung (Anstieg von E). Es ist eine Besonderheit der obigen Modellformulierung, daß die anderen endogenen Variablen auf eine Veränderung von F nicht reagieren. Eine weitere Besonderheit ist, daß die Elastizität des Wechselkurses in bezug auf F genau minus eins beträgt.

Geht man zu einem Zwei-Länder-Modell über, dann kann man die einschneidende Asymmetrieannahme aufgeben. Häufig wird dann angenommen, daß die Wirtschaftssubjekte kein aus ihrer Sicht ausländisches Geld nachfragen, sich also in ihrer Geldnachfrage auf ihr heimisches Geld beschränken, aber bei den zinstragenden Wertpapieren international diversifiziert sind. In diesem Fall ist, zumal wenn die Geldnachfragen nicht vom Vermögen abhängen, eine wie oben beschriebene Wirkung eines Leistungsbilanzsaldos auf den Wechselkurs im Finanzmarktgleichgewicht nicht ohne weiteres ableitbar. Unter der Sichtweise, daß die Gesamtbestände der Wertpapiere über die Zeit konstant sind und ein Leistungsbilanzsaldo demzufolge nur zu einer Umverteilung vorhandener Bestände zwischen In- und Ausländern führt, ergibt sich eine mittelbare Auswirkung auf das Finanzmarktgleichgewicht nur dann, wenn die Präferenzen der Inländer hinsichtlich der Wertpapiere sich von denen der Ausländer unterscheiden. Nur dann nämlich möchten die Ausländer zum herrschenden Gleichgewichtsvektor der Ertragsraten und des Wechselkurses in- und ausländische Wertpapiere in einem anderen Verhältnis abgeben, als sie Inländer bei einem Leistungsbilanzüberschuß akkumulieren möchten. Der mittelbare Einfluß des Leistungsbilanzsaldos ergibt sich, wenn überhaupt, nur über diesen Effekt.[5]

Kehren wir zum Branson-Modell und zu den Portfoliomodellen für eine kleine offene Volkswirtschaft zurück. Natürlich können diese Ansätze im Hinblick auf das Spannungsfeld zwischen Theorie und Realität kritisiert werden. Die abgeleiteten Wechselkursdynamiken werden geradezu hervorgerufen durch die restriktiven Annahmen, auf die diese Modelle angewiesen sind. Damit stellt sich die Frage, was man eigentlich aus diesen Modellen für die Erklärung der in der Realität beobachtbaren Wechselkursdynamiken lernen kann. Auf der rein modelltheoretischen Ebene sind diese Einflüsse des Leistungsbilanzsaldos auf den Wechselkurs natürlich konstruierbar; sie stellen aber offensichtlich die finanzmarkttheoretische Sichtweise der Wechselkursbestimmung überhaupt nicht in Frage. Dieser erste mittelbare Einflußkanal ist offenbar deshalb besonders unproblematisch, weil er die Momentaufnahme des "instantaneous equilibrium" überhaupt nicht berührt. Aber auch dies, der unmittelbare Einfluß des Leistungsbilanzsaldos auf die Momentaufnahme ist konstruierbar, wie die Behandlung der beiden folgenden Einflußkanäle zeigen wird. Das Branson-Modell erweist sich dabei als nützliche Vorüberlegung, weil für den möglichen unmittelbaren Ein-

5) Deshalb unterscheidet man bei den Portfolioansätzen für Zwei-Länder-Modelle zwischen "preferred local habitat" bzw. "home currency preference" und "uniform preference" Modellen. Vgl. dazu auch Frankel (1983), S. 85.

fluß der mittelbare Einfluß die notwendige Voraussetzung ist. Damit gelten die kritischen Einwände gegen das Branson-Modell aber auch für die nachfolgenden Überlegungen.

1.2.3.2 Der Leistungsbilanzsaldo als Signal

In den Bestandsnachfragen des Branson-Modells, taucht die erwartete Wechselkursänderung als Argument gar nicht auf, es werden also implizit statische Wechselkurserwartungen angenommen. Man kann auch eine von null verschiedene Wechselkursänderungserwartung als weiteres Argument in die Bestandsnachfragen aufnehmen, aber ohne zusätzliche Bestimmungsgleichung ist diese erwartete Wechselkursänderung zunächst nur eine zusätzliche exogene Variable. Nun erscheint es naheliegend, wenn man die einfache Modellformulierung betrachtet, die erwartete Wechselkursänderungserwartung durch den beobachtbaren aktuellen Leistungsbilanzsaldo zu erklären. Auf diesem Wege hätte man dann eine Auswirkung des Leistungsbilansaldos auf das momentane Finanzmarktgleichgewicht über die Wechselkurserwartungen. Aber diese Erklärung greift zu kurz, denn es ist nicht der aktuelle Leistungsbilanzsaldo, sondern es sind die in der Zukunft erwarteten Leistungsbilanzsalden, die eine Wechselkursänderungserwartung begründen. Wenn die Wirtschaftssubjekte bei in der Zeit stetiger Modellbetrachtung sich plötzlich mit einer unerwartet stark gestiegenen Stromstärke eines Leistungsbilanzdefizits konfrontiert sehen, sie aber davon überzeugt sind, daß es sich um ein transitorisches Phänomen handelt und schon bald wieder verschwindet, dann ergibt sich so gut wie keine Auswirkung auf den Wechselkurs. Wird dagegen das Phänomen als permanent eingestuft, dann wird die absehbare Abwertung der heimischen Währung, die bei statischer Erwartungsbildung allmählich im Zeitablauf einträte, unmittelbar nach der Interpretation des Leistungsbilanzsignals - zumindest zu einem großen Teil - vorweggenommen.

Wie ist die Entscheidungssituation der Wirtschaftssubjekte? Ihre Erwartungsbildung ist in einem begrenzten Sinne rational, denn sie gründet sich auf den im Modell angelegten strukturellen Zusammenhang zwischen dem Wechselkurs und dem Bestand an ausländischen

Wertpapieren (in ausländischer Währung). Über die zukünftige Leistungsbilanzentwicklung herrscht Unsicherheit und Informationen werden aus der aktuellen Leistungsbilanzentwicklung gewonnen. Der aktuelle Leistungsbilanzsaldo kann also einen erheblichen Einfluß auf das momentane Finanzmarktgleichgewicht ausüben, sofern er als ein Signal für in der Zukunft lang anhaltende Leistungsbilanzsalden interpretiert wird. Dieser Einfluß wirkt aber nur über die von Erwartungen abhängigen Bestandsnachfragen im Rahmen des Finanzmarktansatzes und stützt offensichtlich in keiner Weise eine devisenmarkttheoretische Sichtweise der Wechselkursbestimmung. Dies wird auch ausdrücklich von Rodriguez betont, der in einem anderen Modell diese Argumentation entwickelt hat:[6]

> "A deterioration in the trade balance expected to last only for an instant would not have a significant effect on the exchange rate (zero effect in continous time), but why should it in a world of rational speculators who are aware of the extremely temporary nature of the shock? By analogy, we do not expect the price level to move significantly in response to a transitory change in the rate of output during any given day (a Sunday?) if there are inventories managed by rational agents. Most observed developments in the trade balance are, however, of a more lasting nature, as has been the case, for example, with the recent U.S. deficits. In this case, it seems that the dollar exchange rates have been determined largely by expectations that the trade deficits will persist rather than by the need to equilibrate desired current flow payments."

Die ganze Argumentation noch einmal zusammenfassend schreibt Rodriguez:[7]

> "To summarize the argument of this section, in a world of high capital mobility current flow payments disequilibria can be easily accommodated by capital flows with no need, in principle, for exchange rate movements. Only if there is the expectation of a lasting change in the required rate of capital flows will exchange rates adjust, since in this case the expected time path of net foreign assets is affected."

---

6) Rodriguez (1980), S.1152
7) Rodriguez (1980), S.1152

1.2.3.3 Interdependenz von Wechselkurs und Leistungsbilanzsaldo bei vollkommener Voraussicht

Im Gegensatz zu der Argumentation im vorigen Abschnitt besitzen die Wirtschaftssubjekte jetzt vollkommene Voraussicht. Damit ist dann natürlich kein Raum mehr für irgendeine Signalfunktion des aktuellen Leistungsbilanzsaldos, aber auch jetzt gibt es einen Zusammenhang zwischem aktuellem Leistungsbilanzsaldo und dem Wechselkurs im momentanen Finanzmarktgleichgewicht. Dieser Zusammenhang ist eine Ausprägung der allgemeinen Interdependenz von Strom- und Bestandsmärkten unter der Annahme vollkommener Voraussicht. Die Argumentation kann besonders eingängig entwickelt werden am Modell von Calvo und Rodriguez (1977). Es gibt einen weiteren Grund, auf dieses Modell zurückzugreifen: es kann als ein Gegenmodell zu den besprochenen Modellen von Niehans und Frenkel, Rodriguez vorgestellt werden, weil es die aufgedeckten methodischen Mängel in diesen Arbeiten vermeidet.

Das Modell von Calvo und Rodriguez

Betrachtet wird eine kleine offene Volkswirtschaft, deren Bewohner auf fünf Märkten agieren. Es sind dies zwei Gütermärkte, zwei Geldmärkte und der Arbeitsmarkt. Auf dem Arbeitsmarkt herrscht stets Vollbeschäftigung.

a) Die Märkte des Modells

Es gibt ein international handelbares und ein heimisches Gut. Die Inländer produzieren und konsumieren beide Güter, treten also auf beiden Märkten als Anbieter und Nachfrager auf. Der Preis für das handelbare Gut ist in ausländischer Währung für das kleine Inland vorgegeben und wird auf eins normiert. Der nominale Wechselkurs E ist dann auch zugleich der Preis des internationalen Gutes in heimischer Währung. Zu diesem Preis können sich die Inländer jede beliebige Überschußnachfrage auf dem Weltmarkt beschaffen bzw. jedes Überschußangebot abgeben. Auf dem Markt für das heimische Gut sind die Inländer die einzigen Anbieter und Nachfrager, sie bestimmen daher allein den Preis für das heimische Gut in inländischer Währung p. Die Größe e=E/p bezeichnet dann den relativen Preis zwischen dem internationalen und dem heimischen Gut und kann in diesem Sinne auch als realer Wechselkurs aufgefaßt werden.

Die Nachfragen der Inländer nach beiden Gütern hängen, außer natürlich vom relativen Preis der Güter, auch ab von dem Realvermögen (ausgedrückt in Einheiten des inländischen Gutes) der Inländer a. Die inländische Geldmenge M befindet sich nur in den Händen der Inländer (die Asymmetrieannahme), die darüberhinaus noch ausländisches Geld in Höhe von D (ausgedrückt in ausländischer Währung) besitzen. Damit erhält man für a die folgende Definitionsgleichung:

$$a = M/p + ED/p = m + eD \tag{1.46}$$

Die beiden Gleichungen für die Gütermärkte lauten jetzt:

$$Q_T(e) - C_T(e, a) = \dot{D} \tag{1.47}$$

$$Q_H(e) - C_H(e, a) = 0 \tag{1.48}$$

Die Abhängigkeit der von Inländern angebotenen Mengen für das handelbare und das heimische Gut vom relativen Preis enthält Annahmen über den Arbeitsmarkt. Da im Inland ständig Vollbeschäftigung herrscht, implizieren die Angebotsfunktionen einen sofortigen Strukturwandel, d.h. eine Wanderung der Arbeitskräfte zwischen den Sektoren, bei einer Veränderung des relativen Preises. Steigt der relative Preis des handelbaren Gutes, dann bedeutet dies auch, daß das Wertgrenzprodukt der Arbeit in diesem Sektor relativ zum Wertgrenzprodukt der Arbeit im Sektor für das heimische Gut steigt. Die Wanderung der Arbeitskräfte vom heimischen zum Sektor für das handelbare Gut führt über die damit einhergehende gegenläufige Entwicklung der physischen Grenzprodukte wieder zum Ausgleich der Wertgrenzprodukte und der Nominallohnsätze.

Die Nachfragen der Inländer hängen in üblicher Weise vom relativen Preis und vom Vermögen ab. Der nominale Wechselkurs und der Preis für das heimische Gut sind vollkommen flexibel, die beiden Gleichungen für die Gütermärkte sind also stets erfüllt. Für nachfolgende Ableitungen sei festgehalten, daß durch die Gleichgewichtsbedingung für das heimische Gut implizit eine Funktion

$$a = v(e) \quad , \quad dv/de < 0 \tag{1.49}$$

definiert wird. Die Angebots- und Nachfrageplanungen der Inländer auf dem Markt für das handelbare Gut implizieren den Leistungsbilanzsaldo und (wegen der Asymmetrieannahme) eine entsprechende Bestandsveränderung an ausländischem Geld in Händen der Inländer. Man erkennt deutlich den Gegensatz zu den Modellen von Niehans und Frenkel, Rodriguez. Wird das Verhalten der Wirtschaftssubjekte auf den Märkten spezifiziert, dann gibt es keinen Raum für unabhängige Leistungsbilanz- oder Kapitalverkehrsbilanzgleichungen. In der gesamten Arbeit von Calvo, Rodriguez tauchen deshalb folgerichtig die Begriffe Devisenmarkt, Zahlungsbilanzgleichgewicht oder Devisenmarktgleichgewicht auch gar nicht auf.

In der Gleichung (1.47) ist die Bestandsveränderung an ausländischem Geld zunächst offenbar eine Funktion von e und a. Unter Berücksichtigung von $a = v(e)$ kann man sie aber auch allein als eine Funktion von e auffassen.

$$\dot{D} = f(e) \quad , \quad f' > 0. \tag{1.50}$$

Die von Inländern momentan gewünschte Aufteilung ihres Vermögens auf inländisches und ausländisches Geld, ausgedrückt durch den Quotienten m/eD , hängt ab von der Differenz der realen (in Einheiten des inländischen Gutes) Ertragsraten der beiden zur Auswahl stehenden Aktiva:

reale Ertragsrate auf inländisches Geld: $-\hat{p}$

reale Ertragsrate auf ausländisches Geld: $\hat{E}^e - \hat{p}$.

Die Differenz der Ertragsraten beträgt also einfach $\hat{E}^e$. Je höher die erwartete Abwertungsrate ist, desto attraktiver ist das ausländische Geld, desto größer ist der gewünschte Anteil des ausländischen Geldes am Gesamtvermögen, desto kleiner ist der gewünschte

Koeffizient m/eD . Diese plausible Verhaltensannahme wird in dieser allgemeinen Form durch die folgende Gleichung formalisiert:

$$\hat{E}^e = L\ (m/eD) = L\ (M/ED), \quad L' < 0 \tag{1.51}$$

b) <u>Die Lösung des Modells bei exogenen Wechselkursänderungserwartungen: Eine Vorüberlegung</u>

Nehmen wir für einen Moment an, die Wechselkursänderungserwartungen seien exogen gegeben. Dann kann das Modell durch die folgenden fünf Gleichungen zusammmengefaßt werden.

$$e = E/p \tag{1.52}$$

$$a = M/p + ED/p \tag{1.53}$$

$$Q_T(E/p) - C_T(E/p,\ a) = \dot{D} \tag{1.54}$$

$$Q_H(E/p) - C_H(E/p,\ a) = 0 \tag{1.55}$$

$$\hat{E}^e = L(M/ED) \tag{1.56}$$

exogene Variablen: M, D, $\hat{E}^e$

endogene Variablen: E, p, $\dot{D}$, a, e.

Wenn wir die endogenen Variablen aus den fünf Gleichungen bestimmen, erkennen wir eine Parallele zum Branson-Modell. Der nominale Wechselkurs E wird allein durch das Gleichgewicht auf den Finanzmärkten bestimmt. In der letzten Gleichung ist E die einzige endogene Variable. Es ergibt sich kein interdependenter Zusammenhang zu den übrigen Modellgleichungen. Insbesondere hat der Leistungsbilanzsaldo keinen unmittelbaren Einfluß auf den Wechselkurs im momentanen Finanzmarktgleichgewicht. Für die Bestimmung der übrigen endogenen Variablen kann der folgende Weg vorgeschlagen werden: Man setze die Vermögensdefinition in die beiden Gütermarktgleichungen ein und bestimme aus (1.55) den Preis für das inländische Gut und dann aus (1.54) den Saldo der Leistungsbilanz. Dann sind auch das Realvermögen der Inländer und der relative Preis zwischen dem handelbaren und dem heimischen Gut bestimmbar.

Warum ist diese Lösung des Modells unbefriedigend? Bei exogen gegebener Wechselkursänderungserwartung wird auf den Finanzmärkten der nominale Wechselkurs und auf den Gütermärkten der Preis für das heimische Gut und der Leistungsbilanzsaldo bestimmt. Über den im Zeitablauf wirksamen Umverteilungseffekt (vgl. Abschnitt 1.2.1) ist damit auch die dann tatsächlich eintretende Wechselkursänderung schon absehbar. Man könnte verkürzt sagen, daß die erwartete die dann tatsächlich eintretende Wechselkursänderung produziert. Bei exogen vorgegebener Erwartung wäre es nun reiner Zufall, wenn diese mit der tatsächlich eintretenden Wechselkursänderung übereinstimmen würde. In der Regel wird für den gesamten Zeitpfad der Anpassung gelten, daß die Erwartung von der tatsächlichen Entwicklung verschieden ist. Man wird eine derartige Lösung des Modells nur schwerlich akzeptieren. Warum sollten Wirtschaftssubjekte ernsthaft an ihrer exogenen Erwartung festhalten, wenn diese permanent durch die tatsächliche Entwicklung widerlegt wird? Es wäre dann schon plausibler, wenn die Prognoseirrtümer zu einer Korrektur der Erwartungen führen und auf diesem Wege eine Rückkoppelung von der tatsächlichen Entwicklung zur erwarteten stattfindet. Dies ist das Konzept der adaptiven Erwartung. Aber auch im Rahmen dieses Konzeptes sind beliebig viele Modellösungen denkbar, je nachdem, wie der Erwartungsbildungsprozeß genau spezifiziert ist und welche Anfangswerte gesetzt werden. Aus der Sicht des Modells kann zwischen diesen Lösungen auch nicht diskriminiert werden, sie erscheinen alle mehr oder weniger beliebig, weil sie eben entscheidend von einer Erwartungsbildung abhängen, die mit dem eigentlichen Modell nichts zu tun hat. Aus der Sicht des Modells kommt nur der Lösung besondere Bedeutung zu, der eine modellimmanente Erwartungsbildung zugrunde liegt, weil sie das Modell schließt. Beantwortet wird damit die Frage, wie denn eigentlich die Lösung des Modells aussieht, wenn die Wechselkursänderungserwartung mit der von ihr produzierten tatsächlichen Wechselkursänderung übereinstimmt. Man kann diese Erwartungsbildung den Wirtschaftssubjekten dann unterstellen, wenn sie den vom Modell her gegebenen Zusammenhang zwischen Erwartungsbildung und tatsächlicher Entwicklung durchschauen. Mit anderen Worten: Gesucht ist die Lösung des Modells unter der Annahme vollkommener Voraussicht.

c) Lösung des Modells unter der Annahme vollkommener Voraussicht

Wir setzen die erwartete und die tatsächlich eintretende Wechselkursänderungsrate gleich und gehen aus von Gleichung (1.56).

$$\hat{E} = L(m/eD) \qquad (1.57)$$

Ziel der folgenden Substitutionsvorgänge ist eine Differentialgleichung, in der neben e und de/dt nur die exogenen Variablen D und μ (die exogene Wachstumsrate der nominalen Geldmenge) vorkommen. Zunächst kann man die definitorischen Beziehungen

$$\hat{E} = \hat{e} + \hat{p} \quad \text{und} \quad \hat{m} = \mu - \hat{p} \qquad (1.58)$$

benutzen. Man erhält dann:

$$\hat{e} = L(m/eD) + \hat{m} - \mu \qquad (1.59)$$

Wir müssen jetzt noch m und $\hat{m}$ ausdrücken als Funktionen von e bzw. $\hat{e}$. Wir benötigen dazu die Vermögensdefinition (1.46) und die Gleichgewichtsbedingung für den Markt des heimischen Gutes, die in impliziter Darstellung als $a = v(e)$ geschrieben werden kann. Eingesetzt in die Vermögensdefinition erhält man wie gewünscht m in Abhängigkeit von e und D.

$$m = v(e) - eD \qquad (1.60)$$

Differenziert man m nach der Zeit und dividiert noch einmal durch m, dann erhält man für die Wachstumsrate der realen Geldmenge:

$$\dot{m}/m = \hat{m} = (e/(v - eD))(v'(e)\hat{e} - \hat{e}D - \dot{D}) \qquad (1.61)$$

Zu beachten ist, daß der Leistungsbilanzsaldo dD/dt über die beiden Gütermarktgleichungen ebenfalls eine Funktion von e ist. Die Gleichungen (1.60) und (1.61) können jetzt in (1.59) eingesetzt werden. Für $\hat{e}$ wird wieder $\dot{e}/e$ gesetzt, und die Gleichung wird nach $\dot{e}$ aufgelöst. Man erhält dann:

$$\dot{e} = \frac{e}{1-(e/m)(v'-D)} \{ L((v - eD)/eD) - \dot{D}e/(v-eD) - \mu \} \qquad (1.62)$$

Aus dieser Gleichung können die Kombinationen (e, D) bestimmt werden, für die de/dt=0 gilt. Aus Gleichung (1.50) kann der langfristige Gleichgewichtswechselkurs $\bar{e}$ ermittelt werden, für den $\dot{D}(\bar{e})=0$ gilt.

In der Abbildung 3 sind in einem (e, D) Diagramm die de/dt = 0 Kurve und die dD/dt = 0 Kurve eingezeichnet. Durch den Schnittpunkt dieser beiden Kurven ist dann auch der Bestand an ausländischem Geld in ausländischer Währung D im langfristigen Gleichgewicht bei gegebener Wachstumsrate der nominalen inländischen Geldmenge bestimmt. In der Abbildung 3 ist darüberhinaus dargestellt die Wechselkursdynamik nach einer unerwarteten Erhöhung der Wachstumsrate der nominalen inländischen Geldmenge.[8] Diese führt zu einer Rechtsverschiebung der de/dt = 0 Kurve, so daß im neuen langfristigen Gleichgewicht sich zwar der alte reale Wechselkurs wieder einstellt, aber der Bestand an ausländischem Geld in ausländischer Währung gestiegen ist. Da sich auch das alte Realvermögen wieder einstellt ($\bar{a} = v(\bar{e})$), wächst auch der Anteil des ausländischen Geldes am realen Vermögen der Inländer. Dies leuchtet auch unmittelbar ein, denn das neue inflatorische Gleichgewicht weist eine gestiegene Renditedifferenz zugunsten des ausländischen Geldes auf, so daß der gewünschte Anteil im Portefeuille der Inländer steigt.

---

8) Da der Preis für das inländische Gut vollkommen flexibel ist, hat eine einmalige Erhöhung des Niveaus der Geldmenge auch kurzfristig keine realen Auswirkungen. Es kommt nur zu einem sofortigen prozentualen Anstieg von E und p in Höhe des prozentualen Anstiegs der Geldmenge.

Abbildung 3: Wechselkursdynamik nach einer Erhöhung der Wachstumsrate der Geldmenge im Modell von Calvo und Rodriguez
(Quelle: Calvo, Rodriguez (1977), S.621)

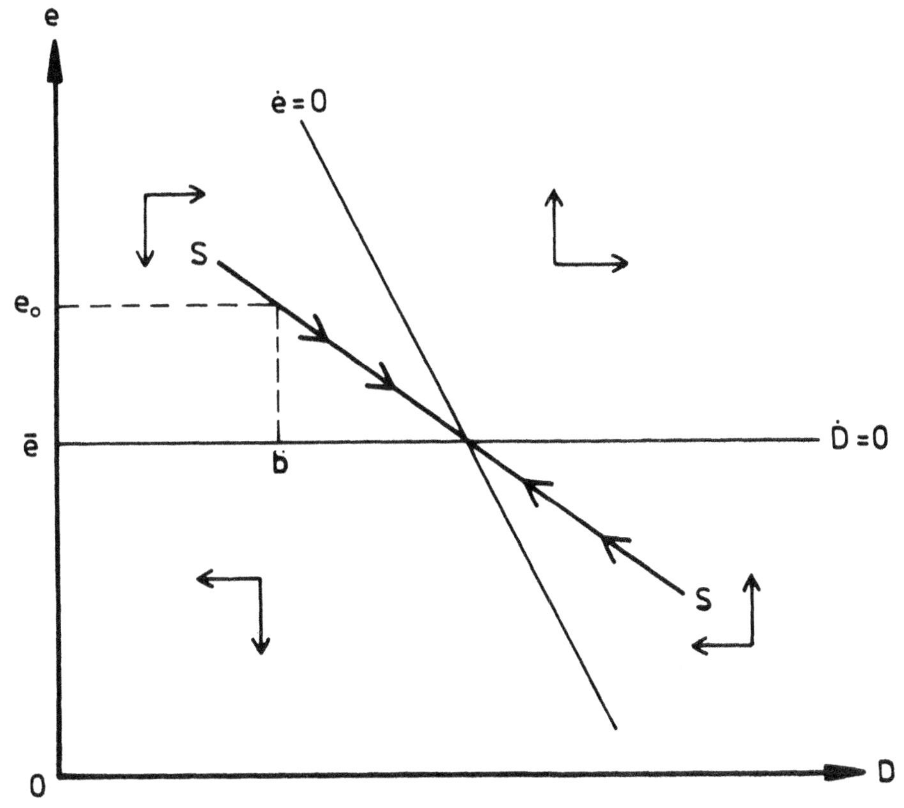

Unmittelbar nach Bekanntgabe der neuen Geldmengenwachstumsrate ist aber der Bestand an ausländischer Währung gegeben, dieser kann erst im Zeitablauf durch Leistungsbilanzüberschüsse akkumuliert werden. Die Wechselkursdynamik ist geprägt durch eine instantane reale Abwertung (Sprung von b auf den Sattelpfad SS) mit nachfolgender Bewegung auf dem Sattelpfad im Zeitablauf zum neuen langfristigen Gleichgewicht. Dieser Zeitpfad des Wechselkurses, das Niveau zu jedem Zeitpunkt und die Veränderung im Zeitablauf, sind abgeleitet worden unter der Bedingung, daß die erwartete Wechselkursänderung eine dann tatsächlich eintretende Wechselkursänderung "produziert", die wiederum der erwarteten gleicht. In diese Ableitung gingen auch die Gleichungen für die Gütermärkte und damit implizit auch der Leistungsbilanzsaldo ein. In diesem Sinne besteht eine Interdependenz von Wechselkurs- und Leistungsbilanzentwicklung. Es kann jedenfalls nicht mehr behauptet werden, daß der Wechselkurs allein durch das Gleichgewicht auf den Finanzmärkten determiniert wird. Dennoch erfüllt das Modell von Calvo und Rodriguez das wichtigste Kriterium für einen Finanzmarktansatz: die Entwicklung des Wechselkurses ist zu jedem Zeitpunkt mit der Existenz von Arbitrage auf den Finanzmärkten vereinbar. Die Gleichung (1.57) gilt für jeden Zeitpunkt.[9] Die Ableitung hat aber auch gezeigt, daß die aufgezeigte Interdependenz von Wechselkurs und Leistungsbilanzsaldo in keiner Weise eine devisenmarkttheoretische Sichtweise der Wechselkursbestimmung stützt.

---

9) In der Systematik dieser Arbeit ist das Modell (bei vollkommener Voraussicht) letztlich als ein makroökonomisches Modell für eine offene Volkswirtschaft und nicht als ein Finanzmarktansatz einzuordnen. Dies wird im Abschnitt 1.3 begründet. Wichtiger als diese Einordnungsfrage wäre aber doch wohl die Frage danach, was man denn aus der Beschäftigung mit dem Modell für die Erklärung der Realität lernen kann. Die Wechselkursdynamik, um die es ja geht, wird nicht nur abgeleitet unter der Asymmetrieannahme, die die Erhöhung des Fremdwährungsbestandes an den Leistungsbilanzsaldo koppelt, und der Annahme, daß die Güterpreise vollkommen flexibel sind. Insbesondere hängt die Wechselkursdynamik auch entscheidend ab von der Annahme, daß die Produktionsfaktoren in dem Zwei-Güter-Modell nach dem Schock instantan den Produktionssektor wechseln.

1.3 Finanzmarkttheoretische Sichtweise versus Wechselkursbestimmung im Rahmen von makroökonomischen Modellen für offene Volkswirtschaften

In den verschiedenen Beiträgen und Ansätzen zur finanzmarkttheoretischen Bestimmung des Wechselkurses wird häufig der Eindruck erweckt, die finanzmarkttheoretische Sichtweise sei für das Problem der Wechselkursbestimmung die einzig angemessene. Auch im vorigen Abschnitt kann dieser Eindruck entstanden sein. Das vielleicht bekannteste Beispiel hierfür ist der schon in die Lehrbuchliteratur eingegangene Finanzmarktansatz von Branson, in dem der Wechselkurs allein aus der momentanen Vermögensallokationsentscheidung der Inländer einer kleinen offenen Volkswirtschaft abgeleitet wird. Im Rahmen dieses Ansatzes wird sogar über die Verbindung von Wechselkurs und Leistungsbilanzsaldo (die traditionell ad-hoc eingeführt wird und einer Nachprüfung nicht standhält) und über die Verbindung von Leistungsbilanzsaldo und Veränderung des Bestandes an Wertpapieren in ausländischer Währung (die auch nur gilt unter Annahmen, die die eigentliche Fragestellung verzerren) eine langfristige Lösung abgeleitet. Es wird so der irreführende Eindruck erweckt, als sei in einem umfassenden Sinn der Wechselkurs durch die Vermögensallokationsentscheidung determiniert. Dieser Irrtum ist schon angelegt in dem grundlegenden Aufsatz von Tobin (1969), der als Pionierarbeit für die Entwicklung der finanzmarkttheoretischen Sichtweise angesehen wird. Er entwirft dort in allgemeiner Form die modellmäßige Behandlung der zeitpunkbezogenen Vermögensallokationsentscheidung und schlägt diesen Ansatz ausdrücklich zur Bestimmung des absoluten Niveaus der Ertragsraten auf Finanzaktiva vor.

Es ist nicht zu bestreiten, daß dann, wenn in der Modellökonomie jedes Wirtschaftssubjekt zu jedem Zeitpunkt potentiell Finanzaktiva an Börsen gegeneinander tauscht und so sein individuelles Portfoliogleichgewicht realisieren kann, auch zu jedem Zeitpunkt die Ertragsraten auf Finanzaktiva und der Wechselkurs mit einem Gleichgewicht auf den Finanzmärkten vereinbar sein müssen. Nur heißt Vereinbarkeit mit einem Finanzmarktgleichgewicht eben noch nicht, daß die Ertragsraten und der Wechselkurs auch durch das Finanzmarktgleichgewicht determiniert werden.

Die Argumentation in den Finanzmarktansätzen ist rein formal und auf dieser Ebene natürlich nicht angreifbar. Es werden die unabhängigen Gleichungen gezählt und entsprechend viele Variablen als endogen erklärt. Dabei zeigte es sich aber schon in dem vorgestellten Modell von Calvo und Rodriguez, daß der Wechselkurs nur bei exogen vorgegebenen Wechselkursänderungserwartungen aus der reinen Vermögensallokationsentscheidung zu bestimmen war. Unter der Annahme vollkommener Voraussicht ist der Wechselkurs nur noch zu bestimmen, wenn auch die Gütermärkte betrachtet werden. Ähnliche Einschränkungen, was die Bestimmbarkeit der endogenen Variablen angeht, findet man auch in der Darstellung des allgemeinen Finanzmarktansatzes bei Branson[1]:

> Even when the objective is to study the behavior of interest rates and the exchange rate at a point in time, it is not possible to conduct the analysis using just the asset market equilibrium conditions except under very restrictive assumptions. It was shown in the last section that if goods prices are fixed and expectations are static, then the conditions for asset market equilibrium are sufficient to determine interest rates and the exchange rate at a point in time. However, if goods prices are fixed and expectations are rational, then a balance of payments condition must be employed together with the asset market equilibrium conditions to jointly determine interest rates, the exchange rate, the percentage rate of change in the exchange rate, and the rate of transfer of wealth between home and foreign residents. Moreover, if goods prices are flexible, then under both static and rational expectations a complete model must include goods market equilibrium conditions. Of course, when the objective is to study the behavior of interest rates and the exchange rate over time, a balance of payments condition must be employed no matter whether expectations are static or rational."[2]

---

1) Branson (1984) S.760f.

2) Die Aussage im letzten Satz ist offenbar viel zu hart. Auch in dem monetären Ansatz von Dornbusch wird die Entwicklung des Zinssatzes und des Wechselkurses in der Zeit abgeleitet, ohne daß eine Zahlungsbilanzgleichung notwendig ist. Und wenn in einem Portfolioansatz für eine Zwei-Länder-Welt die Präferenzen der Portfolioverwalter in beiden Ländern gleich sind (uniform preference model), dann treten Rückwirkungen von der Zahlungsbilanz, genauer vom Leistungsbilanzsaldo und von der damit verbundenen Veränderung der Vermögen der In- und Ausländer, auf den Wechselkurs und die

Hier wird rein formal gedacht, aber hinter dieser ganzen nur formal angegangenen Determiniertheitsproblematik verbirgt sich ein grundlegendes Problem der Finanzmarktansätze, und die zutreffende Anschauung dieses Problems ist ungemein hilfreich, um einordnen zu können, was die Finanzmarktansätze überhaupt erklären können und was nicht. Die Problematik besteht im Kern darin, daß es eigentlich gar nicht möglich ist, aus der reinen Betrachtung der Vermögensallokationsentscheidung der Wirtschaftssubjekte das Niveau der Ertragsraten und des Wechselkurses zu bestimmen. Nehmen wir eine geschlossene Volkswirtschaft mit n Finanzaktiva, die alle eine eigene nominale Ertragsrate aufweisen. Eines dieser Finanzaktiva möge vielleicht auch als allgemein anerkanntes Tauschmittel dienen, aber es hat trotzdem eine eigene (auch nominale) Ertragsrate. Dann wären also n Ertragsraten zu bestimmen, aber von den n Gleichgewichtsbedingungen für die Finanzmärkte sind nur n-1 voneinander unabhängig. Es können also nur n-1 relative Ertragsraten bzw. n-1 unabhängige Differenzen in den Ertragsraten bestimmt werden. Aus der Aufteilungsentscheidung des gegebenen Vermögens auf die verschiedenen Finanzaktiva ist nur die Struktur der Ertragsraten zu bestimmen, aber nicht das Niveau, um das die Ertragsraten streuen. Und diese Einsicht ist ähnlich fundamental wie die, daß aus einem Tauschgleichgewicht mit n Gütern auch nur die relativen Güterpreise bestimmt werden können[3]. Das durchschnittliche Niveau der Ertragsraten ist das Ergebnis der Akkumulationsentscheidung

---

Ertragsraten gar nicht auf, und es ist überhaupt nicht zu erkennen, wozu dann eine Zahlungsbilanzgleichung gebraucht wird.

3) Diese Indeterminiertheit der reinen Vermögensallokationsbetrachtung wird in der Literatur entweder überhaupt nicht gesehen oder durch geeignete Annahmen übergangen. Sie wird jedenfalls nicht als ein prinzipielles Problem der Finanzmarktansätze thematisiert. Die nach meinem Wissen einzige Ausnahme ist Niehans, der z.B. in seinem Aufsatz "Interest Rates and Capital Flows" im dritten Abschnitt unter der Überschrift "The Indeterminacy of Pure Arbitrage" dieses Problem klar erkennt und ausführt. Dieser Beitrag von Niehans lieferte auch die Anregung für die grundsätzlichen Überlegungen in diesem Kapitel. Niehans zieht - für seine Fragestellung vollkommen zu Recht - aus der Indeterminacy die Konsequenz, einen finanzmarkttheoretischen Erklärungsbeitrag von vorneherein auszuschließen. Für die Frage der Wechselkursbestimmung muß die Konsequenz jedoch lauten, daß es zwar möglicherweise einen finanzmarkttheoretischen Erklärungsbeitrag gibt, sich dieser aber prinzipiell auf eine Abweichungsdynamik beschränkt.

der Wirtschaftssubjekte, der Entscheidung zwischen Konsum heute und Konsum morgen.

Unter welchen Annahmen gelingt es dann dennoch, entgegen dieser fundamentalen Einsicht die absoluten Niveaus der Ertragsraten (und in einer Zwei-Länder-Welt mit zwei Währungen auch noch den nominalen Wechselkurs) aus der Vermögensallokationsentscheidung der Wirtschaftssubjekte zu determinieren. Es sind zwei Annahmen:

1) Eines der Finanzaktiva ist das allgemeine Tauschmittel, das Geld, dessen eigene nominale Ertragsrate von vorneherein auf null gesetzt wird. Damit entfällt eine zu bestimmende Ertragsrate.

2) Das Güterpreisniveau wird ebenfalls als exogen angenommen. Damit wird verhindert, daß an die Stelle einer zu bestimmenden Ertragsrate eine zu bestimmende Menge, die reale Geldmenge, tritt.

Es bleibt dann bei n-1 endogenen Variablen, den absoluten Niveaus der Ertragsraten der zinstragenden Wertpapiere, die rein formal (abzählungsgemäß) aus den n Gleichgewichtsbedingungen bestimmt werden können. Und in einem Zwei-Länder-Modell, wo auch der Wechselkurs dann als Variable in der Vermögensallokationsentscheidung auftaucht, werden diese beiden Annahmen auch für den zweiten Geldmarkt getroffen, so daß auch der Wechselkurs noch als endogene Variable bestimmt werden kann.

Nur ändern diese Annahmen nichts an der prinzipiellen Einsicht. Deshalb kann auch nur in einem inhaltlich eingeschränkten Sinn behauptet werden, daß aus der Betrachtung der aggregierten Vermögensallokationsentscheidung eine Aussage über das Niveau der Ertragsraten und über den Wechselkurs abgeleitet werden kann. Wenn überhaupt, dann sind nur Aussagen möglich über Abweichungen der Ertragsraten und des Wechselkurses von den Werten, bei denen Gleichgewicht auf allen Märkten, auch den Güter- und Arbeitsmärkten, herrscht. Wenn die Güterpreise kurzfristig starr sind, und es tritt ein Schock auf, der eigentlich auch eine Anpassung der Güterpreise erfordert, dann wird sich bei mangelnder Flexibilität der Güterpreise zunächst nur ein instantanes Gleichgewicht auf den

Finanzmärkten einstellen. Für dieses Gleichgewicht ist die momentane reale Geldmenge vorgegeben, und da diese Geldmenge von der im walrasianischen Gleichgewicht abweicht, weichen auch die momentanen Ertragsraten und der momentane Wechselkurs von den fiktiven Werten ab, die sich bei einem Gleichgewicht auf allen Märkten einstellen würden. Auf diese Abweichungen, letztlich verursacht durch die Unterschiedlichkeit der Anpassungsgeschwindigkeiten auf Finanz- und Strommärkten, beschränkt sich der Erklärungsbeitrag der Finanzmarktansätze. Anders gewendet: Finanzmarktansätze können gar nicht in einem umfassenden Sinn die Ertragsraten und den Wechselkurs bestimmen, sondern leisten nur einen Beitrag zur Erklärung der Wechselkursdynamik.[4]

Im Grunde genommen ist es die alte Debatte, ob der Zins durch die "loanable-funds"-Theorie oder durch die keynesianische Liquiditätspräferenztheorie bestimmt wird. Wenn die Güterpreise (und die Nominallöhne) ausreichend flexibel sind, dann wird der Zins im Sinne der "loanable-funds"-Theorie durch die Akkumulationsentscheidung der Wirtschaftssubjekte determiniert. Dabei ist zu jedem Zeitpunkt das Portfoliogleichgewicht zwischen Geld und Wertpapieren erfüllt; dies wird sichergestellt durch das flexible Güterpreisniveau.[5] Wenn dagegen die Güterpreise als kurzfristig starr angenommen werden, dann tritt bei einem monetären Schock (genauer: bei einem Schock, der auch die Gleichgewichtsbedingung für den Geldmarkt berührt und eine Veränderung des Güterpreisniveaus im neuen walrasianischen Gleichgewicht erfordert) ein Liquiditätseffekt auf, der kurzfristig den Zinssatz verändert. Das am häufig-

---

4) Es wird in diesem Abschnitt 1.3 immer davon ausgegangen, daß die Ökonomie nach einem auftretenden Schock zum walrasianischen Gleichgewicht zurückfindet. Deshalb werden nur zwei Zustände gegenübergestellt: Der Zustand unmittelbar nach dem Schock, wo nur das Arbitragegleichgewicht auf den Finanzmärkten herrscht und der Zustand des walrasianischen Gleichgewichts, der sich bei verzögerter Preisanpassung erst im Zeitablauf einstellt. Auch wenn man diese Vorstellung des walrasianischen Gleichgewichts als Gravitationszentrum ablehnt und stattdessen eher die Entwicklung in Richtung auf ein Gleichgewicht bei Mengenrationierung vorschlägt, ändert sich an der gesamten Problematik im Grunde nichts. Insbesondere ändert sich nicht die Kernaussage dieses Kapitels, nämlich daß der finanzmarkttheoretische Erklärungsbeitrag sich auf die Abweichungsdynamik beschränkt.

5) vgl. auch Sargent (1982), S.107f.

sten analysierte Beispiel ist die einmalige plötzliche Erhöhung der nominalen Geldmenge, die zunächst eine Zinssenkung bewirkt. Diese tritt ein wegen der Unterschiedlichkeit der Anpassungsgeschwindigkeiten auf den Gütermärkten und den Finanzmärkten. Weil das Güterpreisniveau nicht sofort steigt und deshalb temporär die reale Geldmenge von der im walrasianischen Gleichgewicht abweicht, weicht der Zins, der jetzt während der Anpassung das Portfoliogleichgewicht herstellt, von seinem Wert im walrasianischen Gleichgewicht ab. Oder ausgedrückt in den Begriffen von Wicksell: Während der Anpassung weicht der (tatsächlich beobachtbare) Marktzins ab vom (fiktiven) natürlichen Zins.

Wir haben bisher in diesem Abschnitt auch nur überwiegend formal argumentiert und die entscheidenden Ergebnisse eher behauptet als abgeleitet. Weil die elementare Klarheit in diesen Fragen von entscheidender Bedeutung ist, soll versucht werden, die zentralen Einsichten im folgenden Modell auch zu zeigen, wobei Wiederholungen nicht ganz zu vermeiden sind. Die zahlreichen Annahmen sollen dabei nur den Sinn haben, unnötige Komplikationen zu vermeiden.

1.3.1 Akkumulation und Vermögensaufteilung in einem Modell

Man versteht die ganze Problematik am besten, wenn man eine möglichst einfach gehaltene Modellökonomie betrachtet, in der sich sowohl eine Akkumulationsentscheidung als auch zu jedem Zeitpunkt eine Aufteilungsentscheidung für das gegebene Vermögen stellt. Stellen wir uns dazu eine Modellökonomie vor mit zwei Sektoren, den Haushalten und den Unternehmen, und drei Märkten, dem Gütermarkt, dem Arbeitsmarkt und dem Wertpapiermarkt. Um das Modell schrittweise zu entwickeln, wird ein Geldmarkt erst später eingeführt. Es gibt zunächst nur die Transaktionen Arbeit gegen Güter und Wertpapiere gegen Güter. Die Wertpapiere haben eine unendliche Laufzeit und versprechen dem Inhaber für jede Periode einen realen Ertrag in Höhe des Grenzprodukts des Kapitals der Periode.

Die Unternehmen produzieren unter dem Einsatz von Sachkapital (in der Vergangenheit akkumulierte Gütereinheiten) und Arbeit Güter, die entweder von den Haushalten konsumiert werden oder als Investitionen den Sachkapitalbestand der Unternehmen erhöhen. Die Unternehmen produzieren gemäß einer linear homogenen Produktionsfunktion und entlohnen beide Produktionfaktoren mit ihrem Grenzprodukt. Der Gewinn der Unternehmen beträgt somit in jeder Periode null und das gesamte Volkseinkommen fällt als Faktoreinkommen bei den Haushalten an. Die Unternehmen müssen ihre Investitionen (Abschreibungen werden vernachlässigt, die Lebensdauer des Sachkapitals ist unendlich) vollständig durch die Emission von Wertpapieren finanzieren. Die Investitionsnachfrage und das Stromangebot an Wertpapieren fallen zusammen. Und bei den Haushalten gilt dies für die Ersparnis (die gleich ist der gesamtwirtschaftlichen Ersparnis) und der geplanten Erhöhung des Bestandes an Wertpapieren.

Wir wollen weiter annehmen, daß ein Gut, wenn es investiert wird, auch "gerinnt". Es kann nicht mehr als Konsumgut gegen Rücknahme eines Wertpapiers wieder herausgegeben werden.[6] Der Bestand an Wertpapieren ist damit für eine Momentaufnahme eine durch die Vergangenheit determinierte Größe. Die Unternehmen können (netto) keine Wertpapiere zurücknehmen und müssen dies auch nicht, weil die Laufzeit der Wertpapiere unendlich beträgt. Es handelt sich bei den Wertpapieren praktisch um Aktien mit einem realen Dividendenversprechen in Höhe des Grenzprodukts des Kapitals.

Wir betrachten zunächst nur eine Akkumulationsentwicklung in der Zeit in Richtung auf ein stationäres Gleichgewicht.[7] Die Wachstumsrate der Bevölkerung beträgt null, und es gibt keinen technischen Fortschritt. Die Arbeitszeit ist für die Arbeitnehmer fest vorgegeben und konstant. Das Pro-Kopf-Einkommen und das Volkseinkommen kann dann nur im Zeitablauf über Konsumverzicht erhöht werden.

Die Haushalte,die alle identisch sein sollen, haben einen unendlichen Planungshorizont. Ihre intertemporale Nutzenfunktion lautet:

---

6) Der Sachkapitalbestand kann also nur aufgebaut und nicht verringert werden, weil die Lebensdauer als unendlich angenommen wird.

7) Die folgende Akkumulationsdynamik wird in teilweise enger Anlehnung an Barro (1987), Kap. 3 und Kap. 11, entwickelt.

$$U = u(c_1) + u(c_2)/(1+\sigma) + u(c_3)/(1+\sigma)^2 + \ldots \quad (1.63)$$

Der intertemporale Gesamtnutzen ist die Summe der abdiskontierten Perioden-Nutzen, wobei die Abhängigkeit der Perioden-Nutzen vom Perioden-Konsum zeitinvariant ist. Der Diskontierungsfaktor σ ist die Zeitpräferenzrate im Nutzen. Sie ist zu unterscheiden von der Zeitpräferenzrate im Konsum, die man direkt erhält aus der Grenzrate der Substitution zwischen Konsum heute und Konsum morgen und die kein Parameter der intertemporalen Nutzenfunktion ist.

Im stationären Gleichgewicht gilt:

$$c = c_t = c_{t+1} = c_{t+2} = \ldots \quad (1.64)$$

$$y = f(\bar{k},n) = y_t = y_{t+1} = y_{t+2} = \ldots \quad (1.65)$$

$$c = y \quad (1.66)$$

$$df(\bar{k},n)/dk = r = \sigma \quad (1.67)$$

y: Pro-Kopf-Einkommen
c: Pro-Kopf-Konsum
k: Pro-Kopf-Sachkapitalbestand
n: Pro-Kopf-Arbeitszeit

Das stationäre Gleichgewicht ist erreicht, wenn bei einem Sachkapitalbestand pro Kopf von $\bar{k}$ das Grenzprodukt des Kapitals gleich ist der Zeitpräferenzrate im Nutzen. In diesen Zustand ist die Ersparnis der Haushalte gleich null, denn die reale Ertragsrate auf die Wertpapiere ist gleich der Zeitpräferenzrate im Nutzen.

Uns interessiert jedoch die Entwicklung des Marktzinses in der Akkumulationsdynamik. Eine Akkumulationsdynamik entsteht, wenn der Sachkapitalbestand am Anfang der Betrachtung k_0 kleiner ist als $\bar{k}$ und das Grenzprodukt des Kapitals und damit die reale Ertragsrate auf Wertpapiere größer ist als die Zeitpräferenzrate im Nutzen. Die Akkumulationsdynamik kann besonders einfach und eingängig skizziert werden anhand einer Zwei-Perioden-Betrachtung. Für den Haushalt sind vorgegeben die Ertragsrate auf die Wertpapiere, die

Abbildung 4:

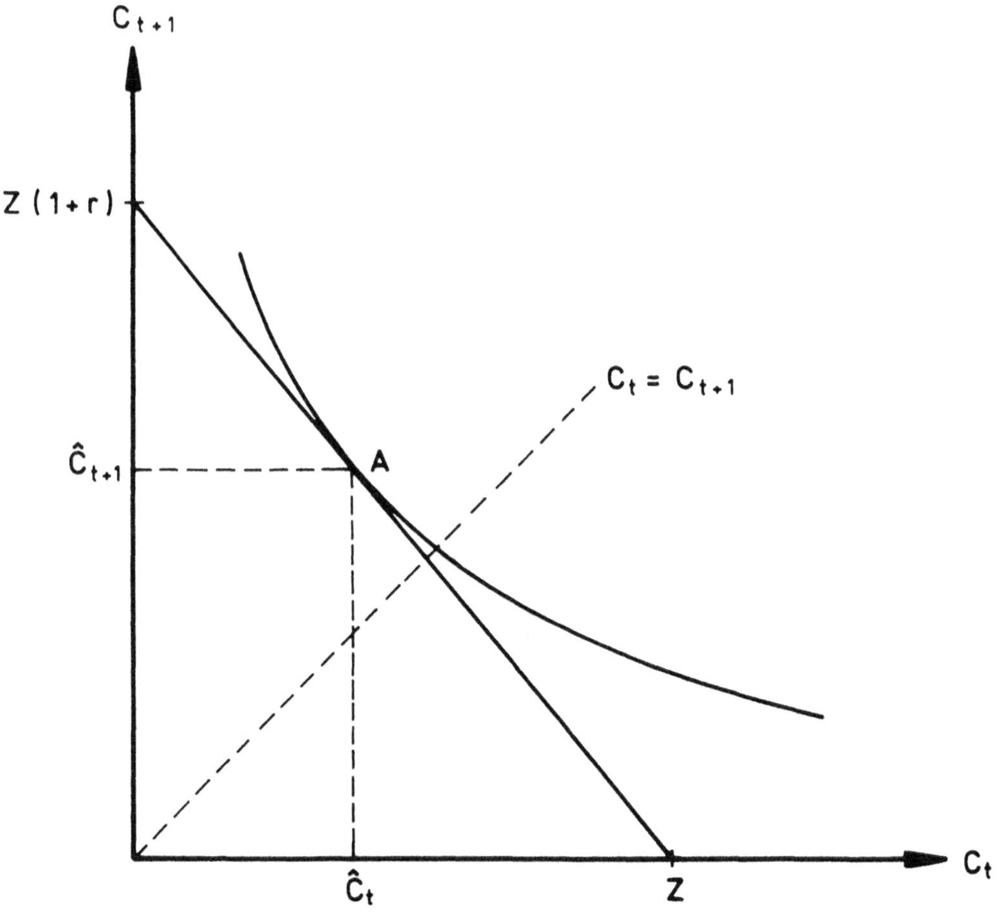

realen Arbeitseinkommen der beiden Perioden nw_t und nw_{t+1}, sein Vermögen an Wertpapieren b_{t-1} zu Beginn der Periode t und der zu erreichende Bestand am Ende der Periode t+1. Wir können uns vorstellen, daß diese Werte so gesetzt werden, wie sie sich in der nutzenmaximierenden Akkumulationsdynamik auch ergeben hätten. Wenn wir dann die nutzenmaximierenden Werte für c_t und c_{t+1} (und damit auch für b_t) bestimmen, dann betrachten wir einen Ausschnitt aus einer Gesamtoptimierung, allerdings einen Ausschnitt, der das Muster der Gesamtentwicklung deutlich werden läßt.[8]

Die Budgetrestriktion der Haushalte für den Zwei-Perioden-Zeitraum lautet unter diesen Annahmen:

$$nw_t + nw_{t+1}/(1+r) + b_{t-1}(1+r) = c_t + c_{t+1}/(1+r) + b_{t+1}/(1+r) \tag{1.68}$$

oder umgeformt:

$$c_t + c_{t+1}/(1+r) = nw_t + nw_{t+1}/(1+r) + b_{t-1}(1+r) - b_{t+1}/(1+r) = z \tag{1.69}$$

Die rechte Seite, bezeichnet mit z, ist exogen und gibt den Gegenwartswert des Konsumbudgets für beide Perioden an. Der Haushalt maximiert in dieser Ausschnittsbetrachtung die Nutzenfunktion:

$$U' = u(c_t) + u(c_{t+1})/(1+\sigma) \tag{1.70}$$

Die Abbildung 4 zeigt die graphische Lösung des Optimierungsproblems. Aus der Nutzenfunktion ist leicht zu erkennen, daß die Indifferenzkurven in den Punkten $c_t=c_{t+1}$ eine Steigung von $-(1+\sigma)$ aufweisen. Die Steigung der Budgetrestriktion beträgt $-(1+r)$. Der Haushalt realisiert den Punkt A, in dem die Grenzrate der Substitution zwischen dem Konsum in der Periode t und dem Konsum in der Periode t+1 gleich ist der Grenzrate der Transformation. Anders ausgedrückt: Im Punkt A ist der Realzins gleich der Zeitpräferenzrate im Konsum. Da der Realzins größer ist als die Zeitpräferenzrate im Nutzen, folgt, daß c_t kleiner ist als c_{t+1}. Daraus ist

---

8) vgl. Barro (1987), S.73ff.

noch nicht unmittelbar zu erkennen, daß in der Periode t überhaupt gespart wird, also c_t nicht größer als y_t ist. Die folgende Überlegung zeigt dies jedoch: Zunächst kann c_t nicht größer als y_t sein, denn der Sachkapitalbestand ist nicht konsumierbar. Wenn c_t gleich y_t ist, dann bleibt der Sachkapitalbestand unverändert und y_{t+1} ist gleich y_t. Dann wäre aber c_{t+1} größer als y_{t+1}, was wieder unmöglich ist. Auch bei einem nicht geronnenen Sachkapitalbestand (in der Abbildung 4 wird diese Annahme ja auch nicht gemacht) kann, wenn man die Gesamtentwicklung im Auge behält, mit einer ganz ähnlichen Beweisidee gezeigt werden, daß c_t kleiner als y_t sein muß. Wenn c_t nicht kleiner als y_t ist, dann wird es in den nachfolgenden Perioden zu einem sich beschleunigenden Verzehr des Sachkapitalbestandes (bei steigenden Realzinsen) kommen. Diese Entwicklung muß spätestens abbrechen, wenn der Sachkapitalbestand aufgebraucht ist. Sie steht also im Widerspruch zur Ressourcenrestriktion der Ökonomie.[9]

Diese Darstellung deutet schon an, wie die Akkumulationsdynamik zu beschreiben ist. Wenn das Grenzprodukt des Kapitals und damit der Realzins auf die Wertpapiere größer ist als die Zeitpräferenzrate im Nutzen, dann sparen die Haushalte und planen eine Bestandserhöhung an Wertpapieren. Die Unternehmen sind bei sinkendem Realzins bereit, ihren Sachkapitalbestand zu erhöhen und zusätzliche Wertpapiere zu emittieren. Diese Akkumulationsdynamik setzt sich fort, bis das stationäre Gleichgewicht erreicht ist. Allerdings sinken während der Anpassung von Periode zu Periode die Sparquoten und die Wachstumsraten des Kapitalstocks und des Realeinkommens. Für die temporären Gleichgewichte während der Anpassung gilt, daß die Grenzproduktivität des Kapitals gleich ist dem Realzins und gleich ist der Zeitpräferenzrate im Konsum. Im stationären Gleichgewicht stimmen diese Größen dann auch noch überein mit der Zeitpräferenzrate im Nutzen. In der Abbildung 5 zeigen die oberen fünf Zeitprofile die Entwicklungen für den Realzins, den Reallohn, den Kapitalstock, die Sparquote und das Realeinkommen.

---

9) Diese Beweisidee verdanke ich Sabine Toussaint.

Exkurs: die totalanalytische Lösung des Optimierungsproblems

Einen sehr einfachen Ansatz für die Gesamtoptimierung erhält man, wenn man das Akkumulationsproblem für eine Robinson-Crusoe-Ökonomie betrachtet. Dies ist mit unserem Akkumulationsproblem vollkommen äquivalent, denn bei linear homogener Produktionsfunktion können wir die Unternehmen (ohne reale Auswirkungen) beliebig stückeln und deshalb jedem Haushalt gerade ein Unternehmen zuordnen - und dann überhaupt die Trennung von Haushalten und Unternehmen wieder aufheben. Wir betrachten dann eine Vielzahl von identischen Robinson-Crusoe-Ökonomien, die alle vor dem gleichen Akkumulationsproblem stehen: entweder heute konsumieren oder den Sachkapitalbestand erhöhen und dafür morgen mehr konsumieren.[10]

Der Zeitpunkt der Planung ist t=0, der Anfang der Periode 1; der Planungshorizont ist unendlich. Die Zielfunktion für jede Robinson Crusoe-Ökonomie lautet:

$$U = u(c_1) + u(c_2)/(1+\sigma) + u(c_3)/(1+\sigma)^2 + \ldots$$

Die Nebenbedingungen sind die Ressourcenrestriktionen in den Perioden 1,2,3,..., denen jede Robinson Crusoe-Ökonomie unterliegt:

$$y_1 = f(k_0) = c_1 + k_1 - k_0$$

$$y_2 = f(k_1) = c_2 + k_2 - k_1$$

$$y_3 = f(k_2) = c_3 + k_3 - k_2$$

...

Eingesetzt in die Zielfunktion:

$$U = u\,(f(k_0)+k_0-k_1) + u\,(f(k_1)+k_1-k_2)\,/(1+\sigma) + u\,(f(k_2)+k_2-k_3)\,/(1+\sigma)^2 + \ldots$$

10) Den entscheidenden Hinweis, die intertemporale Nutzenfunktion direkt unter der Nebenbedingung der Ressourcenrestriktion zu maximieren, verdanke ich ebenfalls Sabine Toussaint.

Bei exogen gegebenem k_0 ist die Folge k_1, k_2, ... zu bestimmen, die U maximiert. Die notwendigen Bedingungen, die man erhält, wenn man die Ableitungen dU/dk_1, dU/dk_2, ... gleich null setzt, haben alle die gleiche Gestalt.

$$(1+\sigma)\ du/dc_t = (1+f'(k_t))\ du/dc_{t+1} \qquad t=1,2,3,...$$

Dies ist genau die Akkumulationsregel der heuristischen Zwei-Perioden-Betrachtung: Wenn das Grenzprodukt des Kapitals bzw. der Realzins größer ist als die Zeitpräferenzrate im Nutzen, dann muß du/dc_t größer sein als du/dc_{t+1} und, da die Abhängigkeit des Periodennutzens vom Periodeneinkommen zeitinvariant ist und der Grenzperiodennutzen mit steigendem Periodenkonsum abnimmt, muß c_t kleiner sein als c_{t+1}. Wie schon ausgeführt erfordert die Ressourcenrestriktion der Ökonomie dann auch, daß c_t kleiner ist als y_t. Sonst wäre die Regel für alle folgenden Perioden gar nicht durchzuhalten.

<u>Ende des Exkurses</u>

Wir haben den Zeitpfad des Realzinses (und damit jede momentane Realisation) erklärt aus einer gleichgewichtigen Akkumulationsdynamik. Diese Erklärung ist offenbar in vollkommener Übereinstimmung mit der "flow-of-funds"-Sichtweise, daß der Realzins in einer Ökonomie determiniert wird durch ein Stromgleichgewicht auf dem Wertpapiermarkt. Nun hat die finanzmarkttheoretische Sichtweise der Liquiditätspräferenztheorie bisher noch gar keine Erklärungsmöglichkeit gehabt, denn bisher stellte sich in einer Welt mit nur einem Finanzaktivum, dem Wertpapier, überhaupt noch keine Portfolioentscheidung. Dies ändert sich, wenn wir jetzt Geld in die Modellwelt einführen.

Geld wird nun am einfachsten in der Weise eingeführt, daß die Zentralbank in Kenntnis der realen Geldnachfragefunktion der Wirtschaftssubjekte (die wie üblich positiv vom Realeinkommen und negativ vom Zins abhängen soll) genau den Zeitpfad für die nominale Geldmenge wählt, der das Güterpreisniveau, das auf eins normiert wird, konstant hält. Wenn die Marktteilnehmer dies auch erwarten, ist der Nominalzins auch der Realzins. Man erhält so die beiden letzten Zeitprofile für das Preisniveau und die nominale Geldmenge in der Abbildung 5. Die nominale Geldmenge muß aus zwei Gründen steigen: erstens weil das Realeinkommen im Zeitablauf steigt, und zweitens weil der Zinssatz fällt. Damit beschreibt die Abbildung 5 eine gleichgewichtige Akkumulationsdynamik einer Volkswirtschaft mit einem Geld-, Güter-, Arbeits- und Wertpapiermarkt. Exogen sind für den Gesamtpfad der endogenen Variablen der Zeitpfad der nominalen Geldmengenentwicklung, die konstante Zahl der Arbeitskräfte und die vorgegebene Arbeitszeit, der Anfangsbestand an Sachkapital und die Zeitpräferenzrate im Nutzen.

Das temporäre Gleichgewicht für eine Periode während der Anpassung kann dann in der vertrauten allgemeinen Formulierung der makroökonomischen Modelle durch die folgenden Gleichungen beschrieben werden:

$$Y = F(K_{t-1}, N) \qquad (1.71)$$

$$N = N^d(w^n/p) \qquad (1.72)$$

$$S(r,Y) = I(r) = K_t^d(r) - K_{t-1} \qquad (1.73)$$

$$M/p = L(Y,r) \qquad (1.74)$$

Für das stationäre Gleichgewicht gelten die folgenden Gleichungen:

$$\bar{Y} = F(\bar{K}, N) \qquad (1.75)$$

$$\bar{K} = K^d(\sigma) \qquad (1.76)$$

$$S(\bar{Y}, \sigma) = 0 \qquad (1.77)$$

Diese Gleichungen sind nicht das Modell, sie sind nur mit dem Modell vereinbar. Wer nur die Gleichungen kennt, kann die beschriebene Modellwelt nicht reproduzieren. Und die Klärung einer Fragestellung in einem Modell ist im Kern eine Vorstellungsleistung in einer ökonomischen Modellwelt und keine mathematische Betriebsamkeit.

Abbildung 5:

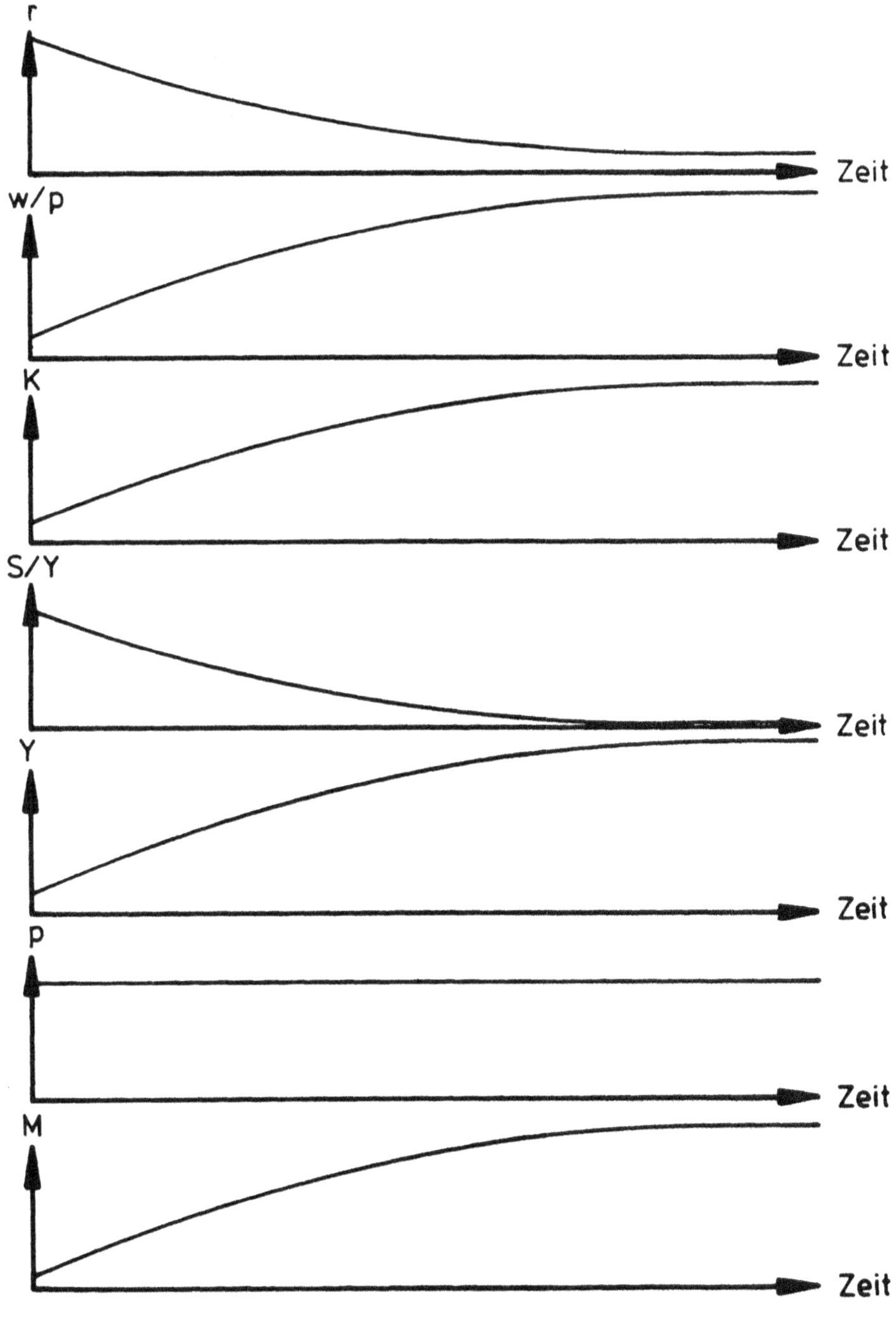

Das Modell wurde so entwickelt, daß zunächst der Realzins bestimmt wurde aus der realen Akkumulationsbetrachtung und dann einfach der Geldmarkt angehängt wurde, auf dem das Güterpreisniveau bestimmt wird. Dieser Vorgehensweise entspricht die rekursive Struktur in den Modellgleichungen. Der Zins kann ohne Kenntnis des Geldmarktes bestimmt werden, und bei vorherbestimmten Werten für den Zins und das Realeinkommen bestimmt die Gleichgewichtsbedingung für den Geldmarkt das Preisniveau.

Zu jedem Zeitpunkt stellen sich jetzt eine Akkumulationsentscheidung und eine Allokationsentscheidung für das Vermögen. In der Zeitraumbetrachtung des makroökonomischen Modells werden beide Entscheidungen modelliert - wenn auch in trivialer Weise. Dagegen wird in der finanzmarkttheoretischen Zeitpunktbetrachtung nur die momentane Vermögensallokationsentscheidung (die sich nur für die Haushalte stellt) betrachtet. Sie kann durch die folgenden Gleichungen beschrieben werden:

$$M/p = L(i,Y) \tag{1.78}$$

$$B/p = b(i,Y,W/p) = W/p - L(i,Y) \tag{1.79}$$

$$W/p = B/p + M/p \tag{1.80}$$

Wir können jetzt die beiden Sichtweisen gegenüberstellen und dabei die folgenden Fragen klären. Wird der Zins in einer Ökonomie durch die aggregierte Akkumulationsentscheidung oder durch die Vermögensallokationsentscheidung der Wirtschaftssubjekte determiniert? Unter welchen Annahmen liefert die reine Finanzmarktbetrachtung der Liquiditätspräferenztheorie einen Beitrag zur Erklärung des Zinses, und wie ist dieser Erklärungsbeitrag einzuordnen? Die prinzipielle Einsicht, die wir erhalten, gilt dann auch in gleicher Weise für die finanzmarkttheoretische Bestimmung des Wechselkurses.

Aus den Gleichungen (1.78) - (1.80) können genau zwei endogene Variablen bestimmt werden, wobei das Nominalvermögen W in jedem Fall eine endogene Variable ist. Wenn nun sowohl der Zins als auch das

Preisniveau als vollkommen flexibel und als zu bestimmende Variablen aufgefaßt werden, dann ist die reine Vermögensallokationsentscheidung indeterminiert. Es gilt analog zu der Forderung von Branson im obigen Zitat, daß zur Bestimmung der endogenen Variablen auch die Gleichgewichtsbedingung für den Gütermarkt erforderlich ist[11]. Unsere gesamte vorhergehende Argumentation zeigt aber noch mehr: Wenn der Güterpreis und der Nominallohn vollkommen flexibel sind und die gesamte Modellökonomie sich während des gesamten Zeitpfads im walrasianischen Gleichgewicht befindet, also durchgehend die Gleichungen (1.71) - (1.74) erfüllt sind, dann wird der Realzins allein durch die Akkumulationsdynamik bestimmt und ist für jede momentane Finanzmarktbetrachtung als eine vorherbestimmte Variable aufzufassen. Die Anpassung des Güterpreisniveaus sorgt für das ständige Portfoliogleichgewicht. Wenn wir das Finanzmarktgleichgewicht gerade in dem Moment betrachten, in dem vollkommen unerwartet und einmalig die nominale Geldmenge um x% erhöht wird, und danach die Geldmenge wieder mit der Wachstumsrate der realen Geldnachfrage wächst, dann gibt es genau in dem Zeitpunkt einen Sprung im Preisniveau um x%. Der Realzins und der Nominalzins bleiben unverändert. Ein Liquiditätseffekt kann gar nicht erst eintreten, weil das Preisniveau sich sofort anpaßt. Die reale Geldmenge bleibt unverändert[12].

Dies ändert sich allerdings, wenn wir annehmen, daß der Güterpreis eben nicht ausreichend flexibel, sondern kurzfristig starr ist. Dann stellt sich nach einer Geldmengenerhöhung nicht sofort das

---

11) Daß die Gleichgewichtsbedingung für den Arbeitsmarkt nicht betrachtet werden muß, gilt nur unter der vereinfachenden Annahme, daß Güter- und Arbeitsmarkt nicht interdependent sind und man das Gleichgewicht auf dem Arbeitsmarkt vorab bestimmen kann.
12) Anders sieht es etwa aus, wenn die Zentralbank (ohne sprunghafte Niveauvariation) eine Änderung ihres geldpolitischen Kurses bekanntgibt, die für die Zukunft eine Inflationsrate von x% impliziert, die von den Wirtschaftssubjekten auch geglaubt wird. Sofort steigt sprunghaft der Nominalzins um die erwartete Inflationsrate, und sofort steigt das Preisniveau, weil die Wirtschaftssubjekte wegen der gestiegenen Kosten der Geldhaltung ihre Realkasse verringern möchten. In der Geldnachfrage muß jetzt, wenn wir eine Inflationsrate zulassen, natürlich der Nominalzins als Argument erscheinen. In diesem Sinne hat der Kurs der Geldpolitik natürlich einen Einfluß auf den Nominalzins über die erwartete Inflationsrate, aber bei flexiblen Güterpreisen nicht auf den Realzins.

walrasianische Gleichgewicht ein, die Gleichungen (1.71) - (1.74) gelten nicht. Aber es stellt sich ein neues Portfoliogleichgewicht ein, denn an der Reagibilität der Finanzmärkte besteht kein Zweifel. Es gelten also nur die Gleichungen (1.78) - (1.80) und in dieser Vermögensallokationsbetrachtung ist jetzt für das momentane Gleichgewicht nach der Geldmengenerhöhung das Güterpreisniveau bzw. die reale Geldmenge vorgegeben. Man kann also jetzt in einem formalen Sinn davon sprechen, daß der Zins zur endogenen Variablen der momentanen Vermögensallokationsentscheidung wird. Aber man darf dabei natürlich nicht vergessen, daß in dieser formalen Darstellung die Gleichungen die ökonomische Problemlage in ihrer Gesamteinbettung nur unvollständig beschreiben. Gleichungen müssen immer interpretiert werden vor dem Hintergrund einer ökonomischen Vorstellung. Und es ist nun irreführend zu glauben, daß der Zins in einem umfassenden Sinn durch die momentane Vermögensallokationsentscheidung determiniert wird. Gemeint ist doch etwas völlig anderes: Wenn die Güterpreise kurzfristig starr sind, dann ist kurzfristig ein Liquiditätseffekt einer Geldmengenerhöhung möglich, der zu einer temporären Senkung des Zinses führt. Eine Variation der Geldmenge hat kurzfristig auch reale Auswirkungen, es kommt zu einer Abweichung des Marktzinses vom natürlichen Zins. Beschrieben wird eine Abweichungsdynamik um das walrasianische Gleichgewicht, die durch mangelnde Flexibilität der Güterpreise verursacht wird, und der Erklärungsbeitrag der Liquiditätspräferenztheorie beschränkt sich auf diese Abweichung.

Der natürliche Zins behält auch bei starren Güterpreisen zu jedem Zeitpunkt seinen Einfluß auf den Marktzins. Dies zeigt die folgende Analyse der Dynamik nach einem realen Schock. Das denkbar einfachste Beispiel für einen realen Schock ist eine plötzliche Erhöhung der Zeitpräferenzrate im Nutzen (aus welchen Gründen auch immer). Wir gehen wieder davon aus, daß die Ökonomie sich schon in der Ausgangssituation im stationären Gleichgewicht befindet. Die Entwicklung ist besonders einfach zu beschreiben unter der gewählten Annahme, daß der Sachkapitalbestand geronnen ist und nicht abnutzt. Dann wird die Modellökonomie aus dem Zustand der Überkapitalisierung nicht herauskommen können, und das Realeinkommen wird sich während der Anpassung nicht ändern.

Bei vollkommen flexiblen Güterpreisen wird die Rendite auf die Wertpapiere sprunghaft steigen auf das neue Niveau der Zeitpräferenzrate im Nutzen. Der Kurs der Wertpapiere, die ein Anrecht auf die in der Zukunft unverändert anfallenden Grenzprodukte des Kapitals verbriefen, wird, ausgedrückt in Gütern, entsprechend sinken. Der Renditeanstieg bewirkt dann weiter, daß die Wirtschaftssubjekte eine niedrigere Realkasse planen, was zu einem sofortigen Anstieg des Preisniveaus führt[13]. Die Modellökonomie springt bei flexiblen Güterpreisen von einem walrasianischen und stationären Gleichgewicht zum anderen, und wir können wieder rekursiv die Veränderung des Zinssatzes und des Preisniveaus bestimmen. Dies ändert sich, wenn wir jetzt von kurzfristig starren Güterpreisen ausgehen. Es bleibt bei der Tendenz zum Zinsanstieg, aber in dem Maße, in dem der Zins steigt und die Güterpreise unverändert bleiben, entsteht ein Liquiditätseffekt von der Nachfrageseite, der die sofortige Angleichung des Zinssatzes an die Zeitpräferenzrate im Nutzen verhindert. Erst im Zeitablauf steigen der Zins und das Preisniveau auf ihre neuen walrasianischen Gleichgewichtswerte.

In der Abbildung 6 sind die Zeitprofile für das Güterpreisniveau und den Zins nach dem monetären und dem realen Schock bei flexiblen und bei starren Güterpreisen noch einmal zusammengestellt. Bei diesen einfachen Verlaufsanalysen geht es um die Verdeutlichung einer prinzipiellen Einsicht, die unabhängig ist von den stark vereinfachenden Annahmen. Der Zins in einer Ökonomie wird grundsätzlich, d.h. einmal abgesehen von der Abweichungsdynamik, durch die Akkumulationsentscheidung und nicht durch die Vermögensallokationsentscheidung der Wirtschaftssubjekte determiniert. Die "flow-of-funds"-Sichtweise vermittelt die im Kern treffende und die finanzmarkttheoretische Sichtweise der Liquiditätspräferenztheorie die unzutreffende Anschauung. Auch wenn das Preisniveau für den Moment der Betrachtung starr ist, bedeutet dies noch nicht, wie das zweite Beispiel des realen Schocks gezeigt hat, daß eine Zinsänderung nur finanzmarkttheoretisch erklärt werden kann. Der originäre finanzmarkttheoretische Erklärungsbeitrag beschränkt

13) Deshalb ist eine eindeutige Aussage über die Entwicklung des nominalen Kurses des Wertpapiers nicht möglich.

<u>Abbildung 6:</u> Zeitpfade für den Nominalzins und das Preisniveau
(———— bei sofortiger Preisanpassung)
(- - - - bei langsamer Preisanpassung)

a) nach einem monetären Schock

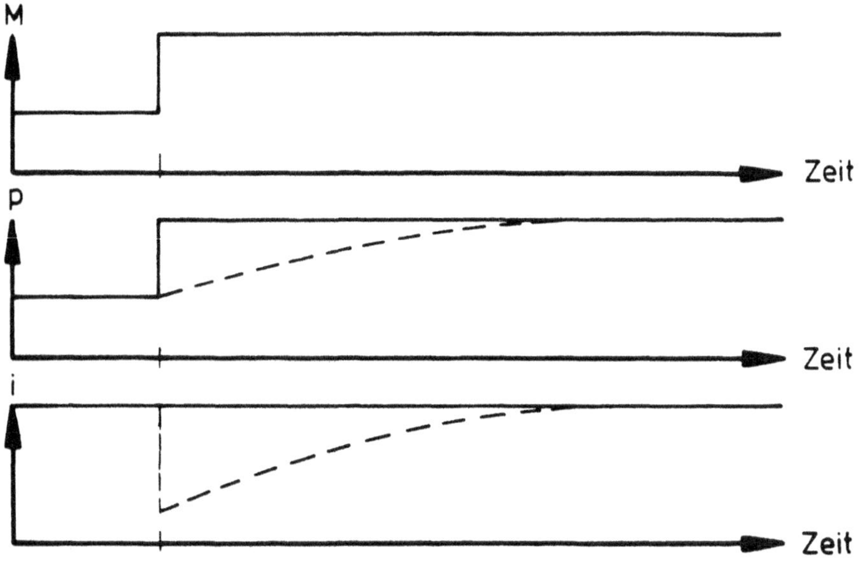

b) nach einem realen Schock

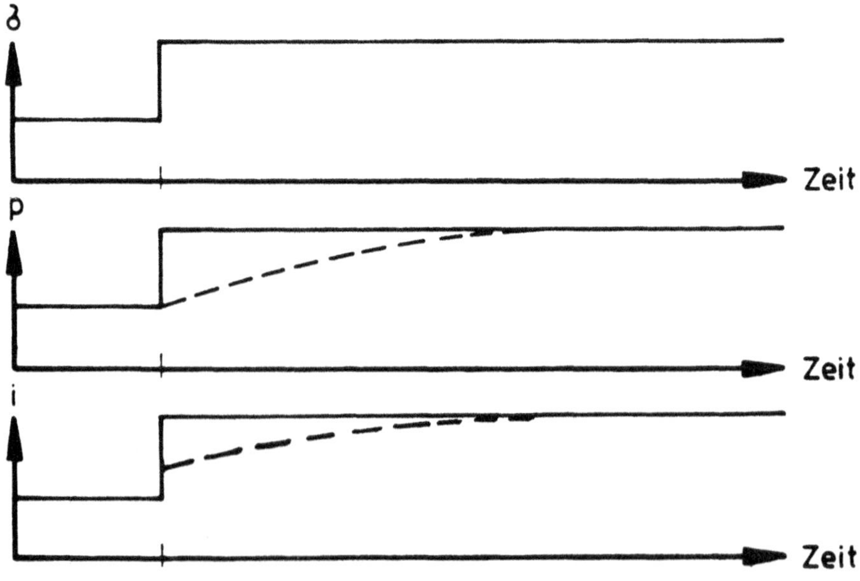

sich auf die Abweichung des tatsächlichen Marktzinses vom fiktiven natürlichen Zins im walrasianischen Gleichgewicht.

Wir haben bis jetzt eine Modellökonomie betrachtet, in der es nur zwei verschiedene Finanzaktiva, Geld und ein Wertpapier, gibt. Das Problem der Vermögensaufteilung stellt sich für die Haushalte nur in trivialer Form. Zunächst wird die aus dem Transaktionsmotiv nachgefragte Geldmenge bestimmt, und der Rest des Vermögens wird in einem zinstragenden Wertpapier angelegt. Von optimaler Portfolioaufteilung angesichts von Unsicherheit, formalisiert etwa durch die Maximierung einer Risikopräferenzfunktion, ist noch gar nicht die Rede. Diese Problematik entsteht erst dann, wenn zur Vermögensaufteilung mehrere Anlagealternativen zur Auswahl stehen, deren Erträge unsicher sind. Dann stellt sich die Aufgabe, ein Portfolio so zusammenzustellen, daß die nutzenmaximierende Kombination von erwartetem Ertrag und Risiko realisiert wird. Wenn nun alle Vermögensverwalter in einer Ökonomie gemäß dieser Regel Finanzaktiva nachfragen, stellt sich naturgemäß die Frage nach der Marktlösung: Bei welchen Kursen bzw. Ertragsraten der Finanzaktiva werden die ausstehenden Bestände angesichts gegebener Varianzen und Kovarianzen auch nachgefragt, herrscht also das Bestandsgleichgewicht auf den Finanzmärkten. Werden dann also doch die erwarteten Ertragsraten der Finanzaktiva durch die Vermögensallokationsentscheidung der Wirtschaftssubjekte determiniert? Das "Capital Asset Pricing"-Modell (CAPM) als Präsentation der Marktlösung beantwortet diese Frage.[14] Es werden wieder nicht in einem umfassenden Sinn die erwarteten Ertragsraten bestimmt, sondern nur die Risikoprämien auf die Wertpapiere. Die erwartete Ertragsrate für ein risikobehaftetes Wertpapier kann in zwei Komponenten zerlegt werden: die Ertragsrate für das reine Warten (the pure rate of interest representing the "price of waiting")[15] und die Risikoprämie als Preis für die Inkaufnahme von Risiko. In der üblichen Modellspezifikation gibt es ein risikofreies Wertpapier, dessen Ertragsrate dann übereinstimmt mit dem Preis für das Warten. Diese

---

14) Die Marktlösung gelang erst in der Mitte der sechziger Jahre. Genannt werden in diesem Zusammenhang immer die Arbeiten von Sharpe (1964), Lintner (1965) und Mossin (1966).
15) vgl. unten das Zitat aus Mossin (1966).

Ertragsrate ist für das CAPM eine exogen vorgegebene Größe; bestimmt werden dann die Abweichungen der Ertragsraten auf die risikobehafteten Wertpapiere von dieser vorgegebenen risikofreien Ertragsrate, die als Risikoprämien zu interpretieren sind[16]. Besonders klar wird dies von Mossin ausgedrückt[17]

> "The natural definition of the pure rate of interest is the rate of return on a riskless asset. In general, we may think of the rate of return of any asset as separated into two parts: the pure rate of interest representing the "price for waiting", and a remainder, a risk margin, representing the "price of risk". When we set the future yield of the riskless asset at 1 and decided to fix its current price at q, we thereby implicitly fixed the pure rate of interest. And to say that the market determines only relative asset prices is seen to be equivalent to saying that the pure rate of interest is not determined in the market for risky assets. Alternatively, we may say that the asset market determines only the risk margins."

Betrachten wir ein Beispiel. In einer Ökonomie gibt es ein Wertpapier, das einen risikofreien Ertrag i_f verspricht. Daneben gibt es noch ein Geld und zwei risikobehaftete Wertpapiere. Für die reine Wertaufbewahrung wird Geld immer durch das risikolose Wertpapier dominiert, Geld wird also nur aus dem Transaktionsmotiv nachgefragt[18]. Das Bestandsgleichgewicht auf den Finanzmärkten wird dann durch die folgenden Gleichgewichtsbedingungen angegeben:

$$M/p = L(i_f, Y) \qquad (1.81)$$

$$B_0 = b_0(i_f, i_1, i_2)(W - pL(i_f, Y)) \qquad (1.82)$$

$$B_1 = b_1(i_f, i_1, i_2)(W - pL(i_f, Y)) \qquad (1.83)$$

$$B_2 = b_2(i_f, i_1, i_2)(W - pL(i_f, Y)) \qquad (1.84)$$

---

16) Dabei bemißt sich das Risiko, das einem Wertpapier im Marktgleichgewicht zugeordnet wird, danach, wie sich das Risiko des Gesamtportefeuilles im Gleichgewicht ändert, wenn marginal der Anteil des betreffenden Wertpapiers variiert.

17) Mossin (1966), S.774.

18) Wenn es kurzfristige risikolose Anlageformen gibt, ist eine Geldnachfrage zum Zweck der reinen Wertaufbewahrung nicht mehr einzusehen. Überzeugend begründet wird dies von H.W.Sinn (1983), S.499. Vgl. auch Ando und Shell (1975).

$$W = M + B_0 + B_1 + B_2 \qquad (1.85)$$

Vorgegeben ist die Ertragsrate für das risikofreie Wertpapier, endogen bestimmt werden die Variablen W, p, i_1, i_2 (bzw. die Risikoprämien i_1-i_f und i_2-i_f).

Schwerer zu interpretieren wird es, wenn es nur risikobehaftete Wertpapiere gibt, wenn in unserem Beispiel das Wertpapier B_0 wegfällt. Dies ist die Spezifikation in den Finanzmarktansätzen. Eine Vermögensabhängigkeit der Geldnachfrage kann dann eigentlich nicht mehr mit dem Argument abgewiesen werden, die Geldnachfrage zum Zwecke der Wertaufbewahrung werde eindeutig durch eine Wertpapieranlage dominiert. Die Gleichgewichtsbedingungen für die Finanzmärkte könnten dann folgendermaßen aussehen:

$$M = pL_T(i_1,i_2,Y) + l_W(i_1,i_2)(W-pL_T(...)) \qquad (1.86)$$

$$B_1 = b_1(i_1,i_2)(W-pL_T(...)) \qquad (1.87)$$

$$B_2 = b_2(i_1,i_2)(W-pL_T(...)) \qquad (1.88)$$

$$W = M + B_1 + B_2 \qquad (1.89)$$

Wegen der Budgetrestriktion muß für die Vermögensanteile gelten:

$$b_1 + b_2 + l_W = 1 \qquad (1.90)$$

$$db_1/di_1 + db_2/di_1 + dl_W/di_1 = 0 \qquad (1.91)$$

$$db_2/di_2 + db_2/di_2 + dl_W/di_2 = 0 \qquad (1.92)$$

Anders als im vorigen Beispiel kann jetzt nicht einfach eine der Ertragsraten mit dem Preis für das Warten identifiziert und für die Vermögensallokationsbetrachtung als exogen angenommen werden. Es ist offenbar auch unbefriedigend, eine der beiden Ertragsraten einfach als exogen anzunehmen. Will man die Variablen p, W, i_1, und i_2 bestimmen, ist die Zeitpunktbetrachtung der Vermögensallokationsentscheidung indeterminiert. Dieses Problem tritt nicht auf in der Zeitraumbetrachtung eines makroökonomischen Modells, das sowohl eine Akkumulationsentscheidung wie auch eine Aufteilungsentscheidung für das Vermögen abbildet. Ein derartiges Modell kann durch die folgenden Gleichungen skizziert werden.

$$Y - C(Y,i_1,i_2) = S(Y,i_1,i_2) = I1(i_1) + I2(i_2) \tag{1.93}$$

$$B_1^d(..) - B_{1,-1} = \alpha(i_1,i_2)S(..) = I1(i_1) = B_1(..) - B_{1,-1} \tag{1.94}$$

$$B_2^d(..) - B_{2,-1} = (1-\alpha(..))S(..) = I2(i_2) = B_2(..) - B_{2,-1} \tag{1.95}$$

$$L^n(i_1,i_2,Y,p) - M_{-1} = M - M_{-1} \tag{1.96}$$

$$W^d = W_{-1} + S = B_1^d + B_2^d + L^d \tag{1.97}$$

Wir nehmen der Einfachheit halber an, daß die Zentralbank die Geldmenge M genau so setzt, daß das Güterpreisniveau p unverändert den Wert 1 behält. Das erspart uns eine Reihe von Komplikationen, die die ganze Darstellung nur aufblähen würden. Formal bedeutet dies, daß nun M statt p die endogene Variable ist.

Es gibt zwei risikobehaftete Wertpapiere. Dies kann in eine gesamtwirtschaftliche Betrachtung so eingebaut werden, daß es zwei verschiedene Unternehmenssektoren gibt, die unterschiedliche Investitionsprojekte verfolgen, d.h. in unterschiedlicher Weise die Güter zu Sachkapitaleinheiten gerinnen lassen. Unsere gewählte Konstruktion der hundertprozentigen Finanzierung durch die Emission von Wertpapieren, die praktisch von Aktien nicht zu unterscheiden sind, überträgt das Risiko, das jedem Gerinnungsverfahren anhaftet, auf das zur Finanzierung dienende Wertpapier. Grob gesprochen, die Risiken der beiden Wertpapiere spiegeln die unternehmerischen Risiken in den beiden Sektoren wider.

Wie man sieht, stellt sich die ganze Determiniertheitsproblematik nicht mehr. Das Volkseinkommen ist über die Vollbeschäftigungsannahme und Produktionsfunktion vorherbestimmt. Aus den fünf Gleichungen, vier davon unabhängig, können die Variablen i_1, i_2, W und

M (jetzt anstelle von p) prinzipiell bestimmt werden. Dagegen können die Arbitragegleichungen, die die reine Vermögensallokationsentscheidung beschreiben, nur die Struktur der Ertragsraten oder die Risikoprämien, aber nicht die einzelnen Niveaus oder den allgemeinen Durchschnitt der Ertragsraten bestimmen. Es fehlt die Gütermarktgleichung oder der allgemeine "flow-of-funds"-Zusammenhang. Natürlich kann man es sich einfach machen und (bei wieder exogener Geldmenge) von einem festen vorgegebenen Preisniveau ausgehen. Dann können rein formal die Ertragsraten i_1, i_2 und das Vermögen W bestimmt werden. Man muß sich dabei allerdings über den eingeschränkten möglichen Erklärungsbeitrag einer solchen Analyse im klaren sein.

Diese Einschränkung gilt auch bei der Bestimmung des Wechselkurses aus einem Finanzmarktansatz. Betrachtet man den allgemeinen Finanzmarktansatz mit seinen vier Marktgleichgewichtsbedingungen, dann können neben den beiden Güterpreisen nicht auch noch die Ertragsraten und der Wechselkurs determiniert werden. Der originäre Erklärungsbeitrag dieser Gleichungen richtet sich noch am ehesten auf die beiden Güterpreisniveaus im In- und Ausland und auf die Renditedifferenz zwischen den beiden Wertpapieren in den beiden Währungen. Erst bei exogenen Güterpreisen können rein formal die Niveaus der beiden Ertragsraten und der Wechselkurs bestimmt werden. Aber wieder ist bei der Interpretation der Ergebnisse der eingeschränkte Erklärungsbeitrag zu beachten. Die reine Vermögensallokationsentscheidung bei gegebenen Beständen erklärt nicht in einem umfassenden Sinn den Wechselkurs und die Ertragsraten, sondern allenfalls die Abweichungen aufgrund mangelnder Flexibilität der Güterpreise von den Werten im walrasianischen Gleichgewicht. Man könnte etwas überspitzt sagen, der Finanzmarktansatz erklärt die Wechselkursdynamik, aber nicht den Wechselkurs.

2. Zur Erklärung des gleichgewichtigen nominalen und realen Wechselkurses im Rahmen makroökonomischer Modelle für offene Volkswirtschaften

2.1 Orientierung

Die Erklärung der Wechselkursentwicklung kann in zwei Schritte aufgeteilt werden: Die Erklärung des gleichgewichtigen Wechselkurses (real oder nominal) und die Erklärung der Abweichung der tatsächlich beobachteten Werte von den gleichgewichtigen. Dabei wird der Wechselkurs als gleichgewichtig bezeichnet, bei dem auf allen Märkten, auch den Strommärkten, ein Gleichgewicht herrscht. Wenn die Anpassungsgeschwindigkeit auf den Finanzmärkten als nahezu unendlich hoch angesehen wird, sich dagegen die Anpassung auf den Strommärkten nur allmählich im Zeitablauf vollzieht, dann kommt es nach einer exogenen Störung zu einer temporären Abweichung des tatsächlichen Wechselkurses vom gleichgewichtigen. Während der Abweichung herrscht dann nur ein Gleichgewicht auf den Finanzmärkten. Der gleichgewichtige Wechselkurs bildet, bildhaft ausgedrückt, das Gravitationszentrum, um das herum sich eine Wechselkursdynamik abspielt, die finanzmarkttheoretisch zu erklären ist.

Besonders deutlich wird dies in dem bekannten Modell von Dornbusch (1976), in dem die Wechselkursdynamik des Überschießens entwickelt wird. Der gleichgewichtige reale Wechselkurs und der Weltmarktzins sind exogen vorgegeben; das Thema des Modells ist die Wechselkursdynamik nach einem monetären Schock. Das Modell erklärt, wenn man es genau nimmt, nicht den Wechselkurs, sondern die Abweichung des momentanen Wechselkurses vom "Gravitationszentrum". Dabei wird angenommen, daß der gleichgewichtige reale Wechselkurs sich im Zeitablauf nicht ändert. Dies darf natürlich nicht so verstanden werden, daß in dem Modell von Dornbusch die Behauptung aufgestellt wird, der reale gleichgewichtige Wechselkurs sei eine Naturkonstante und könne sich nicht ändern. Es handelt sich nur um eine vereinfachende Annahme, die es gestattet, die eigentliche Fragestellung isoliert zu behandeln. Auch wenn das Modell das Phänomen der Volatilität des Wechselkurses nach monetären Schocks zutreffend erklärt, wird es nur dann eine Erklärung einer in der Realität beobachtbaren Entwicklung beanspruchen, wenn diese Entwicklung zumindest überwiegend durch die vom Modell behandelte Thematik verursacht wird. Für die empirische Überprüfung ist daher die Konstanz des gleichgewichtigen realen Wechselkurses für den Beobachtungszeitraum eine Randbedingung, die erfüllt ist oder eben auch nicht. Wenn nur monetäre Schocks auftreten, erscheint diese Annahme noch am ehesten gerechtfertigt. Bei realen Schocks ist dagegen zu erwarten, daß sowohl eine Finanzmarktdynamik als auch eine Veränderung des gleichgewichtigen realen Wechselkurse eintritt. Dann aber stellt sich die Aufgabe, die Veränderung des realen gleichgewichtigen Wechselkurses nach einem realen Schock zu erklären.

In diesem Kapitel soll versucht werden, einen Beitrag zu leisten zur Erklärung des gleichgewichtigen Wechselkurses. Es wird keine umfassende Erklärung angestrebt, sondern es wird nur die Frage untersucht, wie sich der gleichgewichtige Wechselkurs ändert, wenn in einem Land die Absorptionsnachfrage spürbar steigt. Dieser Anstieg kann verschiedene Gründe haben: Der Staat kann seine Ausgaben erhöhen oder die Steuern senken, die privaten Haushalte können - aus welchen Gründen auch immer - die gewünschte Sparquote vermindern oder das Land kann als Standort für Investitionen attraktiver werden. Um einen Grund zu benennen, gehen wir im folgenden davon aus, daß der Staat seine Ausgaben erhöht und die entstehenden Budgetdefizite durch Kreditaufnahmen am Kapitalmarkt finanziert. Aber wichtig ist nur, daß es in dem betreffenden Land zu einem Anstieg der Absorptionsnachfrage kommt.

Im Hintergrund steht als Beispiel die Entwicklung des US-Dollars in den achtziger Jahren. Die Vermutung ist, daß die erheblichen Schwankungen des realen Wechselkurses der amerikanischen Währung in den vergangenen Jahren auch Schwankungen des gleichgewichtigen realen Wechselkurse widerspiegeln. Sie sind nicht nur finanzmarkttheoretisch als Abweichungen von einem im Zeitablauf relativ stabilen gleichgewichtigen realen Wechselkurs zu erklären, sondern dieser gleichgewichtige reale Wechselkurs selbst unterlag erheblichen Schwankungen, die primär durch den Anstieg der US-amerikanischen Absorption in den achtziger Jahren zu erklären sind. Die folgende Analyse wird zeigen, daß für die Bestimmung der gleichgewichtigen Werte für den nominalen und realen Wechselkurs und für das Realtauschverhältnis der Interaktion von Wechselkurs und Handelsbilanz eine besondere Bedeutung zukommt. Die Fragestellung erfordert eine Totalanalyse, und das Thema dieser Analyse lautet: Welche Auswirkungen hat eine drastische Erhöhung der Absorptionsnachfrage in einem Land auf die gleichgewichtigen Werte für den ncminalen und realen Wechselkurs und das Realtauschverhältnis, und welche Interaktion gibt es zwischen diesen Werten und dem Saldo der Leistungsbilanz oder genauer: den Mengenreaktionen in der Leistungsbilanz.

Damit sind Fragen berührt, die seit jeher im Mittelpunkt der keynesianisch geprägten traditionellen monetären Außenwirtschaftstheorie stehen. Angesichts der als dramatisch empfundenen Budget- und Leistungsbilanzdefizite der USA und der Entwicklung des Dollarkurses in den achtziger Jahren sind immer wieder Deutungen der Gesamtentwicklung im Sinne der etablierten monetären Außenwirtschaftstheorie versucht worden. So war es jedenfalls bis 1987 die eindeutig herrschende Meinung, daß die hohen Leistungsbilanzdefizite der USA durch die Überbewertung des US-Dollars verursacht wurden. Besonders eindringlich und unzweideutig hat Feldstein diese Position vertreten, der im folgenden Zitat seine Einschätzung offenbar durch eine Argumentation im Sinne des Elastizitätsansatzes begründet.

> The primary reason for the deteriorating trade imbalance is the 70-percent rise of the dollar that occurred between 1980 and the spring of 1985. This unprecedented increase in the exchange value of the dollar dramatically increased the price of American products relative to foreign products, causing the volume of U.S. exports to decline while merchandise imports increased by nearly 50 percent.[1]

Auch bei Dornbusch findet man klare Aussagen in diese Richtung:

> At an aggregate level there is clear evidence that the real exchange rate has a definite and sizable effect on the trade balance. A 10 percent real appreciation deteriorates the

---

1) Feldstein (1987), S. 796.

> trade balance, measured as a fraction of GDP, by about 0.8 percent. The large dollar appreciation, in conjunction with the relatively more rapid U.S. expansion since 1982, thus readily explain the trade and current account deterioration.[2]

Entsprechend dieser Einschätzung sind dann auch klare Prognosen abgegeben worden, daß die Defizite in der Leistungsbilanz sich erheblich verringern werden, wenn der Dollar nur stark genug abwertet. So schreibt z.B. Williamson:

> A further decline in the dollar will thus be necessary to produce a sustainable current account. My own estimate is that the dollar must fall another 10 percent or so to reach what I term "fundamental equilibrium".[3]

Und noch einmal Feldstein:

> My emphasis on the declining dollar as the key factor that will improve the U.S. trade balance contrasts sharply with the comments of those in the Reagan Administration who have suggested that the trade problem could be solved without any further decline of the dollar if West Germany and Japan would only increase the pace of their economic activities.[4]

Die Argumentation von Branson ist etwas anders gelagert, weil er sowohl den Wechselkurs wie auch den Leistungsbilanzsaldo durch das Budgetdefizit verursacht sieht.[5] Die Argumentation ist für uns interessant, weil auch Branson das Konzept des gleichgewichtigen realen Wechselkurses benutzt und er einen Einfluß der Absorption auf den gleichgewichtigen realen Wechselkurs vermutet. Branson geht aus von der Identität (X= Leistungsbilanzüberschuß)

$$G - T = (S - I) - X \quad , \tag{2.1}$$

die man aus der Definitionsgleichung für das Volkseinkommen ableiten kann. Aufschlußreich ist dann die weitere Argumentation, bei der von einem gegebenen Volkseinkommen ausgegangen wird:

> According to standard macroeconomic theory, at a given level of national income, (S - I) depends positively on the real

---

2) Dornbusch (1986), S. 10.
3) Williamson (1986), S. 165.
4) Feldstein (1987), S. 804.
5) vgl. Branson (1986), S. 175ff.

> interest rate, r, and X depends positively on the real exchange rate, e (units of foreign exchange per dollar adjusted for relative price levels). So the endogenous adjustments that would increase (S-I) and reduce X are increases in r and e. Some combination of these changes would restore balance in equation 1, given an increase in G-T.[6]

Ein steigendes Budgetdefizit führt über den Zinsanstieg zu einer Erhöhung der privaten Ersparnis und zu einer Verringerung der Investitionen. Es verbleibt dann aber immer noch ein Anstieg der Absorptionsnachfrage der Inländer (wenn die Kapitalmärkte nicht vollkommen segmentiert sind), der zu einer Abnahme des Leistungsbilanzsaldos führt. Und diese Abnahme wird fraglos mit einer Aufwertung des Dollars verknüpft. Zusammengefaßt: Hohe Budgetdefizite führen zu hohen Leistungsbilanzdefiziten, die sich jedoch nur bei einer starken Aufwertung realisieren können. Es ist bemerkenswert, daß die Wechselkursabhängigkeit des Leistungsbilanzsaldos als eine ebenso unzweifelhafte Verhaltensannahme eingestuft wird wie die Zinsabhängigkeit der Ersparnis und der Investitionen. Die Entwicklung seit 1986 steht offenbar im scharfen Kontrast zu dieser angenommenen Wechselkursabhängigkeit des Handelsbilanzsaldos. Obwohl der US-Dollar stark abwertete, vermutlich stärker als erhofft und für notwendig befunden wurde, blieb der durchgreifende Anstieg des Leistungsbilanzsaldos aus. Im Gegenteil: In den Jahren 1986, 1987 und 1988 waren die Handels- und Leistungsbilanzdefizite der USA höher als in den Jahren 1982-1985. Vor dem Hintergrund der eingeschliffenen Vorstellung, daß eine Abwertung auf eine Verbesserung der Leistungsbilanz hinwirkt, muß diese Entwicklung als vollkommen rätselhaft erscheinen.[7]

Die folgende Analyse wird zeigen, daß diese Entwicklung und überhaupt das beobachtete Zusammenspiel der betrachteten makroökonomi-

---

6) Branson (1986), S. 181f.
7) Der US-Dollar erreichte seinen Gipfel im ersten Quartal 1985 und wertete dann bis ins Jahr 1987 ständig ab; gegenüber der DM oder der ECU verlor er ungefähr die Hälfte (real und nominal) seines Wertes. Die Handels- bzw. Leistungsbilanzdefizite (angegeben in Klammern) der USA betrugen von 1982 bis 1985 in Mrd. US-Dollar: 36.5 (8.6), 67.1 (46.3), 112.5 (107.1), 122.2 (115.2). Die Zahlen für die Jahre 1986-1988 lauten: 144.5 (138.8), 160.3 (152.5), 126.3 (134.7). (Quelle: International Financial Statistics, Yearbook 1989).

schen Variablen keineswegs rätselhaft sind. Der Ausgangspunkt ist ähnlich wie bei Branson: Bei weltweit integrierten Kapitalmärkten führt ein starker Anstieg des Budgetdefizits zu einem Leistungsbilanzdefizit des betreffenden Landes und in dieser Entwicklung verändern sich auch die gleichgewichtigen Werte (im obigen Sinne) für das Realtauschverhältnis und den nominalen und realen Wechselkurs. Aber für die Interaktion zwischen diesen Preisvariablen und den Mengenreaktionen in der Leistungsbilanz gilt, wie sich zeigen wird, genau das Gegenteil der eingeschliffenen Anschauung: In dem Maße, in dem nach einer Erhöhung der inländischen Absorptionsnachfrage sofort entsprechende Reaktionen in den importierten und exportierten Mengen auftreten, kommt es nicht zu Reaktionen in den genannten Preisvariablen. Wenn diese Mengenreaktionen nicht simultan zur Erhöhung der Absorptionsnachfrage auftreten, sondern erst verspätet einsetzen, dann tritt am Anfang die Preisreaktion ein, die sich dann im Zuge der einsetzenden Mengenreaktion wieder zurückbildet. Preisreaktionen und Mengenreaktionen verlaufen nicht parallel, sondern invers zueinander.

2.2 Zwei Vorüberlegungen in einer geschlossenen Volkswirtschaft

Im Kapitel 2 soll versucht werden, daß Zusammenspiel der drei makroökonomischen Variablen Budgetsaldo, Leistungsbilanzsaldo und realer Wechselkurs in einer einfachen makroökonomischen Modellwelt zu klären. Diese Modellwelt unterscheidet sich kaum vom Grundmodell der Einkommens- und Beschäftigungstheorie, das alle wichtigen ökonomischen Aktivitäten enthält, von denen auch bei der vorliegenden Fragestellung nicht abstrahiert werden kann. Unüblich ist nur die Berücksichtigung der Auswirkungen des Strukturwandels, der etwa durch den Struktureffekt einer Veränderung des Budgetdefizits auf die gesamtwirtschaftliche Nachfrage ausgelöst werden kann. Es kommt m.E. darauf an, das Modell so einfach wie möglich zu halten, dafür aber stets die kreislauftheoretische Geschlossenheit, die Beachtung aller sektoralen Budgetrestriktionen vor Augen zu haben. Denn es handelt sich zweifellos um eine gesamtwirtschaftliche Fragestellung, und es soll vermieden werden, diese in letztlich unzulässiger Weise partialanalytisch zu bearbeiten.[8]

Die Argumentation soll schrittweise entwickelt werden, weil das entscheidend zur Klarheit beiträgt. Aus diesem Grunde werden zwei umfangreiche Vorüberlegungen im Rahmen einer geschlossenen Volkswirtschaft angestellt, die dann bei der Behandlung der eigentlichen Fragestellung in der Zwei-Länder-Welt eine geordnete und einleuchtende Argumentation erleichtern. Dabei werden drei Ziele angestrebt:

1) Es soll verdeutlicht werden, wie wir uns später die beiden Modellökonomien der Zwei-Länder-Welt vorzustellen haben.
2) Es soll ausgeführt werden, welche Dynamik wir mit dem budgetinduzierten Strukturwandel meinen.
3) Insbesondere soll die weit verbreitete Vorstellung relativiert werden, daß eine Erhöhung der Staatsausgaben unmittelbar auch eine Erhöhung der gesamtwirtschaftlich nachgefragten Gütermenge bedeutet. Übertragen auf eine Zwei-Länder-Welt hieße dies nämlich, daß eine kreditfinanzierte Erhöhung der Staatsausgaben in einem Land sozusagen als ein Konjunkturprogramm für die ganze Welt anzusehen ist. Diese Vorstellung, die den Strukturaspekt völlig in den Hintergrund drängt, verbaut geradezu den Zugang zu einer m.E. weit treffenderen Sicht der Dinge.

Wir führen die Analyse aus unter klassisch-neoklassischen und unter keynesianischen Annahmen. In der Analyse unter keynesianischen Annahmen sind die Güterpreise und Nominallöhne starr; die Unternehmen sind auf dem Gütermarkt und die Haushalte auf dem Arbeitsmarkt wechselseitig rationiert. In der klassisch-neoklassischen Analyse sind die Preise des Modells vollkommen flexibel; sie stellen sich in jeder Periode so ein, daß die hypothetischen Wirt-

8) Obwohl die Begriffe partialanalytisch und totalanalytisch natürlich auch nicht so klar sind. Totalanalytisch ist das Modell auch nur in dem Sinn, daß alle sektoralen Budgetrestriktionen für die betrachtete Periode in der Argumentation beachtet werden. Aber in der Zeitdimension ist das Modell offen. Wir lösen das Modell nur für eine betrachtete Periode, obwohl Größen wie der Zins, die Investitionen und die Ersparnis auf spätere Perioden verweisen.

schaftspläne kompatibel sind. Der erste Grund für diese Zweigleisigkeit ist natürlich, daß wir damit die Entscheidung umgehen, ob die Umweltbedingungen eher eine keynesianische oder eine klassisch-neoklassische Analyse rechtfertigen. Der zweite und wichtigere Grund liegt aber darin, daß eine Reihe von zentralen Einsichten nicht etwa entscheidend von der Vollbeschäftigungsannahme abhängen, wie man es bei einer rein klassisch-neoklassischen Annahme leicht vermuten könnte.

2.2.1 Fiskalpolitik im einfachen Grundmodell: die erste Vorüberlegung

a) unter klassisch-neoklassischen Annahmen

Wir betrachten eine geschlossene Volkswirtschaft mit einem Arbeitsmarkt, einem Gütermarkt, einem Geldmarkt und einem Wertpapiermarkt. Die Gleichgewichtsbedingungen für die ersten drei Märkte lauten:

$$N^s = N^d\ (w/p) = N \tag{2.2}$$

$$Y\ (N,\ K_{-1}) = C\ (Y(N,K_{-1})-T,\ i) + G + I(i) \tag{2.3}$$

$$M/p = L(Y) \tag{2.4}$$

Die Gleichgewichtsbedingung für den Geldmarkt beschreibt ein "end-of-period" - Gleichgewicht. Die reale Geldmenge am Ende der Periode stimmt mit der von den Wirtschaftssubjekten zum Ende der Periode geplanten realen Geldhaltung überein. Aus den drei angegebenen Gleichgewichtsbedingungen folgt das "end-of-period" - Gleichgewicht auf dem Wertpapiermarkt, das auch als Stromgleichgewicht formuliert werden kann. Die von den Wertpapieremittenten für die Periode geplante Veränderung des Bestandes an ausstehenden Wertpapieren ist gleich der von den Wertpapierhaltern geplanten Bestandsänderung. Für diese Strombetrachtung des Wertpapiermarktes verwenden wir im folgenden synonym auch den Begriff Kapitalmarkt.

Bestimmt werden durch die Gleichungen die Preise des Modells: der Nominallohnsatz w , der Zinssatz i und der Güterpreis p.

Das an sich schon einfache Modell wird durch die Annahme eines exogenen Arbeitsangebots weiter vereinfacht. Die Ergebnisse der nachfolgenden Überlegungen, auf die es uns ankommt, hängen von dieser Annahme in keiner Weise ab, sie ist nur vereinfachend. Dies gilt letztlich auch für die Annahme, daß die reale Geldnachfrage L nur vom Realeinkommen abhängt und nicht vom Zins. Sie vereinfacht erheblich die Argumentation und Darstellung, denn sie erlaubt uns, den Güter- und Wertpapiermarkt des einfachen Grundmodells in nur einem Schaubild darzustellen. Aber für bestimmte Aspekte der Fragestellung, die zwar nicht im Vordergrund des Interesses stehen, von denen wir aber dennoch nicht abstrahieren können, ist diese Annahme von einschneidender Bedeutung. Ihre theoretische Konsequenz ist die Dichotomie zwischen dem realen und dem monetären Sektor der Ökonomie. Das konjunkturelle Problem, d.h. das Auseinanderfallen von gesamtwirtschaftlicher Nachfrage und gesamtwirtschaftlichem Angebot, hängt entscheidend an der Zinselastizität der Geldnachfrage. Wir behalten deshalb die Zinselastizität der Geldnachfrage im Auge und geben jeweils an, wie die Ergebnisse bei zinsabhängiger Geldnachfrage zu modifizieren sind.

Wir argumentieren in einem Modell, man könnte auch sagen in einer Spielzeugökonomie. Dazu ist es notwendig, daß man die Modellwelt kennt und sie sich vorstellen kann. Dafür reicht es nicht aus, nur die Gleichgewichtsbedingungen, die aggregierten Angebots- und Nachfrageplanungen, anzugeben. Vielmehr ist auch zu klären, welche Sektoren in der Ökonomie unterschieden werden und welches Verhalten man den Sektoren auf den Märkten unterstellt. Dies kann in übersichtlicher Weise so aussehen, daß eine Matrix aufgestellt wird, in der jedem Markt eine Zeile und jedem Sektor eine Spalte zugeordnet wird. In jedes Feld der Matrix ist dann die zugehörige sektorale Überschußnachfrage einzutragen. Diese Matrix könnte man um weitere Zeilen ergänzen, in der die Zahlungen zwischen den Sektoren, die nicht aus den realisierten Überschußnachfragen der betrachteten Periode herrühren (Steuern, Zinsen, ausgeschüttete Unternehmensgewinne) erfaßt werden. Für jede Zeile müssen sich die Eintragungen zu null addieren; für die Märkte ist dies die Gleichgewichtsannahme, für die ergänzten Zeilen ist es der tautologische Zusammenhang, daß die Auszahlungen des einen Sektors in den anderen Sektoren als Einzahlungen anfallen. Auch für jede Spalte muß gelten, daß die Eintragungen sich wegen der sektoralen Budgetrestriktionen zu null addieren.[9]

Diese Vorgehensweise mag den Nachteil haben, daß triviale Sachverhalte kurz angesprochen werden, aber sie hat den sicheren Vorteil, die Transparenz zu erhöhen. Sie erleichtert in der Gedankenführung die Beachtung der sektoralen Budgetrestriktionen und insbesondere wird offengelegt, welche Überschußnachfrage auf dem Wertpapiermarkt durch die spezifizierten Überschußnachfragen auf den drei anderen Märkten für jeden Sektor impliziert wird. Die Tabelle 1 zeigt die Matrixdarstellung der sektoralen Überschußnachfragen bzw. Auszahlungen des Grundmodells. Aus der Übersicht können die drei Gleichgewichtsbedingungen abgeleitet werden, dies gilt aber nicht umgekehrt. Die Matrix enthält die folgenden zusätzlichen Informationen über die Modellwelt.

In der Ökonomie gibt es vier Sektoren: die Haushalte, die Unternehmen, der Staat und die Zentralbank. Die Haushalte erzielen ein Arbeitseinkommen und Zinserträge aus den Wertpapieren, die sie in früheren Perioden von den Unternehmen B_{-1} oder vom Staat F_{-1} gekauft haben. Darüberhinaus werden die Unternehmensgewinne vollständig an die Eigentümer, die wieder zum Sektor Haushalte gehören, ausgeschüttet (bzw. Verluste werden von den Eigentümern vollständig ausgeglichen). Das gesamte Volkseinkommen fällt also bei den Haushalten an, die daraus zunächst ihre Steuern zahlen. Das verbleibende verfügbare Einkommen wird zum Teil für Konsumausgaben verwendet, der Rest ist die Ersparnis der Haushalte. Die Haushalte investieren annahmegemäß nicht und besitzen folglich auch kein Sachkapital. Sie müssen dann ihre gesamte Ersparnis zur Aufstockung ihrer Geldbestände oder ihrer Wertpapierbestände verwenden. Unter der Annahme, daß die Haushalte schon zu Beginn der betrachteten Periode über den Geldbestand verfügen, den sie auch am Ende der Periode nachfragen, ist die Stromnachfrage der Haushalte auf dem Wertpapiermarkt, ihr Kapitalangebot, identisch mit ihrer Er-

9) In leicht abgewandelter Form übernehmen wir damit eine Vorgehensweise, wie sie mehrfach von Tobin (z.B. in Tobin (1969) und (1980)) vorgeschlagen wurde.

sparnis. Setzt man die Spaltensumme für die Haushalte gleich null, erhält man für die einzige noch unspezifizierte Eintragung auf dem Wertpapiermarkt genau dies Ergebnis.

Auch die Unternehmen planen keine Veränderung der Geldbestände. Da die Unternehmen ihre Gewinne zu hundert Prozent ausschütten, müssen sie ihre (Netto-) Investitionen vollständig durch Emission von Wertpapieren finanzieren. Die Investitionsnachfrage der Unternehmen und das Stromangebot an Wertpapieren fallen zusammen.
Der Staat erhebt Steuern und kauft Güter. Anfallende Budgetdefizite können nur durch die Emission von Wertpapieren finanziert werden. Die Kapitalnachfrage des Staates und sein Budgetdefizit fallen zusammen. Die Tätigkeit der Zentralbank ist auf Offenmarktpolitik beschränkt. Geld wird emittiert durch den Kauf von staatlichen oder privaten Wertpapieren. Die Zentralbank betreibt annahmegemäß eine Geldmengensteuerung, die den (auf 1 normierten) Güterpreis stabilisiert. Die Geldmenge wird nur exakt um den Betrag ausgeweitet, um den die im walrasianischen Gleichgewicht nachgefragte Geldmenge steigt. Da die Haushalte und Unternehmen keine Erhöhung ihrer Geldbestände planen, emittiert auch die Zentralbank kein Geld und kauft keine Wertpapiere.

Auf diese Annahmen in der Geldmarktzeile muß aber noch einmal eingegangen werden, denn sie können - nicht ganz unberechtigt - als ungenau oder sogar widersprüchlich bezeichnet werden. Daß die Haushalte und die Unternehmen keine Erhöhung ihrer Geldbestände planen, kann eigentlich nur für das stationäre Gleichgewicht zutreffend sein. Es werden aber eine positive Ersparnis und Nettoinvestitionen zugelassen, dann steigt auch von einer Periode zur nächsten der Kapitalstock und das Realeinkommen. In dieser Wachstumsdynamik ist der gewünschte Bestand an Realkasse am Ende der betrachteten Periode größer als am Ende der vorigen Periode. Beträgt, wie es häufig implizit angenommen wird, die Einkommenselastizität der Geldnachfrage genau eins, dann wächst die real nachgefragte Geldmenge mit der Wachstumsrate des Realeinkommens.

Welche kreislauftheoretischen Konsequenzen ergeben sich nun, wenn die Haushalte und die Unternehmen bei zunächst noch unverändertem

Tabelle 1: Die nominalen Überschußnachfragen bzw.Auszahlungen der einzelnen Sektoren im einfachen Grundmodell (Anmerkung: Der Güterpreis wird gleich 1 gesetzt)

Haushalte	Unternehmen	Staat	ZBk	
$C(Y-T, i)$	$I(i) - Y(N,K_{-1})$	G	0	Gütermarkt
$L^H(Y) - M^H_{-1} = 0$	$L^U(Y) - M^U_{-1} = 0$	0	$-(M-M_{-1}) = 0$	Geldmarkt
$-wN^s$	$wN^d(w/p)$	0	0	Arbeitsmarkt
$B^d+F^d-B_{-1}-F_{-1}$	$-(B^s - B_{-1})$	$-(F^s-F_{-1})$	$B - B_{-1} = 0$	Wertpapiermarkt
$T = tY$	0	$-T$	0	Steuern
$-iB_{-1}$	iB_{-1}	0	0	Zinsen
$-(Y-wN-iB_{-1})$	$Y-wN-iB_{-1}$	0	0	Unt.gewinne

Aus den sektoralen Budgetrestriktionen erhält man:

$B^d+F^d-B_{-1}-F_{-1} = Y - T - C(Y-T, i)$ für die privaten Haushalte

$(B^s - B_{-1}) = I(i)$ für die Unternehmen

$(F^s-F_{-1}) = G - T$ für den Staat

Güterpreis eine Aufstockung ihrer nominalen Geldbestände planen? Es entsteht unweigerlich ein konjunkturelles Problem, ein Auseinanderfallen von gesamtwirtschaftlicher Nachfrage und gesamtwirtschaftlichem Angebot. Und diese temporäre Aufhebung des Say'schen Gesetzes ist das Spiegelbild der geplanten Hortung. Die Haushalte müssen einen Teil ihrer geplanten Ersparnisse zur Aufstockung ihrer Geldbestände verwenden, ihr Kapitalangebot ist um diesen Betrag kleiner als die Ersparnis. Die Unternehmen planen ebenfalls, einen Teil der Erlöse aus der Emission von Wertpapieren zur Erhöhung ihrer Geldbestände zu verwenden. Die geplante Investitionsnachfrage ist kleiner als die Kapitalnachfrage der Unternehmen. Insgesamt ist also die gesamtwirtschaftliche Nachfrage kleiner als das gesamtwirtschaftliche Angebot. Anders gewendet, dem Konsumverzicht der Haushalte (denen das gesamte Volkseinkommen, das "Anrecht" auf alle produzierten Güter "zufließt") steht keine entsprechende Investitionsnachfrage gegenüber. Die Differenz ist exakt die von Haushalten und Unternehmen geplante Erhöhung der Geldbestände. Die Pläne der Wirtschaftssubjekte sind dann natürlich nicht mehr kompatibel und können so nicht realisiert werden. Bei starren Güterpreisen gleitet die Ökonomie ab in ein Unterbeschäftigungsgleichgewicht[10], bei vollkommen flexiblen Güterpreisen sinken sofort die Güterpreise, so daß die hypothetischen Pläne wieder kompatibel werden.[11]

Wenn die Zentralbank stabilisierend eingreifen soll, d.h. die Preissenkung bei flexiblen Preisen bzw. das Abgleiten in die Unterbeschäftigung bei starren Güterpreisen verhindern soll, dann muß sie die Geldmenge exakt im Umfang der geplanten Hortung erhöhen. Wenn man nur die Sektoren Haushalte und Unternehmen betrachtet, besteht nach wie vor eine konjunkurelle Lücke, aber diese wird jetzt gesamtwirtschaftlich geschlossen durch die stabilisie-

---

10) Die Dynamik des Abgleitens in ein Unterbeschäftigungsgleichgewicht ist z.B. beschrieben in den Aufsatz von Barro, Grossman (1971).

11) Anders ausgedrückt: die Haushalte und die Unternehmen bestreiten ihre Bestandserhöhung an realer Geldmenge aus den "windfall profits" auf die vorhandene Geldmenge durch die Güterpreissenkung, ohne ihre Periodenersparnis aus dem Konsumverzicht (bei den Haushalten) oder ihren Erlös aus der Wertpapieremission (bei den Unternehmen) angreifen zu müssen.

rende Geldmengensteuerung der Zentralbank, denn diese kauft gegen Herausgabe von Geld von den Unternehmen (den Staatssektor haben wir bei dieser Betrachtung vernachlässigt) Wertpapiere und ermöglicht so eine Investitionsnachfrage, ohne selbst gespart zu haben.

Es ist für die nachfolgenden Ergebnisse unerheblich, ob die reale Geldnachfrage und das nominale Geldangebot steigen oder gleich bleiben. Um in der Darstellung die beschriebenen Komplikationen umgehen zu können, gehen wir deshalb der Einfachheit halber von konstanter Kassenhaltung und unveränderter Geldmenge für die betrachtete Periode aus.

Es sind in der Matrix noch weitere vereinfachende Annahmen erkennbar, von denen einige angegeben seien:
- Der Staat hält keine Geldbestände.
- Der Staat und die Zentralbank beschäftigen keine Arbeitnehmer.
- Am Anfang der betrachteten Periode sind Staat und Zentralbank weder verschuldet noch besitzen sie Forderungen. Weder leisten sie noch empfangen sie Zinszahlungen.

Zwei Annahmen sollten noch einmal ausdrücklich erwähnt werden, die auch aus den Gleichgewichtsbedingungen schon erkennbar sind. Private und staatliche Wertpapiere werden als vollkommene Substitute angesehen, denn es gibt nur einen Wertpapiermarkt. Und strenggenommen wird in der Modellökonomie nur ein Gut produziert, das von den Privaten konsumiert oder investiert wird oder vom Staat nachgefragt wird.

Kapitalmarkt und Gütermarkt in einem Schaubild

Durch die vereinfachenden Annahmen verschwindet die Interdependenz der Gleichgewichtsbedingungen. Formal wird das Preisniveau allein aus der Gleichgewichtsbedingung für den Geldmarkt und der Reallohn durch die Gleichgewichtsbedingung für den Arbeitsmarkt bestimmt. Der Zins wird so bestimmt, daß der Güter- und der Kapitalmarkt simultan geräumt werden. Die sektoralen Budgetrestriktionen haben gezeigt, daß die zinsabhängige Ersparnis der Haushalte identisch ist mit der Stromnachfrage der Haushalte auf dem Wertpapiermarkt,

ihrem Kapitalangebot. Da Budgetüberschüsse und negative Investitionen ausgeschlossen werden, handelt es sich auch um das gesamte Kapitalangebot auf dem Kapitalmarkt. Die gesamte Kapitalnachfrage, das Stromangebot an Wertpapieren, setzt sich zusammen aus der Kapitalnachfrage der Unternehmen, die mit der Investitionsnachfrage übereinstimmt, und der Kapitalnachfrage des Staates, die mit dem exogenen Budgetdefizit übereinstimmt.
Damit kann der Gütermarkt und der Kapitalmarkt graphisch in einem Schaubild dargestellt werden. In der Abbildung 7a ist der Güter- und Kapitalmarkt der Modellökonomie dargestellt unter der Annahme, daß das Budget des Staates zunächst noch ausgeglichen ist.

<u>Auswirkungen eines Budgetdefizits durch Erhöhung der Staatsausgaben</u>

Die Auswirkungen sind leicht darstellbar anhand der Abbildung 7b. Die gesamte Kapitalnachfrage verschiebt sich parallel um den Betrag des Budgetdefizits. Der Zins steigt von i_1 auf i_2, die zinsabhängige Konsumnachfrage der Haushalte sinkt um den Betrag der Strecke AB, die Investitionen der Unternehmen sinken um den Betrag der Strecke AC. Die zusätzliche Staatsnachfrage auf dem Gütermarkt verdrängt in gleichem Ausmaß die über die privaten Haushalte und die Unternehmen aggregierte Nachfrage. Auf dem Kapitalmarkt erhöhen die Haushalte ihr Kapitalangebot um AB, die Unternehmen vermindern ihre Kapitalnachfrage um AC. In dieser Weise wird das staatliche Budgetdefizit in Höhe von CB finanziert. Der Reallohn, daß Volkseinkommen und der Güterpreis bleiben unverändert.

Wie sind diese Ergebnisse zu modifizieren, wenn die Geldnachfrage in üblicher Weise vom Zins abhängt? Jetzt taucht wieder das konjunkturelle Problem auf, denn der Zinsanstieg bewirkt dann einen Rückgang der von Haushalten und Unternehmen nachgefragten Geldmenge. Der Versuch, die Geldmengenbestände zu reduzieren, ist identisch mit einer Erhöhung der gesamtwirtschaftlichen Nachfrage, ohne daß dem ein zusätzliches Angebot gegenübersteht. Bei flexiblen Preisen kommt es also zusätzlich zu einer Erhöhung des Güterpreises, die den Realwert der Geldbestände auf das gesunkene gewünschte Niveau drückt.

b) <u>unter keynesianischen Annahmen</u>

Das Gleichgewicht bei keynesianischer Unterbeschäftigung kann durch die folgenden Gleichungen beschrieben werden:

$$Y = C\ (Y(1-t),\ i) + I(i) + G \tag{2.5}$$

$$M = L(Y) \tag{2.6}$$

$$N = g(Y) \tag{2.7}$$

Bei gegebenem Nominallohnsatz und Güterpreis und natürlich gegebenen Werten von G, M und t werden die Werte von Y, N und i bestimmt, bei denen die effektiven Mengenplanungen der Wirtschaftssubjekte kompatibel sind. Die fehlende Zinsabhängigkeit der Geldnachfrage zeigt sich auch hier als einschneidende Annahme; das Real- oder Nominaleinkommen hängt nur von der Geldmenge ab. In der Gleichung für den Arbeitsmarkt wird nur über die Produktionsfunktion die zur Erzeugung des Outputs benötigte Beschäftigung, die von den Unternehmen effektiv nachgefragte Arbeit, bestimmt. Der Zins bestimmt sich wieder so, daß Güter- und Kapitalmarkt simultan geräumt werden.

Die kreislauftheoretische Konzeption des Grundmodells unter klassisch-neoklassischen Annahmen bleibt erhalten, wir könnten eine analoge Matrix der sektoralen Überschußnachfragen aufstellen. Allerdings sind die Überschußnachfragen und die Gleichgewichtsbedingungen jetzt anders zu interpretieren. Gleichgewicht herrscht in dem Sinn, daß auf dem Gütermarkt das Angebot gleich ist der effektiven Nachfrage und auf dem Arbeitsmarkt das Arbeitsangebot gleich ist der effektiven Nachfrage der Unternehmen. Auch das Schaubild für den Güter- und Kapitalmarkt kann bei geänderter Interpretation übernommen werden; bei dem Kapitalangebot der Haushalte handelt es sich jetzt um eine effektive Planung, die die Rationierung auf dem Arbeitsmarkt berücksichtigt.

Abbildung 7:

a)

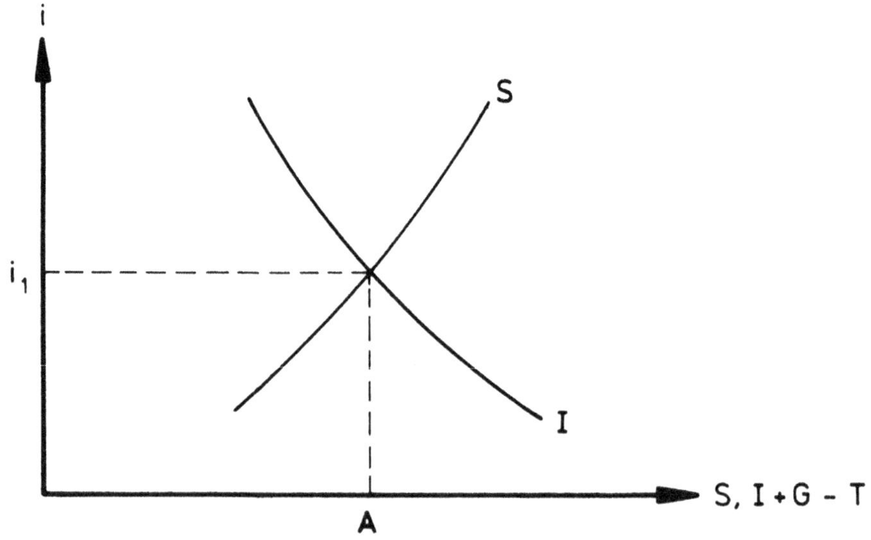

b)

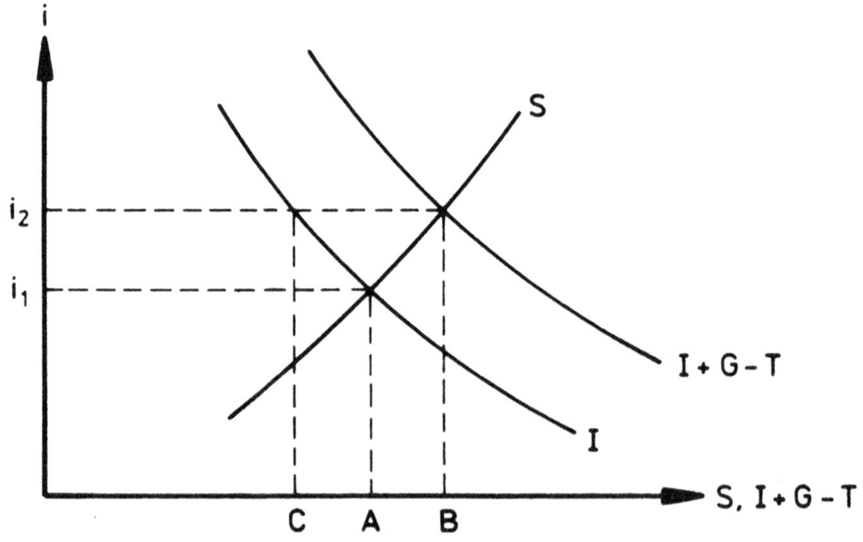

Die Auswirkungen einer kreditfinanzierten Erhöhung der Staatsausgaben sind identisch mit denen bei flexiblen Preisen: Es steigt nur der Zins, das Realeinkommen und die Beschäftigung bleiben unverändert. Die private Güternachfrage wird exakt im Ausmaß der zusätzlichen Staatsnachfrage verdrängt. Für dies Ergebnis ist natürlich die vollkommen zinsunelastische Geldnachfrage verantwortlich; in der IS-LM Darstellung bedeutet dies eine senkrechte LM-Kurve.

Interessanter sind die Ergebnisse bei einer zinsabhängigen Geldnachfrage. Dann kommt es bekanntlich neben dem Zinsanstieg auch zu einem Anstieg des Realeinkommens und der Beschäftigung. Es ist für das Verständnis der weiteren Ausführungen nur wichtig, sich klarzumachen, wie dieser expansive Effekt zustande kommt. Denn die gängige keynesianische Skizzierung der Expansionsdynamik nach einer kreditfinanzierten Erhöhung der Staatsausgaben ist m.E. in entscheidenden Punkten irreführend.

Exkurs: Unterschiedliche Sichtweisen der Expansionsdynamik

In der keynesianischen Sichtweise wird die Dynamik üblicherweise wie folgt skizziert: Die Erhöhung der Staatsausgaben führt unmittelbar zu einer sich selbst verstärkenden (Multiplikator) Erhöhung der gesamtwirtschaftlichen Nachfrage (genauer: der gesamtwirtschaftlich nachgefragten Gütermenge) und der Produktion. Dies führt aber auch zu einem Anstieg der Geldnachfrage (genauer: zu einem Anstieg der (aus dem Transaktionsmotiv) nachgefragten Geldmenge bei noch unveränderten Zinssatz), so daß die entstehende Überschußnachfrage auf dem Geldmarkt einen Zinsanstieg bewirkt, der die gesamtwirtschaftliche Nachfrage, insbesondere die Investitionsnachfrage, wieder vermindert. Die keynesianische Sichtweise lautet also in Kurzform: Die Erhöhung der Staatsausgaben wirkt unmittelbar expansiv, und der Zinsanstieg dämpft diesen expansiven Effekt.

Diese Argumentation leidet m.E. darunter, daß sie in der Gedankenführung die sektoralen Budgetrestriktionen und damit den kreislauftheoretischen Zusammenhang nicht beachtet. Die folgende "monetaristische" Sichtweise halte ich kreislauftheoretisch für korrekter: Die zusätzlichen Ausgaben des Staates müssen durch die Emission von staatlichen Wertpapieren auf dem Kapitalmarkt finanziert werden. In der Konkurrenz um die Ersparnisse der Haushalte auf dem Kapitalmarkt wird die Emission von Wertpapieren durch private Unternehmen und damit private Investitionsnachfrage verdrängt. Wenn wir für einen Moment - nur um es ganz klar zu machen - annehmen, daß zum herrschenden Zinssatz ausreichend viele Investitionsprojekte in ihrer Rentabilität gerade "auf der Kippe stehen", dann wird die private Kapitalnachfrage (zur Finanzierung der marginalen Investitionsprojekte) ohne nennenswerten Zinsanstieg verdrängt. In diesem Fall tritt auch kein nennenswerter Einkommenseffekt ein (Fall der vollkommenen elastischen Investitionsnachfrage); an die Stelle der privaten Investoren tritt jetzt nur der Staat als Nachfrager am Gütermarkt auf. Es kommt erst dann zu einem Einkommenseffekt, wenn die Verdrängung der privaten Nachfrage einen Zinsanstieg erfordert. Dann nämlich wollen die Wirtschaftssubjekte wieder ihre Realkasse vermindern, und die Zunahme der gesamtwirtschaftlichen Nachfrage ist wieder das Spiegelbild der geplanten Enthortung. Die Erhöhung der Staatsausgaben führt also keineswegs unmittelbar zu einer Ausweitung der effektiv nachgefragten Gütermenge, der expansive Effekt tritt nur ein über die Wirkung auf die Geldnachfrage.

Häufig wird die Auffassung vertreten, daß die Schilderung der Dynamik ohnehin nur versuchsweise angehängt und nicht wirklich ernst gemeint sei; wichtig seien nur die komparativ statischen Ergebnisse. Dieser Auffassung ist entschieden entgegenzutreten. Das richtige Verständnis der Expansionsdynamik ist deshalb so wichtig, weil viele Einschätzungen, Bewertungen und bildhafte Vorstellungen dadurch geprägt werden, die dann ihrerseits, ohne weiter hinterfragt zu werden, (auf der Metaebene) Fragestellungen und Forschungsprogramme aufwerfen und darüberhinaus wirtschaftspolitische Entscheidungen präjudizieren. Nennen wir einige Beispiele:

1) Die keynesianische Sichtweise, daß die Variation der Staatsausgaben (oder Staatseinnahmen) unmittelbar die Höhe der gesamtwirtschaftlichen Nachfrage verändert, führt direkt zum Konzept der

antizyklischen Fiskalpolitik. Die gesamtwirtschaftliche Nachfrage wird in ihre Komponenten aufgespalten, und der Staat variiert, in der einfachsten Form, die eigene Güternachfrage gegenläufig zu der schwankenden privaten Nachfrage, also insgesamt stabilisierend. Die monetaristische Sichtweise dagegen stellt das ganze Konzept zu Recht in Frage: Zum einen stellt sich das Problem einer stabilisierungsbedürftigen gesamtwirtschaftlichen Nachfrage gar nicht mit der Beliebigkeit, wie es die keynesianische Sichtweise nahelegt, und wenn es sich doch stellt, ist es mit reiner Fiskalpolitik nur sehr indirekt zu bekämpfen. Natürlich darf man die gesamtwirtschaftliche Nachfrage z.B. in die Komponenten private Konsumnachfrage, private Investitionsnachfrage und Staatsnachfrage einteilen, aber die weitergehende ceteris paribus Sichtweise, daß z.B. eine Verminderung der privaten Konsumnachfrage auch unmittelbar die Höhe der gesamtwirtschaftlichen Nachfrage vermindert - die Entstehung des Problems -, bzw. daß die Erhöhung der Staatsausgaben die gesamtwirtschaftliche Nachfrage unmittelbar (wieder) erhöht - die Lösung des Problems - ist verfehlt. Die Komponenten mögen schwanken, aber dies bedeutet noch lange nicht, daß die ex ante gesamtwirtschaftlich nachgefragte Gütermenge sich von der angebotenen Menge unterscheidet. Dies alles hat nichts zu tun mit einem unbegründeten "Stabilitätsoptimismus", wie er der monetaristischen Sichtweise häufig unterstellt wird, sondern ist das Resultat kreislauftheoretischer Einsicht.

2) Je nach Sichtweise werden die konjunkturellen Auswirkungen eines Zinsanstiegs entgegengesetzt eingeschätzt. In der keynesianischen Sichtweise wirkt ein Zinsanstieg für sich genommen kontraktiv, während in der monetaristischen Sichtweise der Zinsanstieg in Verbindung mit der zinsabhängigen Geldnachfrage die geplante Enthortung auslöst und damit für sich genommen konjunkturell expansiv wirkt.

3) Nur vor dem Hintergrund der keynesianischen Sichtweise ist zu verstehen, warum die Frage nach dem Transmissionsmechanismus immer nur für die Geldpolitik und nicht für die Fiskalpolitik gestellt worden ist. Die monetaristische Sichtweise kehrt den Begründungsbedarf geradezu um. In Anbetracht der kreislauftheoretischen Zu-

sammenhänge zwischen Enthortung und Zunahme der gesamtwirtschaftlichen Nachfrage wirkt jede Erhöhung der Geldmenge unmittelbar expansiv, während die Fiskalpolitik eben nur mittelbar über den Zinsanstieg auf die Geldnachfrage wirkt.

4) Damit taucht wieder die alte Frage nach der relativen Bedeutung von Geld- und Fiskalpolitik für die Konjunkturpolitik auf. Je nach Sichtweise gelangt man auch hier zu unterschiedlichen Einschätzungen und Politikempfehlungen. Aus der keynesianischen Sichtweise folgt bekanntlich eher die Empfehlung für die Fiskalpolitik, während die monetaristische Sichtweise eindeutig die Geldpolitik bevorzugt.

Daß die Zunahme der gesamtwirtschaftlichen Nachfrage, der Ausweg aus der keynesianischen Unterbeschäftigung, immer auf eine abnehmende Knappheit des Geldes, bezogen auf das Einkommen in der Ausgangssituation, zurückzuführen ist, ist eigentlich auch das Ergebnis der Diskussion um den Realkasseneffekt. In dieser Diskussion geht es darum, ob auch bei flexiblen Güterpreisen und Löhnen ein Unterbeschäftigungsgleichgewicht stabil sein kann oder ob sich dann über die Preisreaktion eine Tendenz zum walrasianischen Gleichgewicht einstellt. Die theoretische Erkenntnis lautet, daß entscheidend über den mit der Preisreaktion verbundenen Realkasseneffekt der Weg in das walrasianische Gleichgewicht gefunden wird.[12] Für den Stellenwert dieser Erkenntnis ist es unerheblich, ob der Effekt relativ stark oder eher schwach ist. Denn aus dieser Erkenntnis folgt nicht, daß man sozusagen das "Tal der Tränen" durchschreiten muß (das ja wirklich sehr ausgedehnt sein kann), sondern sie mündet zwangsläufig in die wirtschaftspolitische Empfehlung, daß Konjunkturpolitik in seinem Kern immer Geldpolitik zu sein hat.

Ende des Exkurses

Für das Verständnis der weiteren Ausführungen ist nur wichtig, sich von der etablierten Vorstellung zu befreien, eine kreditfi-

12) Die Situation der keynesianischen Arbeitslosigkeit wird deshalb auch am treffendsten bezeichnet durch den Begriff der Geldmangelarbeitslosigkeit, der m.W. von H. Giersch geprägt wurde.

nanzierte Erhöhung der Staatsausgaben bedeute auch eine unmittelbare Erhöhung der gesamtwirtschaftlichen Nachfrage. Viel treffender ist die folgende Sichtweise: Nimmt das Wirtschaftssubjekt A zur Finanzierung zusätzlicher Ausgaben einen Kredit beim Wirtschaftssubjekt B auf, dann fragt A anstelle von B nach, bzw. fragt A anstelle eines unbekannten dritten Wirtschaftssubjektes nach, das sonst über den anonymen Kapitalmarkt den Kredit erhalten hätte. Der Niveaueffekt auf die gesamtwirtschaftliche Nachfrage tritt nur ein, wenn die verschärfte Konkurrenz der Nachfrager auf dem Kapitalmarkt einen Zinsanstieg bewirkt und die nachgefragte Geldmenge bei steigendem Zins abnimmt. Selbst im keynesianischen IS-LM Prototyp-Modell kann (oder sogar muß) der konjunkturelle Effekt einer reinen Fiskalpolitik als ein monetäres Phänomen gedeutet werden.

Gehen wir nun im Vorgriff davon aus, daß es in der Ökonomie verschiedene Gütermärkte gibt, und fragt das Wirtschaftssubjekt A andere Güter nach als B oder das dritte Wirtschaftssubjekt, dann tritt insbesondere ein Effekt auf die Struktur der gesamtwirtschaftlichen Nachfrage auf. Dieser Struktureffekt ist das Thema des nächsten Abschnitts.

2.2.2 Budgetinduzierter Strukturwandel im erweiterten Grundmodell: die zweite Vorüberlegung

Eine kreditfinanzierte Erhöhung der Staatsausgaben verändert das Niveau und die Struktur der gesamtwirtschaftlichen Nachfrage. Der Niveaueffekt ist im Problembewußtsein der Makroökonomen fest verankert, er steht im Mittelpunkt der keynesianischen Einkommens- und Beschäftigungstheorie. Dagegen findet der Struktureffekt kaum Beachtung. Eine naheliegende finanztheoretische Begründung dafür könnte möglicherweise lauten, daß der Struktureffekt dem Problembereich Allokation und der Niveaueffekt dem Problembereich Konjunktur zuzurechnen ist. Ob diese Begründung wirklich stichhaltig ist und ob der Struktureffekt nicht auch in konjunkturpolitischer Hinsicht zu beachten ist, wird später noch erörtert. In unserer Argumentation jedenfalls können wir den Struktureffekt nicht ausklammern, denn wir haben es später mit einem Zwei-Länder-Modell mit zwei Gütern zu tun und der relative Preis dieser Güter beeinflußt in jedem Fall den realen Wechselkurs und kann unter weiteren Annahmen als identisch mit dem realen Wechselkurs aufgefaßt werden.

a) unter klassisch-neoklassischen Annahmen

Das Grundmodell wird erweitert um ein zweites Gut. Wir haben also jetzt zwei Gütermärkte und zwei Unternehmenssektoren. Jeder Unternehmenssektor stellt jeweils ein Gut her, das wieder für Konsum- und Investitionszwecke verwendet werden kann. An der kreislauftheoretischen Konzeption ändert sich nichts: das gesamte Volkseinkommen fällt bei den Haushalten an, die daraus Steuern zahlen und ihre Konsumausgaben bestreiten. Um das Kapitalangebot aus der Ersparnis der Haushalte konkurrieren die beiden Unternehmenssektoren (gemäß ihrer Investitionsnachfrage) und der Staat (gemäß dem Budgetdefizit). Die mengenmäßigen Nachfragen des Staates nach beiden Gütern G1 und G2 sind exogen gegeben, zu erklären sind dann nur die Angebots- und Nachfragefunktionen der Unternehmen und Haushalte auf den beiden Gütermärkten.

Die Güternachfragen der Haushalte

Die Konsumnachfrage der Haushalte auf den beiden Gütermärkten ist das Ergebnis zweier Entscheidungen: der Entscheidung zwischen Konsum und Ersparnis und der Entscheidung über die Aufteilung des Konsumbudgets auf die beiden Güter. Wir gehen wie üblich davon aus, daß diese Entscheidungen voneinander getrennt werden können. Zuerst wird in Abhängigkeit vom Zins über die Höhe der gesamten Konsumausgaben und dann in Abhängigkeit vom relativen Preis über die Aufteilung auf die beiden Güter entschieden.

$$C^n = c(i)\ (Y^n - T^n) \tag{2.8}$$

$$Y^n = p_1 Y1 + p_2 Y2 \tag{2.9}$$

$$C^n = p_1 C1(p_1,\ p_2,\ C^n) + p_2 C2(p_1,\ p_2,\ C^n) \tag{2.10}$$

Die realen Konsumnachfragen sind homogen vom Grade 0 in den Preisen und dem nominalen Konsumbudget, können also auch in Abhängigkeit des relativen Preises und des realen Konsumbudgets (in Einheiten von Gut 1 oder Gut 2) geschrieben werden.

$$C^n = p_1 C1(p_1/p_2, C^n/p_2) + p_2 C2(p_1/p_2, C^n/p_2) \tag{2.11}$$

Das Güterangebot der Unternehmen

Für eine zu betrachtende Periode ist die Verteilung der Produktionsfaktoren auf die Sektoren gegeben. Das Güterangebot der Periode bestimmt sich dann aus der Produktionsfunktion.

$$Y1 = Y1(N_1, K_{1,-1}) \tag{2.12}$$

$$Y2 = Y2(N_2, K_{2,-1}) \tag{2.13}$$

Während der Periode findet keine Wanderung von Arbeitskräften statt. Es gibt also zwei segmentierte Arbeitsmärkte mit u.U. unterschiedlichen Nominallohnsätzen.

Die Wanderung der Produktionsfaktoren spielt sich ab beim Übergang von einer Periode zur nächsten. Die Arbeitskräfte werden in jedem Sektor mit ihrem Wertgrenzprodukt entlohnt. Die Wanderung der Arbeitskräfte hält an, solange der Anreiz dafür besteht, d.h. solange es eine Differenz in den Nominallohnsätzen gibt.

Die Investitionsnachfragen der Unternehmen

Die Wanderung des Faktors Kapital ist über die Investitionsnachfragen zu beschreiben. Die Argumentation dabei ist etwas komplizierter. Ein Problem dabei ist die gedankliche Trennung von globaler Investitionsdynamik (wie sie im Grundmodell thematisiert ist) und der sektoralen Dynamik aus dem Strukturwandel. Es ist vielleicht für das weitere Verständnis nützlich, schon einmal eine Grobskizze der zu behandelnden Dynamik zu entwerfen.

Der exogene Schock besteht in einer Erhöhung der Staatsnachfrage nach Gut 1, die ausschließlich kreditfinanziert ist und auf dem Kapitalmarkt einen Zinsanstieg verursacht. Wenn die Geldnachfrage nicht zinsabhängig ist, dann kommt es nur zu einem Struktureffekt auf die gesamtwirtschaftliche Nachfrage, die bei kurzfristig gegebenen Angebot der beiden Sektoren lediglich eine Erhöhung des Preises von Gut 1 und eine Senkung des Preises von Gut 2 bewirkt. Etwas genauer: Der Zinsanstieg führt wie im Grundmodell zu einer Verdrängung privater Güternachfrage exakt im Ausmaß der zusätzlichen staatlichen Güternachfrage. Allerdings sind von dieser Verdrängung beide Sektoren betroffen, während die zusätzlichen Staatsausgaben sich nur auf Gut 1 richten. Per Saldo erhöht sich also die Nachfrage nach Gut 1 und vermindert sich die Nachfrage nach Gut 2. Da die angebotenen Mengen kurzfristig nicht reagieren, steigt der Preis für Gut 1 und fällt der Preis für Gut 2. Ebenso steigt dann der Nominallohnsatz im Sektor 1 und fällt der Nominallohnsatz im Sektor 2. Dies löst über die Perioden hinweg die Wanderung der Arbeitskräfte aus, die zusammen mit der Wanderung des Realkapitals die Angebotsreaktion ermöglicht und tendenziell das Preisverhältnis p_1/p_2 wieder senkt.

Die mengenmäßigen sektoralen Investitionsnachfragen nach beiden Gütern werden in folgender Weise formuliert:

$$I1_1 = \underset{(-)}{I1_1(p_1/p_2}, \underset{(+)}{p_1/p_2 - k}, \underset{(-)}{i}) \quad (= I1_1(\underset{(?)}{p_1/p_2}, \underset{(-)}{i}) \;) \qquad (2.14)$$

$$I2_1 = \underset{(+)}{I2_1(p_1/p_2}, \underset{(+)}{p_1/p_2 - k}, \underset{(-)}{i}) \quad (= I2_1(\underset{(+)}{p_1/p_2}, \underset{(-)}{i}) \;) \qquad (2.15)$$

$$I1_2 = \underset{(-)}{I1_2(p_1/p_2}, \underset{(-)}{p_1/p_2 - k}, \underset{(-)}{i}) \quad (= I1_2(\underset{(-)}{p_1/p_2}, \underset{(-)}{i}) \;) \qquad (2.16)$$

$$I2_2 = \underset{(+)}{I2_2(p_1/p_2}, \underset{(-)}{p_1/p_2 - k}, \underset{(-)}{i}) \quad (= I2_2(\underset{(?)}{p_1/p_2}, \underset{(-)}{i}) \;) \qquad (2.17)$$

Das zweite und dritte Argument der Investitionsnachfragen spiegeln den Einfluß des sektoralen Investitionsbudgets wider. Ein Zinsanstieg vermindert das rentable Investitionsbudget in beiden Sektoren und deshalb verringern sich c.p. die vier realen Investitionsnachfragen. Eine positive Differenz zwischen dem Güterpreisverhältnis p_1/p_2 in der betrachteten Periode und k (dem Preisverhältnis nach Abschluß der Faktorwanderungen) zeigt an, daß im Unternehmenssektor 1 noch Knappheitsrenten und im Unternehmenssektor 2 noch "Reichlichkeitsverluste" auftreten, die c.p. die Investitionsnachfragen des Sektor 1 erhöhen und des Sektors 2 vermindern. Das erste Argument spiegelt die Aufteilungsentscheidung bei gegebenem Investitionsbudget in Abhängigkeit vom relativen Güterpreis wieder.

Da k nur von den exogenen Variablen abhängt, können wir diese Investitionsnachfragen (wie in Klammern geschehen) nur in Abhängigkeit vom Güterpreisverhältnis und vom Zins schreiben. Die Vorzeichen der partiellen Ableitungen nach dem Güterpreisverhältnis sind dann in zwei Fällen unbestimmt. Aber die Summen der beiden sektoralen Investitionsnachfragen nach Gut 1 und Gut 2 weisen eindeutige Vorzeichen auf, weil die durch die Differenz p_1/p_2 - k bedingten Einflüsse bei der Addition sich gegenseitig aufheben. Zur Verdeutlichung ordnen wir die Investitionsnachfragen in einer Matrix an:

	Sektor 1	Sektor 2	Summe
Gut 1	$I1_1$ (...)	$I1_2$ (...)	$I1_{1+2}(p_1/p_2, i)$ (-) (-)
Gut 2	$I2_1$ (...)	$I2_2$ (...)	$I2_{1+2}(p_1/p_2, i)$ (+) (-)

Die Spalteneintragungen für die beiden Sektoren können wir nicht so ohne weiteres addieren, weil es sich um zwei verschiedene Güter handelt. Aber wir können die nominalen Investitionsnachfragen betrachten für die beiden Sektoren:

$$I_1^n = p_1 \, I1_1(p_1/p_2, i) + p_2 \, I2_1(p_1/p_2, i) = I_1^n(p_1, p_2, p_1/p_2, i) \tag{2.18}$$

$$I_2^n = p_1 \, I1_2(p_1/p_2, i) + p_2 \, I2_2(p_1/p_2, i) = I_2^n(p_1, p_2, p_1/p_2, i) \tag{2.19}$$

Die nominalen Investitionsnachfragen hängen in trivialer Weise (über das allgemeine - hier nicht definierte - Preisniveau) ab von den beiden Güterpreisen. Sie sind homogen vom Grade 1 in den ersten beiden Argumenten. Der Einfluß der durch Nachfrageverschiebungen verursachten und deshalb gegenläufigen Knappheitsrenten in den Sektoren wird durch das dritte Argument erfaßt. Addieren wir die beiden sektoralen nominalen Investitionsnachfragen, dann heben sich die vom Preisverhältnis ausgehenden Einflüsse tendenziell wieder gegenseitig auf. Die gesamtwirtschaftliche nominale Investitionsnachfrage hängt also nur noch in der trivialen Weise über das allgemeine Preisniveau von den Güterpreisen ab. Eine Veränderung des relativen Güterpreises hat für sich genommen keinen Einfluß auf die gesamtwirtschaftliche Investitionsnachfrage. Sie hat jedoch einen Einfluß auf die sektoralen Investitionsbudgets und auf die über die beiden Sektoren aggregierten Investitionsnachfragen nach den beiden Gütern.

In der Tabelle 2 sind die nominalen Überschußnachfragen bzw. Auszahlungen der Sektoren wieder in einer Matrix angeordnet. Die Summe der nominalen Investitionsnachfragen der beiden Unternehmen fällt zusammen mit der privaten (nominalen) Kapitalnachfrage. Beide hängen nicht ab vom Güterpreisverhältnis, sondern von den Güterpreisen nur über das Preisniveau ab, das sich aber nach einer kreditfinanzierten Erhöhung der Staatsausgaben bei zinsunelastischer Geldnachfrage nicht ändert. Insofern sind die Abbildungen 7a und 7b auch in diesem Modell zur Darstellung des Kapitalmarktes zu gebrauchen.

Tabelle 2: Die nominalen Überschußnachfragen bzw. Auszahlungen der einzelnen Sektoren im erweiterten Grundmodell

	Haushalte	Unternehmens-sektor 1	Unternehmens-sektor 2	Staat	Zentralbank
Gut 1	p_1C1	$p_1I1_1 - p_1Y1$	p_1I1_2	p_1G1	0
Gut 2	$p_2C2 = C^n - p_1C1$	p_2I2_1	$p_2I2_2 - p_2Y2$	p_2G2	0
Geldmarkt	$p_1L_1^H(Y_1) - M_{-1}^H$ $= 0$	$p_1L_1^{U1}(Y_1) - M_{-1}^{U1}$ $= 0$	$p_1L_1^{U2}(Y_1) - M_{-1}^{U2}$ $= 0$	0	$-(M - M_{-1})$ $= 0$
Wertpapier-markt	$B1^d + B2^d + F^d$ $- B1_{-1} - B2_{-1}$ $- F_{-1}$	$-(B1^s - B1_{-1})$	$-(B2^s - B2_{-1})$	$-(F^s - F_{-1})$	0
Arbeitsmarkt Sektor 1	$-w_1N_1$	w_1N_1	0	0	0
Arbeitsmarkt Sektor 2	$-w_2N_2$	0	w_2N_2	0	0
Steuern	$T^n = tY^n$	0	0	$-T^n$	0
Zinsen	$-i(B1_{-1} + B2_{-1})$	$iB1_{-1}$	$iB2_{-1}$	0	0
Unternehmens-gewinne	$-Y^n + w_1N_1 + w_2N_2$ $+i(B1_{-1} + B2_{-1})$	$p_1Y_1 - w_1N_1$ $-iB1_{-1}$	$p_2Y_2 - w_2N_2$ $-iB2_{-1}$	0	0

Die beiden Gütermärkte erfordern jetzt eigene Schaubilder. Die Gleichgewichtsbedingungen lauten:

$$Y1 = C1\ (\underset{(-)}{p_1/p_2},\ \underset{(+)}{c(i)Y^n(1-t)/p_2}) + I1_{1+2}(\underset{(-)}{p_1/p_2},\ \underset{(-)}{i}) + G1 \qquad (2.20)$$

$$Y2 = C2\ (\underset{(+)}{p_1/p_2},\ \underset{(+)}{c(i)Y^n(1-t)/p_2}) + I2_{1+2}(\underset{(+)}{p_1/p_2},\ \underset{(-)}{i}) + G2 \qquad (2.21)$$

Für eine bestimmte Periode bei gegebenen Werten von Y1 and Y2 können wir die beiden Gütermärkte in der Abbildung 8 darstellen. Die sektoralen Güternachfragen sind jeweils gezeichnet als eine Funktion des relativen Güterpreises. Der Zins und die vom Staat nachgefragten Gütermengen sind die Lageparameter der Güternachfragen. Allerdings liegt hier eine geringfügige Ungenauigkeit vor, die in dem zweiten Argument der Konsumgüternachfragen steckt. Denn das Realeinkommen Y^n/p_2 hängt seinerseits von Y1, Y2 und p_1/p_2 ab.

$$Y^n/p_2 = (1/p_2)(p_1Y1 + p_2Y2) = (p_1/p_2)Y1 + Y2 \qquad (2.22)$$

Also sind strenggenommen auch Y1 und Y2 Lageparameter der Nachfragekurven. Aber es geht in diesem Argument um den Einfluß des Realeinkommens und wir können etwas ungenau davon ausgehen, daß das Realeinkommen durch die Veränderung in der Struktur der gesamtwirtschaftlichen Nachfrage, durch die Veränderung des relativen Güterpreises und durch die darauffolgenden sektoralen Angebotsreaktion nicht berührt wird. Für die Dynamik des Strukturwandels sehen wir das Realeinkommen als eine gegebene Größe an. Strukturwandel bedeutet die Wanderung auf der Transformationskurve, aber die Lage der Transformationskurve bleibt unverändert. Dann kann die Dynamik des Strukturwandels sehr eingängig anhand der Abbildung 8 beschrieben werden.

Abbildung 8:

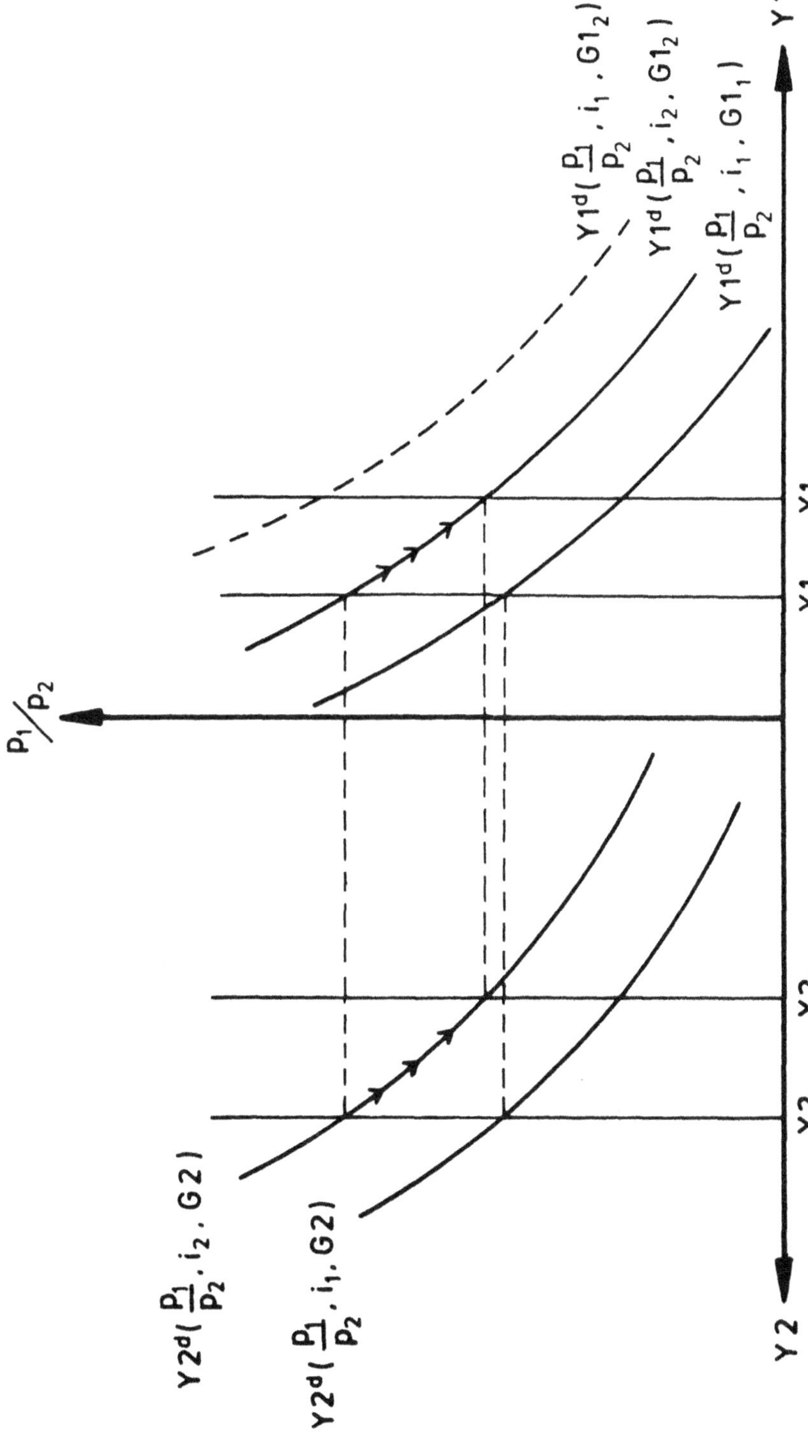

Y1
Y2
p1/p2
Y1t
Y1t+n
Y2t
Y2t+n
Y1d(p1/p2, i1, G12)
Y1d(p1/p2, i2, G12)
Y1d(p1/p2, i1, G11)
Y2d(p1/p2, i2, G2)
Y2d(p1/p2, i1, G2)

<u>Auswirkungen einer kreditfinanzierten Erhöhung der Staatsnachfrage nach Gut 1</u>

In der Ausgangssituation sind die Nominallohnsätze und die Wertgrenzprodukte des Faktors Kapital in beiden Sektoren gleich. Das Budget sei ausgeglichen. Wir gehen davon aus, daß die Erhöhung der Staatsnachfrage nach Gut 1 und das damit verbundene Budgetdefizit über mehrere Perioden durchgehalten wird. Algebraisch können die Auswirkungen in der ersten Periode auf die Preise des Modells w_1, p_1, w_2, p_2, i anhand der folgenden Gleichungen bestimmt werden:

$$N_1^s = N_1^d(w_1/p_1) \qquad (2.23)$$

$$N_2^s = N_2^d(w_2/p_2) \qquad (2.24)$$

$$M/p_2 = L_2((p_1/p_2)Y1 + Y2) \qquad (2.25)$$

$$Y1 = C1(p_1/p_2,\ c(i)Y^n(1-t)/p_1) + I1_{1+2}(p_1/p_2,\ i) + G1 \qquad (2.26)$$

$$Y2 = C2(p_1/p_2,\ c(i)Y^n(1-t)/p_2) + I2_{1+2}(p_1/p_2,\ i) + G2 \qquad (2.27)$$

$$Y^n = p_1Y1 + p_2Y2 \qquad (2.28)$$

endogen: w_1, w_2, p_1, p_2, i, Y^n

exogen: G1, G2, M, N_1^s, N_2^s, $K_{1,-1}$, $K_{2,-1}$, t, Y1, Y2.

Aus den beiden Gütermarktgleichungen sieht man, daß eine Erhöhung von G1 zu einem Zinsanstieg und zu einem Anstieg des relativen Güterpreises p_1/p_2 führt. Für gegebene Werte von G1 und Y1 (bzw. G2 und Y2) kann man die Gleichgewichtsbedingung für den Markt des Gutes 1 (bzw. des Gutes 2) in dem (i, p_1/p_2)-Diagramm der Abbildung 9 darstellen.

Ein Anstieg von G1 verschiebt die Y1-Y1 Kurve nach rechts bzw. nach oben; der Zins und das Güterpreisverhältnis steigen also. Ist der gleichgewichtige relative Güterpreis von den Gütermärkten her bestimmt, sind auch die Niveaus p_1 und p_2 durch die Geldmarktgleichung determiniert. Aus den Gleichgewichtsbedingungen für die Arbeitsmärkte folgt nur, daß die Nominallohnsätze in den Sektoren prozentual um den gleichen Betrag steigen (im Sektor 1) oder fallen (im Sektor 2) wie die Outputpreise der Sektoren, denn die physischen Grenzprodukte haben sich nicht verändert.

Die Dynamik des Strukturwandels über die folgenden Perioden könnte folgendermaßen formalisiert werden. Man spezifiziert die Reagibilität der intersektoralen Wanderung der Arbeitskräfte in bezug auf die Differenz der sektoralen Nominallohnsätze. Zusammen mit den in der ersten Periode getätigten Investitionen kann man so die sektorale Faktorausstattung für die zweite Periode berechnen und dann die Lösung des Modells für die zweite Periode bei den neuen sektoralen Faktorausstattungen ermitteln. Für unsere Zwecke ist der damit verbundene Aufwand jedoch viel zu groß. Einfacher und eingängiger ist die graphische Darstellung der Dynamik des Strukturwandels. Es ist unmittelbar klar, daß Y1 steigen und Y2 fallen wird. In der Abbildung 9 bedeutet dies, daß sich beide Kurven nach unten verschieben. Eindeutig bildet sich das Preisverhältnis p_1/p_2 wieder zurück, während die Auswirkungen auf den Zinssatz gegenläufig sind. Wir gehen einmal davon aus, daß sie sich tendenziell aufheben, d.h. der Zinssatz ändert sich nicht. Dann können wir die Dynamik des Strukturwandels anhand der Abbildungen 7 und 8 einfach veranschaulichen.

Wie bereits ausgeführt, gilt die Kapitalmarktinterpretation der Abbildung 7 auch für das erweiterte Grundmodell. Eine Nettokreditaufnahme des Staates in Höhe des Budgetdefizits, gemessen durch die Strecke CB, verdrängt die private Kapitalnachfrage der beiden Unternehmenssektoren um den Betrag BA und erhöht das Kapitalangebot bzw. vermindert das Konsumbudget der privaten Haushalte um den Betrag AC. Diese Situation auf dem Kapitalmarkt bleibt in den folgenden Perioden unverändert, die Dynamik des Strukturwandels betrifft nur die beiden Gütermärkte.

Beide Gütermärkte sind von der Verdrängung der privaten Nachfrage betroffen, während die Erhöhung der Staatsnachfrage sich nur auf das Gut 1 richtet. Per Saldo steigt also die Nachfrage auf dem

Abbildung 9:

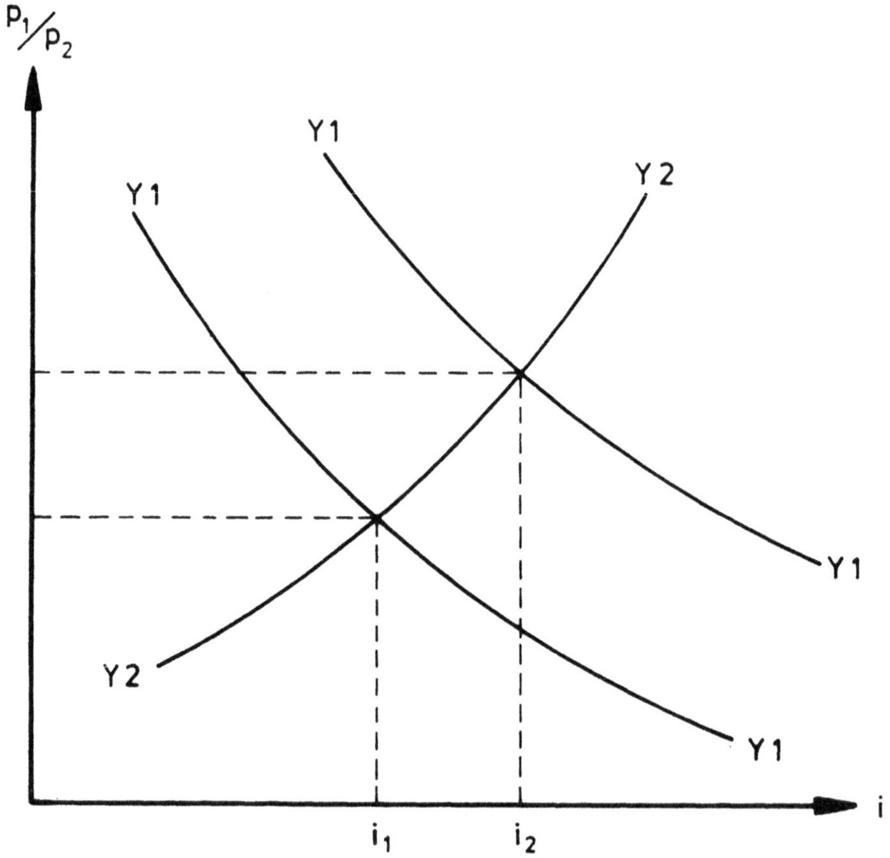

Gütermarkt 1, allerdings wegen der Verdrängung privater Nachfrage um einen geringeren Betrag als die Erhöhung von G1, und sinkt die Nachfrage auf dem Gütermarkt 2. Dies führt zu der Erhöhung des Güterpreisverhältnisses p_1/p_2. Da der Zins und die Staatsnachfrage G1 und G2 sich während der Angebotsreaktion in den folgenden Perioden nicht ändern, bleiben wir (abgesehen von der erwähnten geringfügigen Ungenauigkeit) auf den neuen Nachfragekurven. Die Faktorbewegungen führen zu einer Zunahme der Produktion von Gut 1 und einer Abnahme der Produktion von Gut 2. Die senkrechten Angebotsfunktionen verschieben sich von Periode zu Periode auf beiden Märkten nach rechts. Das Güterpreisverhältnis nähert sich wieder dem der Ausgangssituation an.

Ob sich das alte Güterpreisverhältnis wieder einstellt, hängt letztlich ab von der Gestalt der Transformationskurve der Modellökonomie. Dies zeigt die Abbildung 10, in der die Erhöhung der Staatsnachfrage nach Gut 1 als eine Drehung der Schar der Indifferenzkurven dargestellt werden kann. In der Ausgangssituation wird das Tauschverhältnis zwischen den Gütern gemessen durch tan α, nach dem Struktureffekt auf die gesamtwirtschaftliche Nachfrage, der sich in einer Drehung der Indifferenzkurven niederschlägt, durch tan β und nach Abschluß der Wanderung auf der Transformationskurve durch tan δ. Wenn die Transformationskurve eine Gerade ist, stellt sich der alte relative Preis zwischen den beiden Gütern wieder ein. Dies ist z.B. der Fall, wenn die beiden Produktionsfunktionen linear homogen und die Faktorintensitäten gleich sind.

Wir haben jetzt nur die periodenübergreifende Dynamik skizziert, die aus den Angebotsreaktionen nach der Veränderung der Struktur der gesamtwirtschaftlichen Nachfrage resultiert. Daneben gibt es über die Perioden hinweg natürlich noch die normale Wachstumsdynamik, die man aber gedanklich von der Strukturdynamik trennen kann.

Wir sollten noch einmal festhalten, worauf es später in der Argumentation ankommt. Die Rückbildung des Sprunges im relativen Güterpreis ist an die Angebotsreaktion gekoppelt. Wir sind von einer verzögerten Angebotsreaktion ausgegangen; dahinter steckt

Abbildung 10:

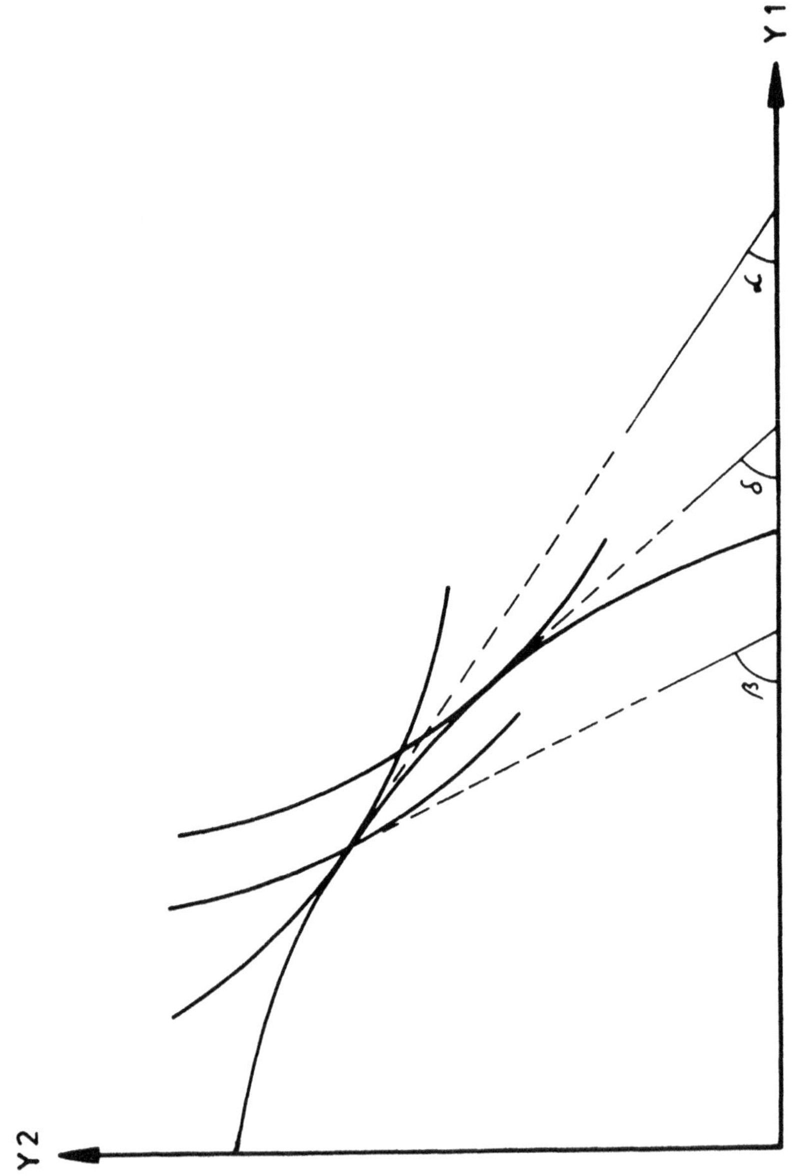

die traditionelle Sichtweise, daß Preise Knappheitsindikatoren sind und eben darin ihre allokative Lenkungsfunktion liegt. Die Wirtschaftssubjekte beobachten nur die Preise und reagieren in ihren Entscheidungen erst dann auf veränderte Knappheiten, wenn diese auch durch das Preissystem signalisiert werden. Wenn dagegen die Angebotsreaktion zeitlich simultan zur Nachfrageveränderung eintritt, tritt an die Stelle der überschießenden Preisreaktion die Mengenreaktion. Preisreaktion und Mengenreaktion sind in jedem Fall gegenläufig.

Bleiben wir bei der verzögerten Angebotsreaktion, dann hängt die Stärke der Preisreaktion entscheidend ab von der Elastizität der privaten Güternachfragen in bezug auf den relativen Güterpreis. Je größer die absoluten Werte dieser Elastizitäten sind, d.h. je engere Substitute die beiden Güter in den Augen der Nachfrager sind, desto geringer ist die Preisreaktion. In diesem Sinne gilt auch auf der Nachfrageseite: Je höher die Mengenreaktion, desto niedriger die notwendige Preisreaktion. Im Grenzfall der vollkommenen Substituierbarkeit fällt die gesamte Strukturdynamik weg, das Modell mit den beiden Sektoren reduziert sich auf das einfache Grundmodell.

Was ändert sich, wenn jetzt die Geldnachfrage wieder zinsabhängig ist? Dann tritt neben dem Sturktureffekt auch der Niveaueffekt auf, der die Nachfrage nach beiden Gütern erhöht. Für sich genommen bewirkt der Niveaueffekt eine Erhöhung beider Güterpreise, es steigt jetzt also auch das (hier nicht definierte) Preisniveau.

b) unter keynesianischen Annahmen

Wir gehen davon aus, daß in beiden Sektoren die Produktion durch die effektive Nachfrage rationiert wird. Die sektorale Produktion und Beschäftigung wird bei einer Zunahme der effektiv nachgefragten Gütermenge sofort ausgeweitet. Die Haushalte werden auf dem Arbeitsmarkt durch die zusammengefaßte effektive Arbeitsnachfrage beider Unternehmenssektoren restringiert.

Formal wird die Analyse erheblich einfacher, denn die Güterpreise und die Nominallohnsätze sind fest und können durch die Wahl geeigneter Mengeneinheiten auf eins normiert werden. Zu untersuchen ist nur noch die Reaktion der Modellökonomie auf eine Veränderung von G1 in derselben Periode. Das Problem eines induzierten Strukturwandels in den nachfolgenden Perioden stellt sich im Rahmen eines keynesianischen Festpreismodells gar nicht mehr. Abgesehen von der periodenübergreifenden Wachstumsdynamik, die wir wieder nicht betrachten wollen, gilt die Lösung des Modells für die erste Periode auch für die späteren Perioden.

Das Modell kann dann durch die folgenden Gleichungen zusammengefaßt werden:

$$Y = Y1 + Y2 \tag{2.29}$$

$$Y1 = C1(Y(1-t), i) + I1_{1+2}(i) + G1 \tag{2.30}$$

$$Y2 = C2(Y(1-t), i) + I2_{1+2}(i) + G2 \tag{2.31}$$

$$M = L(Y) \tag{2.32}$$

$$N_1 = g_1(Y1) \tag{2.33}$$

$$N_2 = g_2(Y2) \tag{2.34}$$

exogen: G1, G2, M, t
endogen: Y, Y1, Y2, N_1, N_2, i

Genauso wie im einfachen IS-LM Modell die gesamte private Investitionsnachfrage nur vom Zins und nicht etwa noch von der Auslastung der Unternehmen abhängt, hängen jetzt auch die sektoralen Investitionsnachfragen nur vom Zins und nicht etwa noch von der sektoralen Auslastung ab. Die Gleichung für den Geldmarkt zeigt, daß das Volkseinkommen eindeutig durch die Geldmenge bestimmt ist. Da die Geldnachfrage nicht vom Zins abhängt, kann die Erhöhung der Staatsnachfrage nach Gut 1 keinen Niveaueffekt, sondern nur einen Struktureffekt haben. Aus den ersten drei Gleichungen kann dann bei gegebenem Y die Aufteilung der gesamtwirtschaftlichen Nachfrage auf die beiden Sektoren und damit deren Produktion bestimmt werden. Sind die Outputs der Sektoren bestimmt, können über die sektoralen Produktionsfunktionen auch die effektiven Arbeitsnachfragen und damit die sektoralen Beschäftigungen ermittelt werden.

Die Auswirkungen einer Erhöhung der staatlichen Nachfrage nach Gut 1 können graphisch besonders einfach dargestellt werden. Die Veränderungen auf dem Kapitalmarkt können anhand der Abbildungen 7a und 7b beschrieben werden; allerdings ist das Kapitalangebot der Haushalte jetzt wieder als eine effektive Angebotsplanung zu interpretieren, die die Rationierung auf dem Arbeitsmarkt berücksichtigt. Es zeigt sich erneut das durch die Geldnachfragefunktion vorherbestimmte Ergebnis: Die zusätzliche Staatsnachfrage verdrängt private Nachfrage in exakt gleichen Ausmaß. Die Abbildung 11 zeigt die Auswirkungen auf den beiden Gütermärkten. Von der Verdrängung der privaten Nachfrage sind beide Sektoren betroffen, während die Erhöhung der Staatsausgaben sich nur auf den Sektor 1 richtet. Per Saldo steigt die Nachfrage für den Sektor 1 und fällt die Nachfrage für den Sektor 2. Der Ausweitung der Produktion in Sektor 1 steht eine gleich große Verminderung der Produktion im Sektor 2 gegenüber. Der Sektor 1 wird konjunkturell begünstigt, der Sektor 2 wird konjunkturell diskriminiert.

Bei zinsabhängiger Geldnachfrage tritt dann auch ein Niveaueffekt auf, der beide Sektoren betrifft. Die Ausweitung der Produktion im Sektor 1 wird verstärkt, im Sektor 2 wirken Struktureffekt und Niveaueffekt entgegengesetzt auf Produktion und Beschäftigung.

Der Struktureffekt wird in den makroökonomischen Lehrbüchern und in der finanztheoretischen Analyse der Fiskalpolitik überhaupt nicht diskutiert. Dies hat die weitverbreitete und, wie gezeigt, falsche Intuition begünstigt, daß zusätzliche Staatsausgaben, die in einem Sektor getätigt werden, sich über den global wirkenden Multiplikatorprozess auch positiv auf die Nachfrage in den übrigen Sektoren auswirken. Es ist jedenfalls immer unwidersprochen das Ziel etwa der Konjunkturprogramme für die Bauwirtschaft gewesen, die gesamte Volkswirtschaft "anzukurbeln". Aber diese keynesiani-

Abbildung 11:

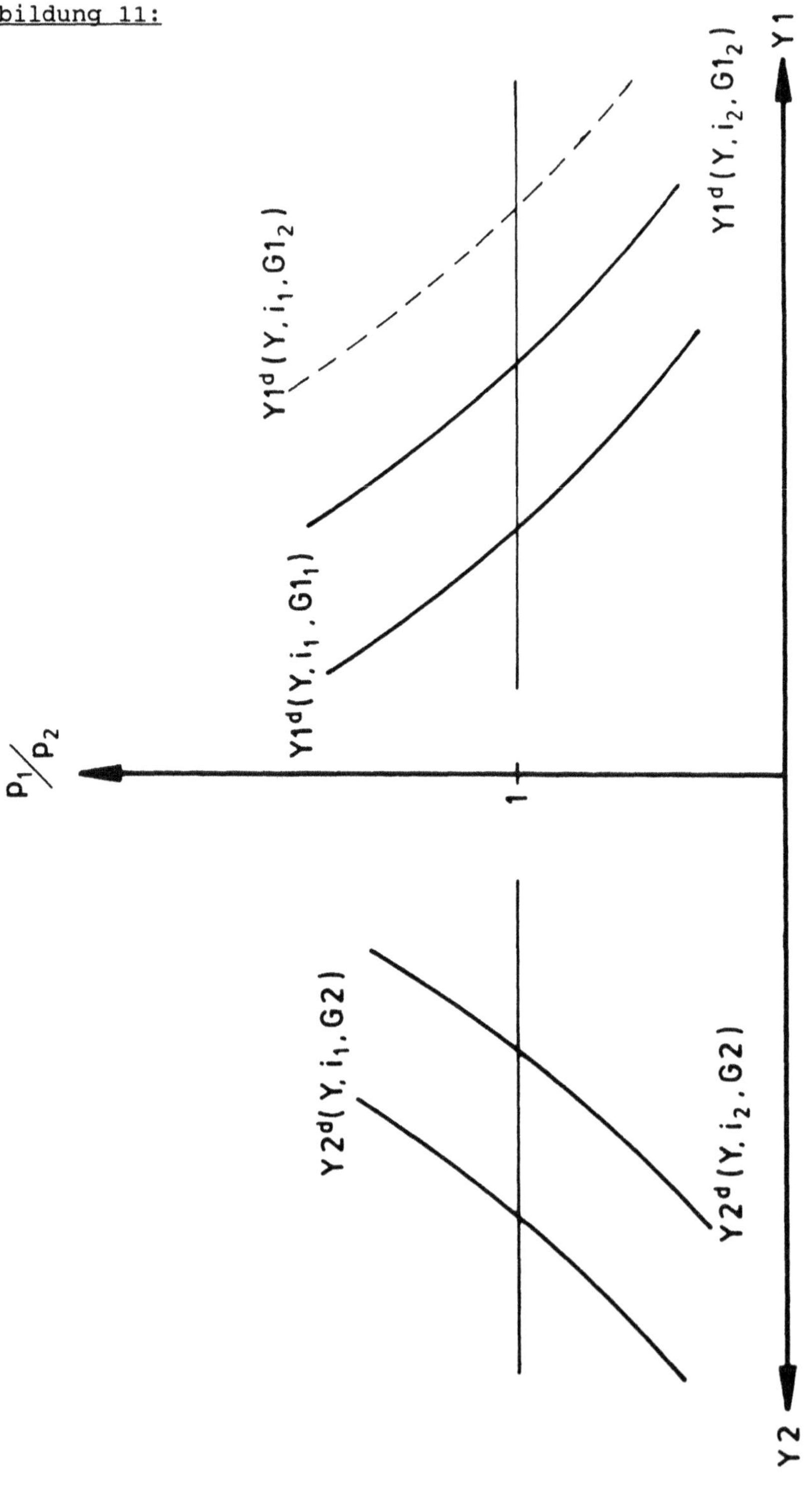

sche Multiplikatorvorstellung eines alle Sektoren umfassenden konjunkturellen Aufschwungs hält nicht einmal der genauen Analyse in einem Modell stand, das, abgesehen davon, daß jetzt zwei Sektoren betrachtet werden, dem keynesianischen IS-LM Prototyp-Modell gleicht. Soweit ein Niveaueffekt wirklich eintritt, kann er als ein monetärer Effekt verstanden werden, der direkter durch eine Erhöhung des Geldangebots zu erzielen wäre. Der Struktureffekt teilt die Volkswirtschaft auf in konjunkturell begünstigte und konjunkturell diskriminierte Sektoren. Dieses Ergebnis ist auch unter konjunkturellen Gesichtspunkten interessant und läßt die Empfehlung für eine Fiskalpolitk in einem ganz anderen Licht erscheinen.[13]

13) Es gibt in der Zolltheorie das Konzept der effektiven Protektion. Es zeigt auf, daß die Protektion eines inländischen Sektors nicht nur in offensichtlicher Weise die ausländischen Anbieter diskriminiert, sondern auch die inländischen Sektoren, die das geschützte Gut als Vorleistung (und nun teurer) beziehen, dadurch einen Wettbewerbsnachteil gegenüber ihren ausländischen Konkurrenten erleiden und eben auch diskriminiert werden. Die Bedeutung dieses Konzepts liegt darin, daß es auf Rückwirkungen und Kosten aufmerksam macht, die auf den ersten Blick nicht erkennbar sind. Die Analyse versteckter Rückwirkungen und das Aufzeigen von nicht unmittelbar erkennbaren Kosten ist sicher eine unumstrittene Aufgabe wissenschaftlicher Politikberatung. Deshalb sollte auch bei der Anaylse der Wirkungen und Rückwirkungen von Ausgabenprogrammen nicht nur der Niveaueffekt, sondern auch der Struktureffekt beachtet werden. Man kann in Kenntnis des Struktureffektes vollkommen analog zur effektiven Protektion von effektiver sektoraler Begünstigung sprechen.

2.3 Budgetsaldo, Leistungsbilanzsaldo und gleichgewichtiger Wechselkurs

Wir betrachten im folgenden Abschnitt eine Zwei-Länder-Welt. Im Zustand der Isolation wird jedes Land durch das einfache bzw. erweiterte Grundmodell beschrieben. Die Ökonomien werden jetzt geöffnet auf den Güter- und Wertpapiermärkten, aber nicht auf den Arbeits- und Geldmärkten. Die Gütermärkte und der Kapitalmarkt sind über beide Länder integriert, aber die Arbeitskräfte sind international immobil und in- und ausländische Wirtschaftssubjekte halten nur jeweils ihr nationales Geld. Damit stellen sich neue Fragen bezüglich der aggregativen Struktur der Gütermärkte und der Wertpapiermärkte.

Wertpapiere können in der Zwei-Länder-Welt nach zwei Kriterien unterschieden werden: nach der Nationalität des Emittenten und nach der Währung, in der die Zahlungsversprechen des Wertpapiers ausgedrückt sind. Eine notwendige Bedingung für vollkommene Kapitalmobilität ist, daß kreditgebende Wirtschaftssubjekte keine Präferenzen hinsichtlich der Nationalität des Schuldners haben. Wir gehen noch einen Schritt weiter und nehmen an, daß die Wirtschaftssubjekte auch hinsichtlich der Währung indifferent sind. Was passiert, wenn wir die Annahme der Indifferenz der Gläubiger hinsichtlich des Währungskriteriums aufgeben, wird im dritten Kapitel untersucht.

Eine wichtige Frage in Modellen für offene Volkswirtschaften ist die der Spezifikation der Gütermärkte. Häufig anzutreffen sind die folgenden vier Spezifikationen:

- Es gibt zwei Güter, die in beiden Ländern nachgefragt und in beiden Ländern auch produziert werden. (Spezifikation wie im Heckscher-Ohlin-Modell)
- Es gibt zwei Güter, die in beiden Ländern nachgefragt werden, aber in jedem Land wird nur jeweils ein Gut produziert. (Spezifikation wie im Mundell-Fleming-Modell)
- In jedem Land gibt es ein heimisches Gut, das nur von Inländern produziert und angeboten und auch nur von Inländern

nachgefragt wird. Darüberhinaus gibt es ein international handelbares Gut, das in allen Ländern produziert, angeboten und nachgefragt wird. (Diese Spezifikation liegt z.B. der Ableitung des Balassa-Effekts zugrunde. Sie findet sich auch im ersten Kapitel im Modell von Calvo und Rodriguez)

- Es gibt weltweit nur ein Gut, das in allen Ländern produziert und nachgefragt wird. Bei dieser trivialen Spezifikation taucht naturgemäß die Frage auf, wie überhaupt internationaler Handel zustande kommen kann. Die Ursache für internationalen Handel kann dann nur liegen in der gewünschten Differenz zwischen Absorptions- und Produktionsniveau. In der betrachteten Periode tauschen In- und Ausländer Güter gegen Wertpapiere, aber bei einer intertemporalen Betrachtung werden Güter heute gegen Güter morgen getauscht. Genau dieser Aspekt kann in isolierter Form durch die triviale Gütermarktspezifikation behandelt werden. Diese Spezifikation findet man häufig in den monetären Ansätzen der Wechselkursbestimmung oder der Zahlungsbilanztheorie.

Eine weitere, allerdings ungebräuchliche Spezifikation ist für unsere Analyse der Strukturaspekte besonders nützlich.

- Es gibt zwei Güter, die in beiden Ländern produziert werden. Aber jedes Gut wird nur in einem Land nachgefragt. Wir unterscheiden also zwischen Gütern für den Markt des Inlandes und Gütern für den Markt des Auslandes. Das Unterscheidungskriterium ist der Markt, für den die Güter bestimmt sind.

Die Entscheidung für eine Gütermarktspezifikation sollte abhängen von der Fragestellung, für die das Modell entworfen wird. Eine expansive Fiskalpolitik in einem der beiden Länder verändert das Verhältnis von Produktion und Absorption in beiden Ländern und verändert zugleich die Struktur der weltwirtschaftlichen Güternachfrage. Wir werden diese beiden Aspekte der Fragestellung anhand des einfachen Zwei-Länder-Modells und des erweiterten Zwei-Länder-Modells untersuchen, die als Pendants zum einfachen und erweiterten Grundmodell angesehen werden können. Im einfachen Zwei-Länder-Modell wird nur der "income-expenditure Effekt" thematisiert, wir wählen also für dieses Modell die triviale Gütermarktspezifikation. Im erweiterten Modell soll der Strukturaspekt im Vordergrund stehen. Wir wählen dafür die neu eingeführte Spezifikation. Zur Absicherung der Ergebnisse diskutieren wir aber auch kurz die anderen Spezifikationen.

2.3.1 Das einfache Zwei-Länder-Modell

Bei der trivialen Spezifikation für die Gütermärkte können grenzüberschreitende Güterbewegungen nur so erklärt werden, daß zum herrschenden Zins auf dem Weltkapitalmarkt die nationalen Niveaus von Produktion und Absorption in gegenläufiger Weise differieren. Wenn wir nur von einem Güter- und Weltkapitalmarkt ausgehen, dann gibt es in der Zwei-Länder-Welt insgesamt sechs veschiedene Märkte: zwei nationale Geldmärkte, zwei nationale Arbeitsmärkte, den Weltgüter- und den Weltkapitalmarkt.

a) unter klassisch neoklassischen Annahmen

Wenn wir auch hier zunächst von zinsunelastischen Geldnachfragen in den beiden Ländern ausgehen, können die Gleichgewichtsbedingungen folgendermaßen formuliert werden:

Gleichgewichtsbedingung für den inländischen Arbeitsmarkt:

$$N^s = N^d(w/p) \tag{2.35}$$

Gleichgewichtsbedingung für den ausländischen Arbeitsmarkt:

$$N^{s\prime} = N^{d\prime}(w'/p') \tag{2.36}$$

Gleichgewichtsbedingung für den inländischen Geldmarkt:

$$M/p = L(Y) \tag{2.37}$$

Gleichgewichtsbedingung für den ausländischen Geldmarkt:

$$M'/p' = L'(Y') \tag{2.38}$$

Gleichgewichtsbedingung für den Weltgütermarkt:

$$Y + Y' = C(Y^V, i) + C'(Y^{V}{'}, i) + I(i) + I'(i) + G + G' \qquad (2.39)$$

Ferner gilt:

$$Y = Y\ (N^S, K_{-1}) \qquad (2.40)$$

$$Y' = Y'(N^{S}{'}, K'_{-1}) \qquad (2.41)$$

$$Y^V = (1-t)(Y + iNP/p) \qquad (2.42)$$

$$Y^{V}{'} = (1-t')(Y' - iNP/(ep')) \qquad (2.43)$$

$$p = p'e \qquad (2.44)$$

endogen: Y, Y', Y^V, $Y^{V}{'}$, w, w', p, p', i, e

exogen: N^S, $N^{S}{'}$, G, G', M, M', t, t', NP, K_{-1}, K'_{-1}

Einzugehen ist auf die fünfte Gleichgewichtsbedingung. In der Form, in der sie geschrieben ist, ist sie als die Gleichgewichtsbedingung für den Weltgütermarkt zu interpretieren. Dabei ist nur zu beachten, daß das nationale Volkseinkommen, das wieder vollständig bei den Haushalten anfällt und in deren Konsumentscheidung eingeht, jetzt nicht mehr automatisch mit der nationalen Güterproduktion übereinstimmt. Die Differenz sind die Zinszahlungen aus der bestehenden Nettoposition NP der Inländer gegenüber den Ausländern.[1] Die Gleichung kann jedoch auch durch identische Umformungen unter den Annahmen des einfachen Grundmodells als Gleichgewichtsbedingung für den Weltkapitalmarkt geschrieben werden:

$$(Y + i\ NP/p - T - C(Y^V, i)) + (Y' - i\ NP/p - T' - C'(Y^{V}{'}, i)) =$$

$$I(i) + I'(i) + (G - T) + (G' - T') \qquad (2.45)$$

1) Der Einfachheit halber wird für die weiteren Überlegungen in diesem Kapitel die Nettoposition auf null gesetzt.

Die Gleichgewichtsbedingungen sind unter den Annahmen des Grundmodells also identisch und können deshalb auch wieder in nur einer Graphik veranschaulicht werden. In der Abbildung 12 sind der Weltgütermarkt und der Weltkapitalmarkt graphisch dargestellt; zunächst die Ausgangssituation mit dem Gleichgewicht im Punkt A unter der Annahme, daß die staatlichen Budgets ausgeglichen sind und es deshalb keine Kapitalnachfrage der öffentlichen Haushalte der beiden Länder gibt. Das Weltkapitalangebot ergibt sich aus der horizontalen Aggregation der beiden nationalen Kapitalangebote, gleiches gilt für die Weltkapitalnachfrage. Im Punkt A herrscht simultan Gleichgewicht auf dem Weltkapital- und dem Weltgütermarkt. Beim Zins i_0 beträgt das Weltkapitalangebot (= Ersparnis aller Haushalte) und die Weltkapitalnachfrage (= Investitionen aller Unternehmen) genau OB. Die ausländischen Haushalte sparen in Höhe von OD, die inländischen in Höhe von DB. Die ausländischen Unternehmen investieren in Höhe von OC, die inländischen in Höhe von CB. Für das Ausland beträgt der Überschuß der Leistungsbilanz (in der Gütermarktinterpretation) genau CD. In der Kapitalmarktinterpretation des Schaubildes ist die Strecke CD das Defizit in der Kapitalverkehrsbilanz für das Ausland. In der Zahlungsbilanz des Inlandes tauchen diese Positionen dann natürlich mit umgekehrten Vorzeichen auf.[2]

<u>Auswirkungen einer kreditfinanzierten Erhöhung der Staatsausgaben im Inland</u>

Die Auswirkungen sind leicht ablesbar anhand der Abbildung 12. Das Budgetdefizit im inländischen Staatshaushalt wird gemessen durch

---

2) In dieser zusammengefaßten Gütermarkt- und Kapitalmarktdarstellung wird besonders deutlich, daß der Leistungsbilanz- und Kapitalverkehrsbilanzsaldo Ausdruck ein und desselben Knappheitsphänomens sind. Die zahlungbilanztheoretische Sichtweise, die Salden der Teilbilanzen könnten getrennt voneinander betrachtet und erklärt werden, ist verfehlt. Dies gilt auch für die sich daran anschließende Problemsicht, die voneinander unabhängigen Teilbilanzsalden müßten durch irgendeinen Mechanismus dann kompatibel gemacht werden. Es gibt natürlich immer das Problem, daß die individuellen Wirtschaftspläne aller Wirtschaftssubjekte der Zwei-Länder-Welt durch Preis- oder auch Mengenreaktionen kompatibel gemacht werden müssen, aber es gibt kein davon unabhängiges oder zusätzliches Problem des Zahlungsbilanzausgleichs.

die Strecke EA'. In der Kapitalmarktinterpretation des Schaubildes wird das Budgetdefizit finanziert durch eine Erhöhung der weltwirtschaftlichen Ersparnis (des Kapitalangebots) um den Betrag BB' und eine Verringerung privater Kapitalnachfrage um den Betrag FB. Der Anstieg der weltwirtschaftlichen Ersparnis geht im Ausmaß DD' auf das Konto der Ausländer, die Differenz BB'- DD' wird von den Inländern geleistet. Die ausländischen Unternehmen verringern ihre Kapitalnachfrage um den Betrag C'C, die inländischen Unternehmen um den Betrag in Höhe der Differenz FB - C'C. Für die Inländer (Ausländer) wächst der Überschuß (das Defizit) in der Kapitalverkehrsbilanz von CD auf C'D'.

In der Gütermarktinterpretation verdrängt die zusätzliche Güternachfrage des inländischen Staates die private Nachfrage der inländischen und ausländischen Haushalte und Unternehmen. Die Konsumnachfrage der ausländischen Haushalte vermindert sich um DD', die der inländischen Haushalte um BB'- DD'. Die ausländischen Unternehmen vermindern ihre Investitionen um C'C, die inländischen um FB - C'C. Das Leistungsbilanzdefizit der Inländer steigt von CD auf C'D'. Die Realeinkommen, die Preisniveaus und die Nominallohnsätze in beiden Ländern bleiben unverändert. Insbesondere gibt es natürlich auch keine Veränderung des nominalen und realen Wechselkurses.

Wie ändern sich diese Ergebnisse, wenn die Geldnachfragen in beiden Ländern wieder in üblicher Weise vom Zins abhängen? In beiden Ländern tritt dann wieder eine geplante Enthortung auf, die die Güterpreise in nationaler Währung ansteigen läßt. Dieser Anstieg kann je nach Zinselastizität der Geldnachfrage unterschiedlich ausfallen. Der nominale Wechselkurs stellt sich dann so ein, daß wieder die absolute Kaufkraftparität ($p = e\ p'$) gilt. Die Reallöhne bleiben unverändert, die Nominallöhne steigen bei zinsabhängiger Geldnachfrage in beiden Ländern prozentual im Ausmaß der Güterpreise.

Abbildung 12

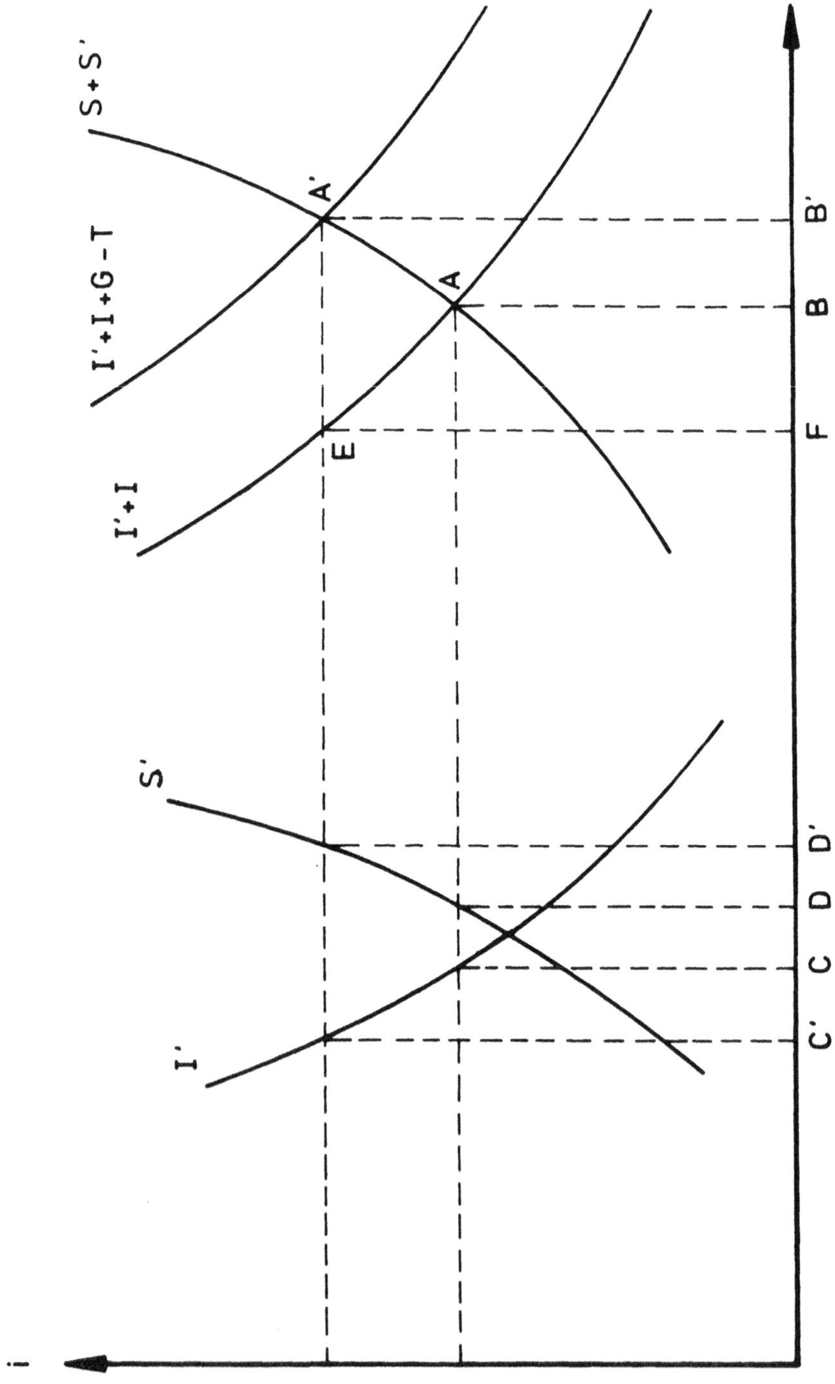

b) unter keynesianischen Annahmen

Wir gehen jetzt wieder davon aus, daß die Güterpreise und Nominallöhne in nationaler Währung starr (und auf 1 normiert) sind. In beiden Ländern werden die Haushalte auf dem Arbeitsmarkt und die Unternehmen auf dem Gütermarkt rationiert. Es gelten dann die folgenden Gleichungen:

$$N = g(Y) \tag{2.46}$$

$$N' = g'(Y') \tag{2.47}$$

$$M = L(Y) \tag{2.48}$$

$$M' = L'(Y') \tag{2.49}$$

$$Y + Y' = C(Y(1-t), i) + C'(Y'(1-t'), i) + G + G' + I(i) + I'(i) \tag{2.50}$$

$$TB = Y - C(Y(1-t), i) - I(i) - G \tag{2.51}$$

endogen: Y, Y', i, N, N', TB

exogen: G, G', M, M', t, t'

Es gelten die Ausführungen, die wir im Rahmen des einfachen Grundmodells beim Übergang zu den keynesianischen Annahmen (bei zunächst noch zinsunabhängiger Geldnachfrage) schon gemacht haben. Die Auswirkungen der Erhöhung der Staatsnachfrage im Inland können wieder anhand der Abbildung 12 gezeigt werden. Die komparativ statischen Ergebnisse stimmen mit denen unter klassisch-neoklassischen Annahmen überein.

Dies ändert sich erst wieder, wenn die Geldnachfragen in beiden Ländern vom Zins abhängen. In diesem Fall tritt in beiden Ländern ein Niveaueffekt auf die gesamtwirtschaftliche Nachfrage auf. Das Einkommen, die Produktion und die Beschäftigung steigen in beiden Ländern. Der Einkommensanstieg ist umso größer, je höher die Zinselastizität der Geldnachfrage ist.

In der Formulierung des Modells taucht der Wechselkurs als endogene Variable bisher noch gar nicht auf. Es steht von vorneherein fest, daß, wenn die Güterpreise in nationaler Währung auf 1 normiert sind, auch der Wechselkurs den Wert 1 annimmt und unverändert bleibt. Auch jetzt wird der Wechselkurs bestimmt aus p=ep'. Dieses Ergebnis kann übrigens durchaus im Sinne des monetären Ansatzes interpretiert und begründet werden. Das Credo dieses Ansatzes lautet: Der Wechselkurs ist der relative Preis zweier Währungen und wird deshalb durch das Angebot an und die Nachfrage nach diesen Währungen bestimmt. Die Veränderung des Wechselkurses bzw. der Saldo der Zahlungsbilanz (bei festen Wechselkursen) werden als ein "monetäres Phänomen", als eine Reaktion auf ein Ungleichgewicht auf den Geldmärkten verstanden. Im vorliegenden keynesianischen Modell kann dies genauso gesehen werden.

Zunächst ist zu beachten, daß auf dem Weltgütermarkt nur das Gesamtangebot durch die effektive Weltnachfrage rationiert ist. Aus der Gleichgewichtsbedingung für den Weltgütermarkt ist die Verteilung der Gesamtproduktion auf die beiden Länder nicht zu ermitteln; dies ist nur möglich in Kenntnis der Gleichgewichtsbedingungen für die beiden Geldmärkte. Die Verteilung der Nachfrage und damit der Produktion und des Einkommens wird anschaulich durch die folgende Regelkreisvorstellung beschrieben: Eine auch nur geringfügige Abwertung (Aufwertung) der inländischen Währung würde die Weltnachfrage vom ausländischen (inländischen) Unternehmenssektor auf den inländischen (ausländischen) Unternehmenssektor umleiten. Herrschte vor der Abwertung (Aufwertung) Gleichgewicht auf den Geldmärkten, dann bestünde nun eine Überschußnachfrage auf dem inländischen Geldmarkt und ein Überschußangebot auf dem ausländischen Geldmarkt, (ein Überschußangebot auf dem inländischen Geldmarkt und eine Überschußnachfrage auf dem ausländischen), die wieder die Ausgangsparität herstellen. Jede andere Parität ist mit einem Gleichgewicht auf den Geldmärkten nicht vereinbar.[3]

---

3) Die umgekehrte Interpretation, der Wechselkurs stelle sich im keynesianischen Modell so ein, daß die beiden nationalen Gütermärkte oder der Weltgütermarkt sich im Gleichgewicht befinden, ist nicht möglich. Denn in der Situation der keynesianischen Unterbeschäftigung folgt das Angebot immer der effektiven Nachfrage, d.h.

Das einfache Zwei-Länder-Modell und der monetäre Ansatz der Wechselkursbestimmung

Im einfachen Zwei-Länder-Modell ist wegen der trivialen Gütermarktspezifikation von vorneherein eine Änderung des gleichgewichtigen realen Wechselkurses ausgeschlossen. Deshalb wird diese Spezifikation auch häufig mit dem monetären Ansatz der Wechselkursbestimmung identifiziert. Richtig ist immerhin, daß die vom monetären Ansatz her bekannte Gleichung (2.52), die das Credo des monetären Ansatzes ausdrückt, immer erfüllt ist.

$$\ln e = \ln M - \ln M' - \ln L(\ldots) + \ln L'(\ldots) \qquad (2.52)$$

Es geht aber nicht nur darum, daß diese Gleichung erfüllt ist, sondern daß sie auch als Bestimmungsgleichung für den Wechselkurs interpretiert werden kann, d.h. es muß darüber hinaus noch eine Kausalstruktur gelten, die durch das folgende einfache Pfeilschema dargestellt werden kann:

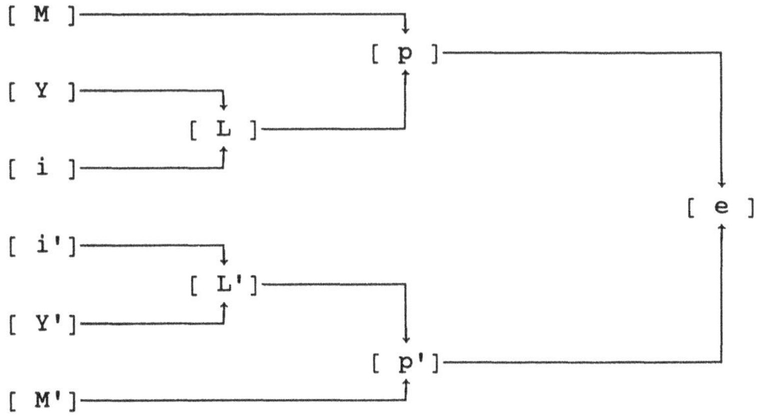

Nur dann sind etwa die folgenden Aussagen möglich: Eine Erhöhung des inländischen Geldangebots führt zu einer (prozentual gleich großen) Abwertung der inländischen Währung, eine Erhöhung des inländischen Realeinkommens führt über die zunehmende Geldnachfrage zu einer Aufwertung der inländischen Währung. Dieses Pfeilschema

es gibt gar keine von der effektiven Nachfrage unabhängige effektive Angebotsplanung auf den Gütermärkten.

gilt jedoch nur unter klassisch-neoklassischen Annahmen. Unter keynesianischen Annahmen gelten diese Aussagen nicht, so führt z.B. eine Erhöhung der inländischen Geldmenge, jedenfalls vom Ergebnis her, zu einer Erhöhung des inländischen Realeinkommens (bei zinsunelastischen Geldnachfragen), ohne daß der Wechselkurs sich ändert.

Überhaupt ist der monetäre Ansatz nicht in dem Sinne ein Modell, in dem etwa das einfache Zwei-Länder-Modell ein Modell ist. Es wird nicht etwa eine Modellwelt entworfen, in der aus den getroffenen Annahmen über das Verhalten der Wirtschaftssubjekte auf den Märkten die Gleichung (2.52) folgt, sondern es wird nur eine Behauptung präsentiert. Der monetäre Ansatz ist eher das Ergebnis einer Modellbetrachtung - und das zugehörige Modell wird nicht vorgestellt.

Im einfachen Zwei-Länder-Modell unter klassisch-neoklassischen Annahmen gilt die Kernaussage des monetären Ansatzes: Der Wechselkurs ist der relative Preis zweier Währungen und ist (im Sinne des Pfeildiagramms) vollständig bestimmt durch das Angebot und die Nachfrage nach beiden Währungen. In diesem Fall gilt die Aussage unabhängig davon, welche exogene Variable verändert wird oder welche Art von Schock auftritt. Verläßt man aber die triviale Gütermarktspezifikaton (und bleibt bei den klassisch - neoklassischen Annahmen), dann gilt die Kernaussage nur noch bei monetären Schocks und besagt dann nicht mehr, als daß die realen Größen neutral sind in bezug auf monetäre Schocks. Bei realen Schocks ist es durchaus möglich, daß Veränderungen des nominalen Wechselkurses auftreten, ohne daß sich bei der Geldnachfrage oder dem Geldangebot etwas geändert hat. Dies wird bei der Behandlung des erweiterten Zwei-Länder-Modells gezeigt.

2.3.2 Das erweiterte Zwei-Länder-Modell

Wie schon angekündigt wählen wir für das erweiterte Zwei-Länder-Modell eine nicht gebräuchliche Spezifikation für die Gütermärkte: Es gibt zwei Güter, das inländische Gut und das ausländische Gut. Beide Güter werden in beiden Ländern produziert, aber nachgefragt wird das inländische Gut nur im Inland und das ausländische Gut nur im Ausland. Die Güter werden also danach unterschieden, für welche Märkte sie bestimmt sind. Die übliche Sichtweise ist die, daß Unternehmen Güter für den Weltmarkt produzieren, auf dem dann In- oder Ausländer nicht unterscheidbar auf der Nachfragerseite auftreten. Die jetzt verfolgte Sichtweise ist eher die, daß Unternehmen Güter von vornherein für bestimmte nationale Märkte produzieren und der Wechsel des Marktes eine Entscheidung des Unternehmens ist. Jedes Gut ist z.B. auf nationale Vertriebswege angewiesen und hat möglicherweise nationale Auflagen zu erfüllen.

Gütermarktspezifikationen sind nicht an sich wahr oder falsch, sondern nur mehr oder weniger zweckmäßig für eine ökonomische Fragestellung. Wir wollen möglichst isoliert den Strukturaspekt beleuchten, der dadurch zustande kommt, daß die beiden Güter von der zusätzlich entfalteten Nachfrage anders betroffen sind als von der Verdrängung. In einer Zwei-Länder-Welt mit zwei Gütern, in der beide Güter von In- und Ausländern im gleichen Verhältnis nachgefragt werden, gibt es keinen Struktureffekt auf die weltwirtschaftliche Güternachfrage, wenn Inländer mehr und Ausländer weniger nachfragen. Auf beiden Märkten treten die Inländer als Nachfrager an die Stelle der Ausländer, die relative Knappheit der beiden Güter und also der relative Preis ändern sich nicht. Wir können die beiden Güter auch zu einem Gut zusammenfassen und erhalten dann das einfache Zwei-Länder-Modell. Anders gewendet: Es gibt dann nur den "income-expenditure"-Effekt, der isoliert im einfachen Zwei-Länder-Modell darstellbar ist. Wenn die beiden Güter dagegen nicht mehr im gleichen Verhältnis nachgefragt werden, dann wird das von den Inländern stärker nachgefragte Gut knapper. Erst dann sind Auswirkungen auf den realen oder nominalen Wechselkurs oder die Terms of Trade möglich. Aber auch dann treten immer noch beide Effekte gemeinsam auf. Offenbar können wir den Struktureffekt möglichst isoliert betrachten, wenn das Gut 1 nur von den Inländern und das Gut 2 nur von den Ausländern nachgefragt wird. Es ist dabei vollkommen unproblematisch, daß viele Güter vielleicht schnell umgewidmet werden können; dies bedeutet dann eben nur eine sehr schnelle Angebotsreaktion. Und letztlich ist der Gegenstand der Analyse die Interaktion von Preis- und Mengenreaktionen, von Veränderungen in den importierten und exportierten Mengen und der Veränderung der Terms of Trade.

Wir werden die Fragestellung auch für andere Spezifikationen untersuchen und dabei erkennen, daß die Ergebnisse, auf die es uns ankommt, nicht von der gewählten Gütermarktspezifikation abhängen. Die Ergebnisse können nur relativ einfach und eingängig abgeleitet werden. Vereinfachungen ergeben sich besonders deshalb, weil das Verhältnis der beiden Güterpreise dann sowohl das Realtauschverhältnis als auch den realen Wechselkurs festlegt. Eine weitere Vereinfachung: Wenn wir mit Y1 die Produktion des inländischen Gutes im Inland, mit Y2 die Produktion des ausländischen Gutes im Inland, mit Y1' die Produktion des inländischen Gutes im Ausland und mit Y2' die Produktion des ausländischen Gutes im Ausland bezeichnen, dann erhält man den Saldo der Handelsbilanz für das Inland (in inländischer Währung) durch:

$$TB = p_2\, Y2 - p_1\, Y1'$$

Die Konsumnachfrage der inländischen (ausländischen) Haushalte wird mit C1 (C2'), die Investitionsnachfrage der beiden inländischen (ausländischen) Unternehmenssektoren mit $I1_{1+2}$ ($I2'_{1+2}$) bezeichnet.

<u>a) unter klassisch-neoklassischen Annahmen</u>

In der Zwei-Länder-Welt gibt es jetzt zwei Gütermärkte, zwei Geldmärkte, einen Weltkapitalmarkt und vier Arbeitsmärkte. Das Modell kann durch die folgenden Gleichungen beschrieben werden:

$$Y1 + Y1' = C1[(Y1+(p_1/p_2)^{-1}Y2)(1-t),\ i] + I1_{1+2}(p_1/p_2,\ i) + G1 \tag{2.53}$$

$$Y2 + Y2' = C2'[(Y2'+(p_1/p_2)Y1')(1-t'),\ i] + I2'_{1+2}(p_1/p_2,\ i) + G2' \tag{2.54}$$

$$N_1^s = N_1^d(w_1/p_1) = N_1 \tag{2.55}$$

$$N_2^s = N_2^d(w_2/p_2) = N_2 \quad (2.56)$$

$$N_1^{s\prime} = N_1^{d\prime}(w_1'/p_1') = N_1' \quad (2.57)$$

$$N_2^{s\prime} = N_2^{d\prime}(w_2'/p_2') = N_2' \quad (2.58)$$

$$M/p_1 = L_1\ (Y1+Y2/(p_1/p_2)) \quad (2.59)$$

$$M'/p_2' = L_2'\ (Y2'+ (p_1'/p_2')Y1') \quad (2.60)$$

$$p_1 = ep_1' \quad (2.61)$$

$$p_2 = ep_2' \quad (2.62)$$

$$TB = p_2Y2 - p_1Y1' \quad (2.63)$$

$$Y1 = Y1\ (N_1, K_{1,-1}) \quad (2.64)$$

$$Y2 = Y2\ (N_2, K_{2,-1}) \quad (2.65)$$

$$Y1' = Y1'(N_1', K_{1,-1}') \quad (2.66)$$

$$Y2' = Y2'(N_2', K_{2,-1}') \quad (2.67)$$

endogen: $Y1, Y1', Y2, Y2', w_1, w_2, w_1', w_2', p_1, p_2, p_1', p_2',$
e, i, TB

exogen: $M, M', G1, G2', N_1^s, N_2^s, N_1^{s\prime}, N_2^{s\prime}, K_{1,-1}, K_{2,-1}, K_{1,-1}',$
$K_{2,-1}', t, t'$

Die Aufteilungsentscheidung des Konsumbudgets auf die beiden Güter stellt sich nicht mehr, Inländer und Ausländer sind jeweils auf ein Gut festgelegt. Die Konsumnachfragen hängen dann nur noch jeweils ab vom verfügbaren Realeinkommen und dem Zins. Über das verfügbare Realeinkommen wird jetzt auch der reale Wechselkurs $p_1/ep_2' = p_1/p_2$ ein Argument der Konsumgüternachfragen. Die Inves titionsgüternachfragen in beiden Ländern könnten auch, ohne daß sich am Ergebnis qualitativ etwas ändert, nur in Abhängigkeit vom Zins spezifiziert werden. Wenn dennoch das Verhältnis der Güterpreise auftaucht, dann wegen des zweiten Arguments in den Investitionsnachfragen (2.14) - (2.17). Bei dem erweiterten Grundmodell waren wir davon ausgegangen, daß die Knappheitsrenten des einen Sektors und die "Reichlichkeitsverluste" des anderen Sektors zwar Argumente der sektoralen Investitionsnachfragen sind, sich aber in ihrer Wirkung auf die gesamtwirtschaftliche Investitionsnachfrage gegenseitig aufheben. Dies Argument gilt jetzt auf der weltwirtschaftlichen Ebene, aber nicht mehr auf der nationalen Ebene. Wenn jetzt durch eine Verschiebung in der Struktur der weltwirtschaftlichen Nachfrage Gut 1 knapper und Gut 2 reichlicher wird und p_1/p_2 steigt, dann steigt die Investitionsnachfrage der beiden Sektoren im In- und Ausland, die das Gut 1 herstellen, und fällt die Investitionsnachfrage der beiden Sektoren, die das Gut 2 herstellen. Wenn die gesamte inländische Investitionsnachfrage bei einem Anstieg von p_1/p_2 zunimmt und die ausländische zurückgeht, dann verbirgt sich dahinter die naheliegende Annahme, daß der Sektor, der jeweils das heimische Gut herstellt, größer ist und einen größeren Anteil an der nationalen Investitionsnachfrage hat, als der jeweilige Exportsektor. Zu den vier Gleichgewichtsbedingungen für die Arbeitsmärkte ist wieder anzumerken, daß für die betrachtete Periode für jeden Sektor das Arbeitsangebot gegeben ist und die intrasektorale Konkurrenz der Unternehmen um die Arbeitskräfte dazu führt, daß der Nominallohn gleich ist dem sektoralen Wertgrenzprodukt. Die reale Geldnachfrage des Inlandes (des Auslandes) hängt ab vom Realeinkommen, beide ausgedrückt in Einheiten von Gut 1 (Gut 2). Über das Realeinkommen ist jetzt auch das Realtauschverhältnis ein Argument in den beiden Geldnachfragen.

Durch die Gleichungen (2.53) - (2.58) werden die realen Größen des Modells bestimmt. Die beiden Gleichgewichtsbedingungen für die Gütermärkte bestimmen den realen Wechselkurs und den Zins. Beide Gleichungen beschreiben implizit einen Zusammenhang zwischen dem Zins und dem realen Wechselkurs. Die Abbildung 13 zeigt die

Abbildung 13

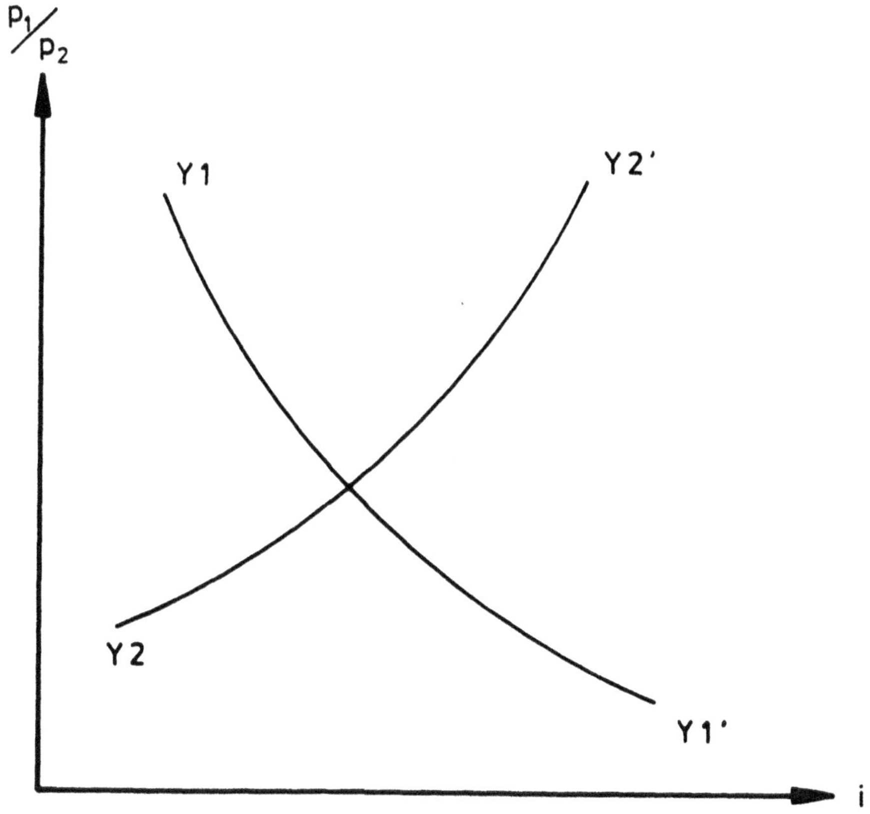

Graphen der beiden impliziten Funktionen. Sind die Stabilitätsbedingungen

$$dC1/d(p_1/p_2) - dI1_{1+2}/d(p_1/p_2) < 0 \tag{2.68}$$

$$dC2'/d(p_1/p_2) - dI2'_{1+2}/d(p_1/p_2) > 0 \tag{2.69}$$

erfüllt, weisen die Y1-Y1' Kurve eine negative und die Y2-Y2' Kurve eine positive Steigung auf. Aus den vier Gleichgewichtsbedingungen für die vier Arbeitsmärkte sind direkt die sektoralen Reallöhne in Höhe der sektoralen Grenzprodukte bestimmbar. Für die Gleichungen (2.59) - (2.67) sind die realen Größen, insbesondere der reale Wechselkurs vorherbestimmt. Diese Gleichungen bestimmen dann in Kenntnis des realen Wechselkurses die nominalen Größen: die Niveaus der Güterpreise in in- und ausländischer Währung und den nominalen Wechselkurs.

Wirkungen einer kreditfinanzierten Erhöhung der Staatsausgaben

Wir betrachten den Fall einer kreditfinanzierten Erhöhung der Staatsausgaben im Inland. Wie beim erweiterten Grundmodell gehen wir davon aus, daß die Erhöhung der Staatsnachfrage über mehrere Perioden durchgehalten wird. Zuerst klären wir die Auswirkungen in der ersten Periode bei noch unveränderten Werten von Y1, Y1', Y2, Y2'.

Zur Darstellung der Situation auf dem Kapitalmarkt kann wieder die Abbildung 12 herangezogen werden. Die zusätzliche Kapitalnachfrage des Staates verdrängt über den Zinsanstieg die Kapitalnachfrage der Unternehmen und mobilisiert ein zusätzliches Kapitalangebot aus der steigenden Ersparnis der privaten Haushalte im In- und Ausland. Wie im erweiterten Grundmodell kann man für gegebene Werte von Y1 und G1 bzw. Y2' und G2' die Bedingungen für ein Gleichgewicht auf den Gütermärkten in einem (i, p_1/p_2)-Diagramm darstellen. Wenn die Stabilitätsbedingungen (2.68) und (2.69) erfüllt sind, können wir die Abbildung 9 übernehmen. Nach einer Erhöhung der inländischen Staatsnachfrage, die sich spezifikationsbedingt nur auf das Gut 1 richten kann, verschiebt sich die Y1-Y1' Kurve nach außen, der Zins und das Preisverhältnis p_1/p_2, jetzt auch gleichzusetzen mit dem realen Wechselkurs, steigen. Die ökonomische Begründung lautet aber etwas anders als im erweiterten Grundmodell: Zunächst gilt auch hier, daß über den Zinsanstieg am Kapitalmarkt direkt private Nachfrage im Ausmaß der zusätzlichen Staatsnachfrage verdrängt wird. Insgesamt tritt wieder nur ein Struktureffekt auf die weltwirtschaftliche Nachfrage auf; die zusätzliche Staatsnachfrage richtet sich nur auf das inländische Gut, während von der Verdrängung beide Länder betroffen sind. Das Gleichgewicht auf den beiden Gütermärkten kann jetzt aber nicht dadurch wieder erreicht werden, daß in der Aufteilungsentscheidung über den Anstieg des relativen Preises p_1/p_2 die nachgefragte Menge von Gut 2 wieder steigt und die von Gut 1 wieder fällt. Die Aufteilungsentscheidung stellt sich nicht mehr, die Nachfragen der Wirtschaftssubjekte sind von vorneherein auf ihr heimisches Gut festgelegt. Das Gleichgewicht wird auch jetzt durch einen Anstieg des relativen Preises von Gut 1 erreicht, aber mit anderer Begründung: die Erhöhung von p_1/p_2 bedeutet für das Inland eine Verschlechterung der Terms of Trade und damit eine Verminderung des Realeinkommens, ausgedrückt in Einheiten des inländischen Gutes. Für die Ausländer dagegen erhöht sich das Realeinkommen, ausgedrückt in Einheiten des ausländischen Gutes. Dieser Terms of Trade Effekt auf die Realeinkommen der In- und Ausländer erhöht dann wieder die Nachfrage nach Gut 2 und senkt die Nachfrage nach Gut 1, bewirkt also die Rückkehr zum Gleichgewicht auf den Gütermärkten. Das Inland verschuldet sich zwar beim Ausland (siehe Schaubild für den Kapitalmarkt), importiert aber mengenmäßig nicht mehr Güter aus dem Ausland oder exportiert weniger Güter ins Ausland als zuvor. Dies folgt direkt aus der Annahme, daß die sektoralen Güterangebotsfunktionen für die betrachtete Periode vollkommen preisunelastisch sind. Vom Ergebnis her dient die Kreditaufnahme im Ausland zunächst nur dazu, die Verschlechterung im Realtauschverhältnis zu finanzieren. Nur über diese Veränderung des relativen Güterpreises kommt es dann zu einem Defizit in der (annahmegemäß) anfänglich ausgeglichenen Handelsbilanz. In beiden Ländern steigen die Nominallöhne in dem Sektor, der das Gut 1 herstellt, und fallen in dem Sektor, der das Gut 2 herstellt.

Aber dabei bleibt es natürlich nicht. In den nachfolgenden Perioden setzt die Mengenreaktion ein, die in beiden Ländern mit dem Strukturwandel einhergeht. Die beiden Sektoren im In- und Ausland, die das Gut 1 herstellen, expandieren zu Lasten der beiden Sektoren, die das Gut 2 herstellen. Im Inland wächst der Sektor, der das heimische Gut herstellt, und schrumpft der Exportgutsektor; das Ausland verzeichnet die entgegengesetzte Entwicklung. Im Zuge der Mengenreaktionen nähert sich der reale Wechselkurs dann wieder seinem ursprünglichen Wert. Auf das Defizit in der Handelsbilanz des Inlandes wirken die Mengenreaktionen und die Preisreaktionen entgegengesetzt. Wir können etwas ungenau davon ausgehen, daß sich das Handelsbilanzdefizit und der Zins während der Dynamik des Strukturwandels nicht ändern.

Genauere Aussagen zur Entwicklung des Handelsbilanzsaldos und des Zinses während des Strukturwandels sind nicht notwendig. Wichtig ist nur das Grundmuster der Dynamik, die Wechselwirkung von Preis- und Mengenreaktionen. Damit ist noch nicht einmal der beschriebene zeitliche Ablauf gemeint, also zunächst nur die Preisreaktion und dann die allmähliche Mengenreaktion, die die Preisreaktion tendenziell wieder aufhebt. Denn bei der gewählten Spezifikation für die Gütermärkte ist natürlich zu erwarten, daß ein Teil der Mengenreaktion sehr schnell, vielleicht sogar simultan mit der Entfaltung der zusätzlichen Staatsnachfrage auftritt. Entscheidend ist nur die elementare Einsicht, daß die Veränderung der Terms of Trade und die Reaktion in den importierten und exportierten Mengen gegenläufig sind. Die Veränderung der Terms of Trade ist umso stärker, je geringer die Mengenreaktionen in der gleichen Periode ausfallen, und in dem Maße, in dem in späteren Perioden die importierten und exportierten Mengen doch reagieren, heben sie die Reaktionen im Preisverhältnis der international gehandelten Güter wieder auf.

Diese Einsicht widerspricht diametral der weit verbreiteten und nach wie vor herrschenden Intuition, die durch das elastizitätstheoretische Denken geprägt wird. Der Elastizitätsansatz sieht genau das entgegengesetzte Zusammenspiel von Preis- und Mengenreaktionen. Er behauptet die Verursachung der Mengenreaktionen in der Handelsbilanz durch eine Änderung der Terms of Trade, also ein paralleles oder gleichgerichtetes Reaktionsmuster. Dagegen sind in unserem kreislauftheoretisch geschlossenen Modell die Reaktionen in den Terms of Trade und in den importierten und exportierten Mengen invers zueinander.

Die Bestimmung der nominalen Variablen

Noch nicht geklärt ist die Entwicklung der Niveaus der Güterpreise in in- und ausländischer Währung und des nominalen Wechselkurses. Wenn wir zunächst wieder nur die erste Periode betrachten, in der annahmegemäß noch keine Mengenreaktionen stattgefunden haben, dann können wir die fünf Variablen durch die folgenden Gleichungen bestimmen:

$$q = p_1/p_2 \tag{2.70}$$

$$p_1 = ep_1' \tag{2.71}$$

$$p_2 = ep_2' \tag{2.72}$$

$$M/p_1 = L_1(Y1 + Y2/q) \tag{2.73}$$

$$M'/p_2' = L_2'(Y2' + qY1') \tag{2.74}$$

Für diese Gleichungen sind jetzt Y1, Y1', Y2, Y2' und q vorherbestimmte Variablen. Die Fragestellung lautet dann formal: Wie än dern sich p_1, p_1', p_2, p_2' und e, wenn sich q ändert. Die Ergebnisse sind eher einer ökonomischen Interpretation zugänglich, wenn wir relative Veränderungen betrachten und mit Elastizitäten argumentieren.[4]

Aus den Gleichungen (2.70) und (2.72) erhält man:

$$e = p_1 / (qp_2') \tag{2.75}$$

---

4) Dabei gilt jetzt die folgende Notation: n(x,y) bezeichnet die Elastizität von x in bezug auf y.

Dabei sind, wie die Gleichgewichtsbedingungen für die Geldmärkte zeigen, p_1 und p_2' wieder Funktionen von q (und sonstigen exogenen Variablen, die sich aber nicht ändern).
Dann erhält man aus (2.75):

$$(de/e)/(dq/q) = n(p_1,q) - n(p_2',q) - 1 \tag{2.76}$$

Die Elastizitäten auf der rechten Seite lassen sich weiter zurückführen auf die Einkommenselastizitäten der Geldnachfragen und die Produktionsanteile am Volkseinkommen.

$$n(p_1,q) = n(L_1,Y_1)\ Y2/(q\ Y1 + Y2) \tag{2.77}$$

$$n(p_2',q) = -n(L_2',Y_2)\ Y1'q/(q\ Y1'+ Y2') \tag{2.78}$$

Eingesetzt in (2.76) erhält man:

$$(de/e)\ /\ (dq/q) = n(L_1,Y_1)\ Y2/(q\ Y1 + Y2) + n(L_2',Y_2')\ Y1'q/(q\ Y1'+ Y2') - 1 \tag{2.79}$$

Die beiden Elastizitäten $n(L_1,Y_1)$ und $n(L_2',Y_2')$ geben prozentuale Zuwächse der realen Geldnachfragen der In- und Ausländer an. Die realen Geldnachfragen sind aber in verschiedenen Gütern ausgedrückt und, das ist entscheidend, das Austauschverhältnis der Güter ändert sich. Für die weitere Interpretation des Ausdrucks empfiehlt es sich deshalb, daß die Elastizitäten sich auf reale Geldnachfragen beziehen, die in gleichen Gütern ausgedrückt sind.

Wir können die reale Geldnachfrage der Inländer angeben in Einheiten von Gut 1 und Gut 2. Offenbar gilt:

$$L_2(Y1\ q + Y2) = q\ L_1(Y1 + Y2/q) \tag{2.80}$$

Differenziert nach q und ausgedrückt in Elastizitäten erhält man:

$$1 - n(L_1,Y_1)\ Y2/(q\ Y1 + Y2) = n(L_2,Y_2)\ q\ Y1/(q\ Y1 + Y2) \tag{2.81}$$

Eingesetzt in (2.79) und umgeformt:

$$\hat{e} = (n(L_2', Y_2')\ Y1'q/(q\ Y1' + Y2') - n(L_2, Y_2)\ q\ Y1/(q\ Y1 + Y2))\ \hat{q} \tag{2.82}$$

Damit kann die Veränderung des nominalen Wechselkurses wieder monetär, d.h. als Ausdruck einer sich ändernden relativen Knappheit der beiden Währungen, interpretiert werden. In der folgenden Interpretation sind alle realen Größen ausgedrückt in Einheiten von Gut 2.

Steigt der reale Wechselkurs prozentual um $\hat{q}$, dann steigt das reale inländische Volkseinkommen prozentual um

$$n(Y_2, q)\ \hat{q} = (q\ Y1/(q\ Y1 + Y2))\ \hat{q} \tag{2.83}$$

und die reale inländische Geldnachfrage steigt dann prozentual um:

$$n(L_2, Y_2)\ (q\ Y1/(q\ Y1 + Y2))\ \hat{q} \tag{2.84}$$

Entsprechend steigt die reale Geldnachfrage der Ausländer prozentual um:

$$n(L_2', Y_2')\ Y1'q/(q\ Y1' + Y2')\ \hat{q} \tag{2.85}$$

Wenn die prozentuale Zunahme der realen Geldnachfrage der Inländer größer ist als die der Ausländer, wertet die inländische Währung auf, der Wechselkurs sinkt. Die prozentuale Änderung des Wechselkurses ist gleich der Differenz der prozentualen Änderungen der realen Geldnachfragen.

Häufig wird angenommen, daß die Einkommenselastizitäten der Geldnachfragen für In- und Ausländer gleich sind. In diesem Fall entscheiden die Produktionsanteile von Gut 1 und Gut 2 über Auf- oder Abwertung. Wenn wir davon ausgehen, daß der Produktionsanteil von Gut 1 im Inland größer ist als im Ausland (bzw. der Produktionsanteil von Gut 2 kleiner ist als im Ausland), wertet die inländische Währung auf.

Insgesamt erhält man die folgenden Ergebnisse für die nominalen Variablen:

$$\hat{p}_1 = (n(L_1,Y_1)\ Y2/(q\ Y1 + Y2))\ \hat{q} \tag{2.86}$$

$$\hat{p}_2 = (n(L_1,Y_1)\ Y2/(q\ Y1 + Y2) - 1)\ \hat{q} \tag{2.87}$$

$$\hat{p}_2' = (-\ n(L_2',Y_2')\ q\ Y1'/(q\ Y1' + Y2'))\ \hat{q} \tag{2.88}$$

$$\hat{p}_1' = (1 - n(L_2',Y_2')\ q\ Y1'/(q\ Y1' + Y2'))\ \hat{q} \tag{2.89}$$

$$\hat{e} = (n(L_2',Y_2')\ Y1'q/(q\ Y1' + Y2') - n(L_2,Y_2)\ q\ Y1/(q\ Y1 + Y2))\ \hat{q} \tag{2.90}$$

In beiden Ländern steigen die Preise für Gut 1 und fallen die Preise für Gut 2 in nationaler Währung. Unter den naheliegenden Annahmen, daß der Produktionsanteil von Gut 1 im Inland größer ist als im Ausland (bzw. der Produktionsanteil von Gut 2 kleiner als im Ausland) und die Einkommenselastizitäten der Geldnachfragen gleich sind (oder sich doch nicht zu sehr unterscheiden), kommt es zu einer Aufwertung der inländischen Währung, der nominale Wechselkurs sinkt.

Diese relativen Veränderungen der Güterpreise in nationaler Währung und des nominalen Wechselkurses bei einer Veränderung des realen Wechselkurses sind abgeleitet unter der Annahme, daß noch keine Mengenreaktionen stattgefunden haben. Auch hier gilt: Wenn die Mengenreaktionen einsetzen und sich auch der reale Wechselkurs wieder zurückbildet, nähern sich auch die Güterpreisniveaus und der nominale Wechselkurs wieder den Ausgangswerten an.

Ergebnisse bei zinsabhängigen Geldnachfragen

Die Einführung von zinsabhängigen Geldnachfragen im In- und Ausland ändert nichts an der Entwicklung der realen Größen im Modell. Betroffen sind wieder nur die Güterpreisniveaus in nationaler Währung und der nominale Wechselkurs. Auszugehen ist dann von den Gleichungen (2.70) - (2.74), wobei jetzt allerdings in den Geldnachfragen der Zins als weiteres Argument aufzunehmen ist. Formal lautet die Frage: Wie ändern sich die zu bestimmenden Variablen, wenn der reale Wechselkurs und der Zins steigen? Man erhält die folgenden relativen Veränderungen:

$$\hat{p}_1 = n(L_1,Y_1)\ Y2/(q\ Y1 + Y2)\ \hat{q} - n(L_1,i)\ \hat{i} \quad (2.91)$$

$$\hat{p}_2 = (n(L_1,Y_1)\ Y2/(q\ Y1 + Y2) - 1)\ \hat{q} - n(L_1,i)\ \hat{i} \quad (2.92)$$

$$\hat{p}'_2 = (-n(L'_2,Y'_2)\ q\ Y1'/(q\ Y1' + Y2'))\ \hat{q} - n(L'_2,i)\ \hat{i} \quad (2.93)$$

$$\hat{p}'_1 = (1 - n(L'_2,Y'_2)\ q\ Y1'/(q\ Y1' + Y2'))\ \hat{q} - n(L'_2,i)\ \hat{i} \quad (2.94)$$

$$\hat{e} = (n\ (L'_2,Y'_2)\ Y1'q/(q\ Y1' + Y2') - n(L_2,Y_2)\ q\ Y1\ / (q\ Y1 + Y2))\ \hat{q} - (n(L_2,i) - n(L'_2,i))\ \hat{i} \quad (2.95)$$

Die Güterpreise in nationaler Währung sind höher als bei der vollkommen zinsunelastischen Geldnachfrage. Wenn die Zinselastizitäten der Geldnachfragen der In- und Ausländer gleich sind, dann wird der nominale Wechselkurs bzw. die Veränderung des nominalen Wechselkurses durch die Zinsabhängigkeit der Geldnachfragen nicht berührt. Andernfalls sind eindeutige Aussagen nicht möglich.

<u>Exkurs: Ein Bezug zum monetären Ansatz</u>

Es empfiehlt sich, an dieser Stelle noch einmal die Frage aufzugreifen, wie der monetäre Ansatz der Wechselkursbestimmung einzuordnen ist. In der einfachen Form wird die Bestimmungsgleichung für den nominalen Wechselkurs bekanntlich wie folgt abgeleitet:

$$M/p = L\ (...) \quad (2.96)$$

$$M'/p' = L'(...) \quad (2.97)$$

$$e = p/p' \quad (2.98)$$

$\rightarrow e = (M/M')(L'(...)/L(...))$ (2.99)

Dabei ist p das Güterpreisniveau des Inlandes und p' das des Auslandes. In empirischen Untersuchungen werden diese Variablen am häufigsten gemessen durch die nationalen Konsumentenpreisindices. Angewendet auf die Zwei-Länder-Welt des erweiterten Modells kommen wohl nur die folgenden Korrespondenzen in Frage:

$p \mathrel{\hat{=}} p_1, \quad p' \mathrel{\hat{=}} p_2', \quad L \mathrel{\hat{=}} L_1, \quad L' \mathrel{\hat{=}} L_2'$

Die Behauptung, daß auch in unserer Modellwelt die Entwicklung des nominalen Wechselkurses durch den monetären Ansatz zu erklären sei, führt dann zu der folgenden Bestimmungsgleichung für den nominalen Wechselkurs (in logarithmierter Form):

$\ln e = \ln M - \ln M' - \ln L_1(...) + \ln L_2'(...)$ (2.100)

Hier liegt jedoch eine Fehlspezifikation vor. In Kenntnis der wahren Modellstruktur wissen wir, daß die Bestimmungsgleichung korrekt lauten muß:

$\ln e = -\ln q + \ln M - \ln M' - \ln L_1(...) + \ln L_2'(...)$ (2.101)

Bei einer empirischen Überprüfung der fehlspezifizierten Gleichung (2.100) ist eine Ablehnung dann zu erwarten, wenn während des Untersuchungszeitraums starke Schwankungen des gleichgewichtigen realen Wechselkurses auftreten. Bleibt q während des Untersuchungszeitraums unverändert, dann ist q Bestandteil des konstanten Gliedes und die Variation von e wird nur verursacht durch Variation der Geldmengen und/oder der Argumente der Geldnachfragen. In diesem Fall würde eine aus (2.100) entwickelte Schätzgleichung die Wechselkursentwicklung gut erklären.

Es bestätigt sich hier die relativierende Einschätzung des monetären Ansatzes, die sich mittlerweile wohl auch durchgesetzt hat. Unabhängig davon, wie die Geldnachfragen spezifiziert sind, bietet der monetäre Ansatz keine umfassende Erklärung für die Entwicklung des nominalen Wechselkurses. Er erklärt die Entwicklung nur unter der Annahme, daß die Entwicklung monetär verursacht ist, also durch Veränderungen auf der Geldangebots- oder Geldnachfrageseite. Dazu paßt das Ergebnis, daß der monetäre Ansatz in der empirischen Überprüfung immer dann gut abschneidet, wenn zweifellos die monetären Einflüsse auf den Wechselkurs klar dominiert haben.[5]

Das erweiterte Zwei-Länder-Modell unter keynesianischen Annahmen

Beide Länder befinden sich in der Situation der keynesianischen Unterbeschäftigung. Jeder Unternehmenssektor würde zu unveränderten Güterpreisen mehr produzieren und anbieten, wenn nur die effektive Nachfrage steigen würde, und die Haushalte würden zum herrschenden Reallohn ihr Arbeitsangebot erhöhen, wenn nur die Unternehmen diese zusätzliche Arbeit nachfragten. Diesen Zustand bezeichnete H. Giersch als Geldmangelarbeitslosigkeit und brachte damit den Kern des ökonomischen Problems auf den Begriff. Die formale Analyse erscheint auf den ersten Blick wieder einfacher, weil die ganze Relativpreisproblematik wegfällt. Es taucht aber jetzt ein neues Problem auf, das ein grundsätzliches Problem eines jeden Festpreismodells bei keynesianischer Unterbeschäftigung darstellt.

Das Modell kann durch die folgenden Gleichungen beschrieben werden:

$$Y = Y1 + Y2 \qquad (2.102)$$

$$Y' = Y1' + Y2' \qquad (2.103)$$

$$Y1 + Y1' = C1[(1-t)Y,\ i] + I1_{1+2}(i) + G1 \qquad (2.104)$$

$$Y2 + Y2' = C2'[(1-t')Y',\ i] + I2'_{1+2}(i) + G2' \qquad (2.105)$$

$$TB = Y2 - Y1' \qquad (2.106)$$

$$M = L(Y) \qquad (2.107)$$

---

5) vgl. dazu die empirischen Untersuchungen von Frenkel (z.B. Frenkel (1976) und (1977)) für die Zeit der deutschen Hyperinflation in den zwanziger Jahren.

$$M' = L'(Y') \tag{2.108}$$

$$N_1 = g_1(Y1) \tag{2.109}$$

$$N_2 = g_2(Y2) \tag{2.110}$$

$$N_1' = g_1'(Y1') \tag{2.111}$$

$$N_2' = g_2'(Y2') \tag{2.112}$$

endogen: Y, Y', Y1, Y1', Y2, Y2', TB, i, N_1, N_2, N_1', N_2'

exogen: t, t', G1, G2, M, M'

In beiden Ländern werden die beiden Güterpreise in heimischer Währung auf 1 normiert. Dann ist Y (Y') das Volkseinkommen des Inlandes (Auslandes), sowohl nominal als auch real in Einheiten von Gut 1 oder Gut 2. Das erwähnte Grundsatzproblem besteht darin, daß die sektoralen Einkommen und Beschäftigungen nicht bestimmt werden können. Das Modell ist indeterminiert, es fehlt eine Gleichung. Aus den beiden Gleichgewichtsbedingungen für die Geldmärkte können die beiden Nationaleinkommen abgeleitet werden und aus den beiden Gütermarktgleichungen können (bei bekanntem Zins) die weltweit insgesamt produzierten und angebotenen Mengen von Gut 1 und Gut 2 bestimmt werden, aber die einzelnen Werte für Y1, Y2, Y1', Y2' sind nicht bestimmbar.

Formal ausgedrückt: In der Produktionsmatrix

	Gut 1	Gut 2	Summe
Inland	Y1	Y2	Y
Ausland	Y1'	Y2'	Y'
Summe	Y1 + Y1'	Y2 + Y2'	

sind die Zeilen- und Spaltensummen bestimmt, aber die einzelnen Eintragungen können aus der Kenntnis der Summen nicht ermittelt werden. Für die vier Unbekannten liegen zwar vier Gleichungen vor, diese sind aber nicht linear unabhängig. Betrachten wir ein Beispiel: Wenn wir wissen, daß im Inland das Volkseinkommen 100 und im Ausland 160 beträgt und von Gut 1 insgesamt 140 Einheiten und von Gut 2 insgesamt 120 Einheiten nachgefragt und produziert werden, dann gibt es unendlich viele Lösungen für den Vektor (Y1, Y2, Y1', Y2'); zwei davon sind z.B. (50, 50, 90, 70) und (70, 30, 70, 90).

Das gleiche Problem würde auch auftauchen, wenn wir eine geschlossene Volkswirtschaft in der Situation der keynesianischen Unterbeschäftigung mit nur einem Gut betrachten, in der wir aber (aus welchen Gründen auch immer) zwei verschiedene Unternehmenssektoren unterscheiden. Worin liegt letztlich ökonomisch das Problem? In der Situation der keynesianischen Unterbeschäftigung ist zwar das Gesamtangebot eines Gutes durch die effektive Nachfrage nach diesem Gut bestimmt, aber nicht die Aufteilung des insgesamt rationierten Angebots auf die einzelnen Anbieter (in unserem Fall auf die beiden Sektoren). Im temporären walrasianischen Gleichgewicht (bei gegebenen Kapitalstock) bestimmt sich das Angebot des einzelnen Unternehmens aus der Regel für die Gewinnmaximierung; die Ausbringungsmenge wird so variiert, bis das Grenzprodukt der Arbeit gleich ist dem Reallohn. In der Situation keynesianischer Unterbeschäftigung ist aber das Grenzprodukt der Arbeit größer als der Reallohn, so daß diese Regel zur Bestimmung der einzelnen (sektoralen) Angebote entfällt. Diese Regel ist zu ersetzen durch eine willkürliche Festsetzungsregel, z.B. eine Quotenregel, die eine neue Gleichung ergibt und das Modell determiniert.

Diese Regel schließt zwar formal das Modell, aber sie ist schwer zu interpretieren. Sie kann z.B. nicht als eine Absprache verstanden werden, denn auch in einem keynesianischen Unterbeschäftigungsgleichgewicht herrscht zwischen den einzelnen Anbietern Wettbewerb. Auch wenn jeder einzelne Anbieter weiß, daß das Gesamtangebot auf dem Markt durch die effektive Nachfrage rationiert ist, hat jeder Anbieter den Anreiz, eben weil das Grenzprodukt der Arbeit größer ist als der Reallohn, sein Angebot auszuweiten. Für jeden Anbieter lohnt es sich, den Preis geringfügig zu senken und so die "knappe Nachfrage" auf sich zu ziehen. In der Wettbewerbssituation werden nun alle Anbieter den Güterpreis senken, so daß es den Anbietern zunächst gar nicht gelingt, zusätzliche Nachfrage auf sich zu ziehen. Aber gesamtwirtschaftlich tritt jetzt der Realkasseneffekt auf, der die Ökonomie aus der keynesianischen Unterbeschäftigung, der Geldmangelarbeitslosigkeit, herausführt. Dies gilt natürlich nur dann, wenn auch die Nominallöhne flexibel sind, sonst driftet die Ökonomie ab in die klassische Arbeitslosigkeit.[6]

Das Modell ist determiniert, wenn wir ohne jede Interpretation die Annahme einführen, daß die Nachfrage nach Gut 1 sich gleichmäßig auf den inländischen Sektor und den ausländischen Sektor aufteilt (Y1 = Y1'). In unserem einfachen Beispiel erhalten wir als Lösung für den Vektor (Y1, Y2, Y1', Y2') dann (70, 30, 70, 90). Dann können auch in Kenntnis der Produktionsfunktionen und der sektoralen

---

6) Die Indeterminiertheit ist das formale Spiegelbild der inhärenten Instabilität des Festpreismodells. Diese Auffassung von der inhärenten Instabiltät ist keineswegs allgemein anerkannt. In der neukeynesianischen Theorie, auch Ungleichgewichtstheorie genannt, wird die Stabilität von Ungleichgewichtssituationen folgendermaßen begründet: Preise ändern sich, weil Überschußnachfragen auftreten. Aber am Markt wirksam sind nur die effektiven Überschußnachfragen, und diese können auch außerhalb des walrasianischen Gleichgewichts auf allen Märkten null sein. Eine solche Situation ist stabil, weil die hypothetischen Überschußnachfragen dann völlig irrelevant sind.
Diese Argumentation verkennt aber, daß Preise sich nicht deshalb ändern, weil irgendwie zu konstruierende Überschußnachfragen verschieden von null sind - dies ist nur eine Möglichkeit, die Preisdynamik zu formalisieren -, sondern weil es den Wirtschaftssubjekten lohnend erscheint, abweichende Preise zu fordern. Preissetzungsverhalten ist zu behandeln wie jede andere ökonomische Aktivität. Das walrasianische Gleichgewicht ist in dem Sinn stabil, daß kein Wirtschaftssubjekt einen Anreiz hat, von den herrschenden Marktpreisen abzuweichen (natürlich unter Beachtung der eintretenden Mengenreaktionen bei einer Preisänderung). Außerhalb des walrasianischen Gleichgewichts gilt dies nicht mehr. In der keynesiansichen Unterbeschäftigung können Unternehmen tendenziell den Lohnsatz senken, ohne befürchten zu müssen, ihre Arbeitsnachfrage nicht mehr realisieren zu können. Und auf der anderen Marktseite haben die rationierten Arbeitnehmer individuell einen Anreiz, die Lohnforderung zu senken, um eine höhere Beschäftigung zu realisieren. Eine Tendenz zum walrasianischen Gleichgewicht hängt nicht an irgendwie zu konstruierenden Überschußnachfragen, sondern ergibt sich automatisch aus der individuellen Nutzen- oder Gewinnmaximierung in der Wettbewerbssituation.

Kapitalausstattung die effektiven sektoralen Arbeitsnachfragen und damit die sektoralen Beschäftigungen bestimmt werden.

In der Liste der endogenen Variablen taucht der nominale Wechselkurs gar nicht auf. Obwohl wir an sich ein System flexibler Wechselkurse unterstellen, ist a priori klar, daß der Wechselkurs immer den Wert 1 annimmt. Die Gleichungen

$$p_1 = e\, p_1' \tag{2.113}$$

$$p_2 = e\, p_2' \tag{2.114}$$

gelten auch in diesem Modell, nur daß die Güterpreise von vornherein auf 1 gesetzt werden und dort bleiben. Dann muß auch der nominale Wechselkurs den Wert 1 annehmen. Dies ist zunächst nur eine formale Erklärung; die ökonomische Begründung gelingt wieder am besten über das Regelkreisargument, das schon beim einfachen Zwei-Länder-Modell eingeführt wurde. Wenn der Wechselkurs steigen sollte, dann richtete sich die gesamte effektive Nachfrage nach beiden Gütern auf die inländischen Sektoren. Die dann eintretende Ausweitung der Produktion im Inland und die Verminderung der Produktion im Ausland würde zu einer Überschußnachfrage auf dem inländischen Geldmarkt und zu einem Überschußangebot auf dem ausländischen Geldmarkt führen und somit wertete die inländische Währung wieder auf eins auf. Dieser Regelkreis von Veränderung des Wechselkurses, Veränderung der effektiven Nachfragen für die Sektoren im Inland und im Ausland, Veränderungen der Einkommen im In- und Ausland und dann entgegengesetzte Überschußnachfragen auf den Geldmärkten im In- und Ausland, die die anfängliche Veränderung des Wechselkurses wieder aufheben, fixiert den nominalen Wechselkurs auf 1, obwohl er an sich flexibel ist.

Welche Auswirkungen hat nun wieder eine kreditfinanzierte Erhöhung der inländische Staatsausgaben, die sich nur auf das Gut 1 richten kann? Wie im einfachen Modell kommt es zu einem Zinsanstieg auf dem Weltkapitalmarkt. Da die Geldnachfragen in beiden Ländern nicht zinsabhängig sind, tritt nur der Struktureffekt auf die aggregierten Güternachfragen der Zwei-Länder-Welt auf. Die effektive

Nachfrage nach Gut 1 steigt und die nach Gut 2 sinkt. Die Volkseinkommen bleiben unverändert, in beiden Ländern steht der Produktionszunahme im Sektor 1 eine gleich hohe Produktionsabnahme im Sektor 2 gegenüber. In beiden Ländern steigt die Beschäftigung im Sektor 1 und fällt die Beschäftigung im Sektor 2. Mit diesen Mengenreaktionen tritt dann für das Inland auch sofort ein Defizit in der anfänglich ausgeglichenen Handelsbilanz auf. Interessant ist jetzt insbesondere wieder das Ergebnis, daß diese Mengenreaktionen ohne eine Veränderung der Terms of Trade oder des realen Wechselkurses auftreten.

Bei zinsabhängigen Geldnachfragen ergeben sich zwei Modifikationen. Zunächst tritt in beiden Ländern je nach Zinselastizität der Geldnachfrage ein Niveaueffekt auf die gesamtwirtschaftliche Nachfrage auf, der in beiden Ländern einen Einkommensanstieg bewirkt. Zweitens sind jetzt aufgrund des Niveaueffekts die Veränderungen von Y2 und Y2' nicht mehr eindeutig negativ. Diese Variablen können einzeln, in der Summe oder auch beide steigen.

2.3.3 Sonstige Spezifikationen für die Gütermärkte

Von den fünf im Abschnitt 2.1 aufgezählten Spezifikationen für die Gütermärkte haben wir zwei behandelt: die triviale Ein-Gut-Welt und die ungebräuchliche Spezifikation des erweiterten Zwei-Länder-Modells. Das Ergebnis, auf das es uns entscheidend ankommt, ist der - im Gegensatz zur eingeschliffenen Vorstellung - inverse Zusammenhang zwischen den Mengenreaktionen in der Handelsbilanz und der Veränderung der Terms of Trade oder des realen Wechselkurses. Die bisherige Analyse hat dies bestätigt: Dort, wo eine Preisreaktion überhaupt möglich war, im erweiterten Zwei-Länder-Modell unter klassisch-neoklassischen Annahmen, ist der Zusammenhang in der beschriebenen Weise invers. Und dort, wo schon von der Spezifikation her (im einfachen Zwei-Länder-Modell) oder von den Annahmen her (im erweiterten Zwei-Länder-Modell unter keynesianischen Annahmen) eine Veränderung der Terms of Trade oder des realen Wechselkurses von vorneherein ausscheidet, treten dennoch ungehindert die Mengenreaktionen auf. Wir wollen im folgenden dies Ergebnis gegen den Verdacht absichern, daß es entscheidend von den gewählten Spezifikationen für die Gütermärkte abhängt, und wiederholen deshalb die Analyse kurz für die Tradables-Nontradables-Spezifikation, für die Spezifikation des Heckscher-Ohlin-Modells und für die des Mundell-Fleming-Modells. Wenn man davon ausgeht, daß in beiden Ländern nach gleichen Kriterien nur höchstens zwei Gütergruppen unterschieden werden, sind damit auch alle in Frage kommenden Spezifikationen abgehandelt.

2.3.3.1 Die Einteilung in Tradables und Nontradables

Für jedes Land gibt es ein heimisches Gut, das nur von den Bewohnern des jeweiligen Landes produziert, angeboten und nachgefragt wird. Darüberhinaus gibt es noch einen integrierten Weltmarkt für das international handelbare Gut, auf dem Inländer und Ausländer auf der Anbieter- und Nachfragerseite auftreten. In der Zwei-Länder-Welt gibt es also insgesamt drei Gütermärkte und in jedem Land zwei Unternehmenssektoren, die das jeweils heimische Gut und das international handelbare Gut produzieren.

a) unter klassisch-neoklassischen Annahmen

Im Gegensatz zum erweiterten Zwei-Länder-Modell stellt sich wieder eine Aufteilungsentscheidung, die jedes Wirtschaftsubjekt jetzt zwischen dem internationalen Gut und dem jeweils heimischen Gut zu treffen hat. Wenn wir ansonsten die kreislauftheoretische Konzeption beibehalten und für die realen Geldnachfragen annehmen, daß sie wieder vollkommen zinsunelastisch sind und nur vom realen Volkseinkommen abhängen, dann können wir das Modell durch die folgenden Gleichungen beschreiben:

$$YH \;=\; CH\;(p_H/p_T,\; c(i)Y^V) + IH\;(p_H/p_T,\; i) + GH \qquad (2.114)$$

$$YH' \;=\; CH'(p'_H/p'_T,\; c'(i)Y^{V'}) + IH'(p'_H/p'_T,\; i) + GH' \qquad (2.115)$$

$$YT + YT' \;=\; CT\;(p_H/p_T,\; c(i)\; Y^V) + IT\;(p_H/p_T,\; i) + GT + GT' + CT'(p'_H/p'_T,\; c'(i)\; Y^{V'}) + IT'(p'_H/p'_T,\; i) \qquad (2.116)$$

$$p_T \;=\; e\; p'_T \qquad (2.117)$$

$$M/p_T \;=\; L_T\;(YT + (p_H/p_T)\;YH) \qquad (2.118)$$

$$M'/p_T' \;=\; L_T'(YT' + (p_H'/p_T')\;YH') \qquad (2.119)$$

$$q \;=\; p(p_T, p_H)\;/(e\;p'(p_T', p_H')) \qquad (2.120)$$

$$Y^V \;=\; (1 - t)\;((p_H/p_T)\;YH + YT) \qquad (2.121)$$

$$Y^{V'} = \;(1 - t')\;((p_H'/p_T')\;YH' + YT') \qquad (2.122)$$

$$TB = YT - CT\;(\ldots) - IT\;(\ldots) - GT \qquad (2.123)$$

exogen: GH, GT, GH', GT', YH, YH', YT, YT', M, M', t, t'

endogen: e, q, i, p_T, p_H, p_T', p_H', Y^V, $Y^{V'}$, TB

Aus den drei Gleichgewichtsbedingungen für die Gütermärkte können der Zins und die beiden relativen Güterpreise p_H/p_T und p_H'/p_T' be stimmt werden. Die Preisniveaus des Inlandes $p(p_T,p_H)$ und des Aus landes $p'(p_T',p_H')$ in der Gleichung (2.120) seien so definiert, daß sie von einer Änderung der relativen Güterpreise nicht betroffen werden. Ein Anstieg von p_H/p_T (p_H'/p_T') ist dann c.p. gleichzusetzen mit einer Erhöhung von p_H (p_H') und einer Verminderung von p_T (p_T'). So sind auch die Gleichgewichtsbedingungen für die beiden Geldmärkte zu verstehen: Wenn der relative Preis des nicht handelbaren Gutes steigt, dann steigt (sinkt) das reale Volkseinkommen und die reale Geldnachfrage, sofern diese realen Größen in Einheiten des handelbaren (nicht handelbaren) Gutes gemessen werden. Und damit sinkt (steigt) der Preis des handelbaren (nicht handelbaren) Gutes in Landeswährung. Für das international handelbare Gut gilt natürlich gemäß Gl. (2.117) das "Gesetz des einheitlichen Preises". Schon von der Spezifikation her sind Veränderungen der Terms of Trade also ausgeschlossen. Dies gilt jedoch nicht für den realen Wechselkurs, der in Gleichung (2.120) definiert ist als der relative Preis der beiden Warenkörbe, die den Berechnungen der beiden nationalen Preisniveaus zugrunde liegen. Die Gleichgewichtsbedingungen für die vier Arbeitsmärkte, aus denen die sektoralen

Reallöhne bestimmt werden können, sind nicht mehr extra aufgeführt. Es gelten hier die Ausführungen des erweiterten Zwei-Länder-Modells.

Auswirkungen einer kreditfinanzierten Erhöhung der Staatsnachfrage

Bei der Analyse ist jetzt natürlich danach zu unterscheiden, ob sich die zusätzliche Staatsnachfrage auf das heimische Gut oder das international handelbare Gut richtet. In beiden Fällen kommt es eigentlich nur darauf an, sich den Struktureffekt auf die weltwirtschaftliche Güternachfrage klarzumachen. Wir gehen auch jetzt davon aus, daß die sektoralen Angebotsmengen zunächst gegeben sind und erst im Zeitablauf auf Veränderungen der relativen Preise reagieren.

a) nach dem nicht handelbaren Gut

Es ist unmittelbar einsichtig, daß das heimische Gut des Inlandes im Vergleich zum internationalen Gut knapper wird, denn die zusätzliche Staatsnachfrage richtet sich nur auf das heimische Gut des Inlandes, während sich die Verdrängung der privaten Güternachfrage infolge des Zinsanstiegs auf die drei Gütermärkte verteilt. Es steigt also p_H/p_T. Dies Ergebnis erhält man auch aus der Gleichgewichtsbedingung für das inländische nicht handelbare Gut, wenn man bedenkt, daß die durch den Zinsanstieg bewirkte Verdrängung der privaten Nachfrage auf diesem Markt geringer ausfällt als die Erhöhung der Staatsnachfrage. Es verbleibt eine Überschußnachfrage, die zu einem Anstieg von p_H/p_T führt. Im Ausland verhält es sich umgekehrt: Dort sinkt der relative Preis p_H'/p_T'. Dies ist formal leicht zu sehen aus der Gleichgewichtsbedingung für das ausländische nicht handelbare Gut. Auf diesem Markt sinkt infolge des Zinsanstiegs die Nachfrage, und das Gleichgewicht erfordert dann eine Verminderung von p_H'/p_T'. Diese Ergebnisse sind preistheoretisch auch unmittelbar einleuchtend, denn die aggregative Struktur impliziert, daß das internationale Gut ein engeres Substitut ist zum inländischen heimischen Gut als das ausländische heimische Gut. Steigt die Nachfrage nach dem heimischen Gut des Inlandes, dann wird dies Gut knapper im Vergleich zum internationalen Gut und das internationale Gut wird knapper im Vergleich zum ausländischen heimischen Gut. Damit kann vorgreifend auch schon die Richtung des Strukturwandels in beiden Ländern angegeben werden: Im Inland expandiert der das heimische Gut produzierende Sektor zu Lasten des internationalen Sektors, im Ausland dagegen wandern die Produktionsfaktoren vom heimischen zum internationalen Sektor.

Aus den Gleichungen für die beiden nationalen Geldmärkte erkennt man dann auch, daß der Preis für das internationale Gut in der Währung des Inlandes sinkt und in der Währung des Auslandes steigt. Daraus folgt eine Aufwertung der inländischen Währung (Gl. 2.117), der nominale Wechselkurs sinkt. Da die Preisniveaus in beiden Ländern (bei zinsunabhängigen Geldnachfragen) unverändert bleiben, steigt damit gemäß Gleichung (2.120) auch der reale Wechselkurs.

Wie steht es nun um das Zusammenspiel von Preis- und Mengenreaktionen? Die Mengenreaktionen in der Handelsbilanz treten sofort und ohne eine Änderung in den Terms of Trade auf. In der Gleichung (2.123) für den realen Handelsbilanzsaldo, ausgedrückt in Einheiten des international handelbaren Gutes, steigen die Werte für CT und IT bei annahmegemäß unverändertem YT. Im Laufe des Strukturwandels sinken dann CT, IT und YT. Weil die sektoralen Angebotsmengen auf die Veränderungen in der Struktur der weltwirtschaftlichen Nachfrage nicht in der derselben Periode reagieren, kommt es zu den Reaktionen in den relativen Güterpreisen und im nominalen und realen Wechselkurs. Im Zuge der Angebotsreaktionen bilden sich diese Preisveränderungen dann wieder zurück.

b) nach dem handelbaren Gut

In diesem Fall steigt per Saldo nur die Nachfrage nach dem international handelbaren Gut, und es sinken die Nachfragen nach dem jeweils heimischen Gut in den beiden Ländern. Im Inland fällt p_H/p_T, im Ausland fällt p'_H/p'_T. Formal ist dies wieder besonders leicht zu erkennen aus den Gleichgewichtsbedingungen für die beiden heimischen Güter, denn nach dem Zinsanstieg erfordert das Gleichgewicht auf den beiden Märkten, daß die heimischen Güter relativ zum international handelbaren Gut billiger werden. Ob der nominale und reale Wechselkurs auf- oder abwerten, hängt davon ab, welcher Preis für das handelbare Gut, der in inländischer Währung oder der in ausländischer Währung, stärker steigt. Dies hängt ab von den Preiselastizitäten der Nachfragen und von den sektoralen Produktionsanteilen im In- und Ausland. Jede auftretende Veränderung des nominalen und realen Wechselkurses wird dann jedoch durch die Angebotsreaktionen im Zuge des Strukturwandels - in beiden Ländern wandern die Produktionsfaktoren vom heimischen zum internationalen Sektor - wieder abgebaut. In der (annahmegemäß anfänglich ausgeglichenen) Handelsbilanz kommt es sofort wie unter a) zu einem mengenmäßigen Defizit für das Inland. Es bestätigt sich in beiden Fällen der inverse Zusammenhang zwischen Preis- und Mengenreaktion. Nur findet diese allgemeine preistheoretische Einsicht in der jetzt behandelten Zwei-Länder-Modellwelt mit international handelbaren und heimischen Gütern zwei verschiedene Ausprägungen: der Zusammenhang zwischen der Mengenreaktion in der Handelsbilanz und den Terms of Trade und der Zusammenhang zwischen den sektoralen Ausbringungen und dem realen Wechselkurs. Im erweiterten Zwei-Länder-Modell sind diese beiden Zusammenhänge aneinander gekoppelt, jetzt fallen sie auseinander. Das Tradables-Nontradables-Modell liegt von der Spezifikation und von den Ergebnissen her zwischen dem einfachen und dem erweiterten Zwei-Länder-Modell.

Die Tradables-Nontradables-Spezifikation unter keynesianischen Annahmen

Für jeden der vier Unternehmenssektoren gilt, daß das sektorale Güterangebot durch die effektive Nachfrage rationiert wird. Die Arbeitnehmer werden in beiden Ländern auf den Arbeitsmärkten rationiert. Die Gleichungen des Modells lauten dann:

$$Y = YH + YT \qquad (2.124)$$

$$Y' = YH' + YT' \qquad (2.125)$$

$$YH = CH\ ((1-t)\ Y,\ i) + IH\ (i) + GH \qquad (2.126)$$

$$YH' = CH'((1-t')\ Y',\ i) + IH'(i) + GH' \qquad (2.127)$$

$$YT + YT' = CT\,((1-t)\,Y,\, i) + CT'((1-t')\,Y',\, i) + IT\,(i) + IT'(i) + GT + GT' \tag{2.128}$$

$$M = L\,(Y) \tag{2.129}$$

$$M' = L'(Y') \tag{2.130}$$

$$TB = YT - CT\,((1-t)\,Y,\, i) - IT\,(i) - GT \tag{2.131}$$

$$N_H = g_1(YH) \tag{2.132}$$

$$N_T = g_2(YT) \tag{2.133}$$

$$N'_H = g'_1(YH') \tag{2.134}$$

$$N'_T = g'_2(YT') \tag{2.135}$$

endogen: YH, YH', YT, YT', Y, Y', TB, N_H, N_T, N'_H, N'_T, i

exogen: M, M', GT, GH, GT', GH'

Für die zwölf endogenen Variablen stehen zwölf unabhängige Gleichungen zur Verfügung. Das Problem der Indeterminiertheit, das im erweiterten Zwei-Länder-Modell auftauchte, tritt deshalb als formales Problem jetzt nicht auf. Denn auf den Märkten für die beiden heimischen Güter gibt es nur jeweils einen anbietenden Sektor, dessen Produktion durch die jeweilige effektive Nachfrage determiniert ist. Und da die jeweiligen nationalen Volkseinkommen wieder durch die Gleichgewichtsbedingungen für die Geldmärkte bestimmt sind, sind damit auch die Einkommen aus den beiden Sektoren für das international handelbare Gut festgelegt. Für den nominalen Wechselkurs gilt wieder das Regelkreisargument. Er ist zwar vom Wechselkurssystem her flexibel, aber von vorneherein steht fest, daß nur ein Wechselkurs e=1 (wenn die Preise in nationaler Währung für das handelbare Gut auf 1 normiert sind) mit einem Gleichgewicht auf den Geldmärkten vereinbar ist.

Eine kreditfinanzierte Erhöhung der inländischen Staatsausgaben, die sich auf das heimische Gut des Inlandes richtet, hat dann die folgenden Wirkungen: Auf dem integrierten Zwei-Länder-Kapitalmarkt steigt der Zins; auf allen drei Gütermärkten wird private Nachfrage im Ausmaß der zusätzlichen Staatsnachfrage verdrängt. Auf dem Markt für das heimische Gut des Inlandes steigt per Saldo die effektive Nachfrage und damit die Produktion und die Beschäftigung in dem betreffenden Sektor. Das gesamte Volkseinkommen des Inlandes bleibt aber unverändert; die Produktion in dem Sektor für das international handelbare Gut des Inlandes sinkt also um den gleichen Betrag. Insgesamt aber sinkt die effektive Nachfrage auf diesem Markt um weniger, als sie auf dem Markt für das inländische heimische Gut steigt. Die Abnahme der inländischen Produktion an international handelbaren Gütern ist stärker als der Rückgang der effektiven Nachfrage nach diesen Gütern. Die Differenz wird ausgeglichen durch eine Zunahme der ausländischen Produktion an "Tradables". Dafür sinkt im Ausland die Produktion des ausländischen heimischen Gutes infolge des Rückgangs der effektiven Nachfrage. Im Inland expandiert der Sektor für das heimische Gut und schrumpft der Sektor für das international handelbare Gut, das Ausland verzeichnet die entgegengesetzte Entwicklung. Die anfänglich ausgeglichene Handelsbilanz des Inlandes gerät ins Defizit; die Nachfrage der Inländer nach dem international handelbaren Gut sinkt um weniger, als die Produktion im Inland schrumpft.

Wenn sich die Erhöhung der Staatsausgaben auf das international handelbare Gut richtet, dann wird in beiden Ländern jeweils der Sektor konjunkturell begünstigt, der das internationale Gut produziert, während der jeweils heimische Sektor diskriminiert wird. In beiden Fällen treten, bedingt durch die Spezifikation der Gütermärkte und durch die keynesianische Unterbeschäftigungsannahme, Mengenreaktionen in der Handelsbilanz und in den sektoralen Ausbringungen auf ohne eine Veränderung der Terms of Trade oder des realen oder nominalen Wechselkurses.

2.3.3.2 Spezifikation der Gütermärkte wie im Mundell-Fleming-Modell

Jedes Land produziert nur jeweils ein Gut, aber beide Güter werden in beiden Ländern nachgefragt. Im erweiterten Zwei-Länder Modell werden die Güter danach unterschieden, wohin sie gehen; jetzt danach, woher sie kommen. Strukturwandel auf nationaler Ebene ist schon von der Spezifikation her ausgeschlossen. Was unter klassisch-neoklassischen Annahmen das eigentliche Thema war, die Interaktion von Preis- und Mengenreaktionen in der Dynamik des Strukturwandels, ist jetzt gar nicht mehr modellierbar.

Die Analyse kann besonders einfach und kurz gehalten werden, wenn wir uns auf den Fall der zinsunabhängigen Geldnachfrage im In- und Ausland beschränken. Dann nämlich brauchen wir zwischen der keynesianischen und der klassisch-neoklassischen Analyse gar nicht mehr zu unterscheiden; in beiden Fällen treten nach einer Variation der Staatsausgaben die gleichen Veränderungen des Zinssatzes, des Wechselkurses und des Handelsbilanzsaldos auf. Wir betrachten im folgenden (wie üblich) nur die beiden Güter- und Geldmärkte. Auf den beiden Arbeitsmärkten werden unter keynesianischen Annahmen die Beschäftigungen und unter klassisch-neoklassischen Annahmen die Reallöhne bzw. Nominallöhne bestimmt. Da sich die Realeinkommen nicht ändern werden, ist schon vorab klar, daß im keynesianischen Fall die Beschäftigungen und im klassisch-neoklassischen Fall die Reallöhne und, da die auf eins normierten Preisniveaus ebenfalls konstant bleiben, auch die Nominallöhne sich nicht ändern. Wenn wir im Kontext des Mundell-Fleming-Modells von realen Größen sprechen, heißt dies jetzt immer, daß sie ausgedrückt sind in Einheiten des jeweils im eigenen Land produzierten Gutes. Die Bedingungen für das Stromgleichgewicht auf dem Wertpapiermarkt, dem Weltkapitalmarkt, erhält man dann wieder, indem man die Gleichgewichtsbedingungen für die beiden Gütermärkte in geeigneter Weise addiert und sie dann als Flow of Funds Gleichung interpretiert.

Die Gleichgewichtsbedingungen für die beiden Güter- und Geldmärkte lauten dann:

$$\underset{}{Y1} = C1(\underset{(+)}{e}, \underset{(+)}{Y1(1-t)}, \underset{(-)}{i}) + C1'(\underset{(+)}{e}, \underset{(+)}{Y2'(1-t')}, \underset{(-)}{i}) + I1(\underset{(-)}{i}) + G1 + G1' \qquad (2.136)$$

$$Y2' = C2(\underset{(-)}{e}, \underset{(+)}{Y1(1-t)}, \underset{(-)}{i}) + C2'(\underset{(-)}{e}, \underset{(+)}{Y2'(1-t')}, \underset{(-)}{i}) + I2'(\underset{(-)}{i}) + G2' + G2 \qquad (2.137)$$

$$M = L(\underset{(+)}{Y1}) \qquad (2.138)$$

$$M' = L'(\underset{(+)}{Y2'}) \qquad (2.139)$$

Die Güterpreise seien auf 1 normiert; damit bezeichnet e sowohl den nominalen Wechselkurs als auch den relativen Güterpreis, von dem die Aufteilung der Konsumbudgets der In- und Ausländer abhängt. Der Saldo der Handelsbilanz, ausgedrückt in inländischer Währung oder in den vom Inland produzierten Gütern, lautet:

$$TB = C1'(e, Y2'(1-t'), i) + G1' - e\, C2(e, Y1(1-t), i) - e\, G2 \qquad (2.140)$$

In dieser Formulierung ist der Einfachheit halber schon eine Annahme enthalten, die man auch in den gängigen Lehrbuchdarstellungen des Modells findet: Die Unternehmen im In- und Ausland sind in ihrer Investitionsnachfrage von vorneherein auf das im eigenen Land produzierte Gut festgelegt ($I1' = I2 = 0$). Die gängigen Darstellungen gehen noch einen Schritt weiter und beschränken auch die beiden Staatsnachfragen auf das im jeweils eigenen Land produzierte Gut ($G1' = G2 = 0$). Diese Annahme mutet vergleichsweise harmlos an, aber sie bedeutet eben, daß jede Erhöhung oder Verminderung der Staatsausgaben eines Landes immer nur eine Erhöhung oder Verminderung der Nachfrage nach dem im eigenen Land produzierten Gut sein kann. Vermutlich hat dies erheblich zu der Vorstellung beigetragen, daß eine Abwertung immer mit einem Handelsbilanzüberschuß und eine Aufwertung immer mit einem Handelsbilanzdefizit einhergeht.[7] Wenn man dagegen unsere Modellformulierung betrachtet und danach unterscheidet, ob die im Inland oder die im Ausland produzierten Güter zusätzlich nachgefragt werden, erkennt man, daß es auch im Mundell-Fleming-Modell keinen eindeutigen (etwa spezifikationsbedingten) Zusammenhang zwischen Mengenreaktionen in der Handelsbilanz und Wechselkursänderung gibt. Dies zeigt die folgende Analyse:

Erhöht der inländische Staat seine Nachfrage nach dem im Inland produzierten Gut, dann hat dies bei zinsunabhängigen Geldnachfragen nur einen Effekt auf die Struktur, aber nicht auf das Niveau der Weltgüternachfrage. Beide Güter sind von der Verdrängung der Nachfrage betroffen, während die zusätzliche Nachfrage sich nur auf das Gut 1 richtet. Per Saldo steigt die Nachfrage nach Gut 1 und fällt die Nachfrage nach Gut 2. Da eine Veränderung der angebotenen Mengen spezifikationsbedingt und aufgrund der zinsunabhängigen Geldnachfragen ausgeschlossen ist, kommt es nur zu einer Veränderung des relativen Güterpreises in Gestalt des nominalen Wechselkurses. Formal besonders leicht zu sehen ist dies aus der Gleichgewichtsbedingung (2.137) für das im Ausland hergestellte Gut. Zunächst ist diese Gleichung nur durch den Zinsanstieg betroffen; um das Gleichgewicht wieder zu erreichen, muß dann der Wechselkurs fallen, d.h. das Gut 2 muß im Vergleich zum Gut 1 billiger werden. Unter klassisch-neoklassischen Annahmen spiegelt die Wechselkursänderung die Veränderung in den Güterknappheiten wieder, in der keynesianischen Analyse ist die Aufwertung der inländischen Währung notwendig, um den Struktureffekt auf die effektive Nachfrage zu neutralisieren, denn nur zu den effektiv nachgefragten und damit auch angebotenen Gütermengen der Ausgangssituation herrscht ein Gleichgewicht auf den Geldmärkten, auf denen es ein von der Nachfrage unabhängiges Angebot gibt. In der Gleichung für den Handelsbilanzsaldo sinkt aufgrund der Aufwertung C1' und steigt C2, so daß in diesem Fall tatsächlich eine Aufwertung mit eindeutigen Mengenreaktionen in Richtung auf ein Defizit verknüpft ist. Die Wertgröße Handelsbilanzsaldo wird ebenfalls ein Defizit aufweisen, wenn der Anstieg der Terms of Trade die Mengen-

7) vgl. dazu z.B. die im Abschnitt 2.1 skizzierte Argumentation von Branson.

reaktionen nicht überkompensiert, d.h. wenn die Marshall-Lerner-Bedingung erfüllt ist.

Wenn dagegen der inländische Staat mehr von dem im Ausland produzierten Gut nachfragt, ist der Struktureffekt auf die weltwirtschaftliche Güternachfrage gerade umgekehrt; der Wechselkurs steigt, die inländische Währung wird abgewertet. In der Gleichung für den Handelsbilanzsaldo steigen G2 und C1', und es fällt C2. Die Summe der Mengenreaktioen - und das ist die fiktive Entwicklung des Handelsbilanzsaldos angesichts der neuen Mengen, die zu alten Preisen und zum alten Wechselkurs bewertet werden - ist zwar nicht von vorneherein eindeutig, aber ein Defizit wäre jetzt die Normalreaktion. Dagegen ist nun die Entwicklung der Wertgröße eindeutig, der Handelsbilanzsaldo gerät ins Defizit, wenn man einmal von dem Extremfall absieht, daß die Investitions- oder Konsumnachfrage der Inländer vollkommen zinselastisch ist. In diesem Fall bleibt der Handelsbilanzsaldo ausgeglichen, weil der inländische Staat dann nur die eigenen Bürger, aber nicht die Ausländer verdrängt. Daran hängt auch die Normalreaktion in der Mengenentwicklung. Diese tritt umso eher ein, je stärker auch die Nachfrage der Ausländer infolge des Zinsanstiegs verdrängt wird. Die Abwertung der inländischen Währung wirkt dagegen für sich genommen in die andere Richtung, weil sie für die Ausländer einen positiven und für die Inländer einen negativen Einkommenseffekt darstellt und deshalb die mengenmäßigen Nachfragen der Ausländer erhöht und die der Inländer vermindert.

Auch im Mundell-Fleming-Modell gibt es also keinen - in irgendeinem Sinn - typischen Zusammenhang zwischen der Entwicklung der Handelsbilanz und der Richtung der Wechselkursänderung. Dagegen gibt es zwei andere typische Zusammenhänge, die auch unmittelbar einsehbar sind. Für die Wechselkursänderung ist es entscheidend, auf welches Gut sich die zusätzliche Nachfrage richtet, und es ist belanglos, ob diese aus dem Inland oder dem Ausland stammt. Dies liegt natürlich einfach daran, daß der Wechselkurs in der Spezifikation des Mundell-Flemimg-Modells direkt den relativen Güterpreis bestimmt bzw. mit ihm sogar gleichzusetzen ist. Für die Entwicklung der Handelsbilanz ist es dagegen wichtig, ob die zusätzliche

Nachfrage von Inländern oder Ausländern entfaltet wird, und es ist belanglos, ob sich diese auf Gut 1 oder Gut 2 richtet. Dieser Zusammenhang ist auch unmittelbar einsichtig, wenn man den Handelsbilanzsaldo als Ergebnis intertemporaler Handelsströme auffaßt. Bei intertemporaler Sichtweise kann jede Erhöhung der Güternachfrage eines Landes in der betrachteten Gegenwartsperiode aufgefaßt werden entweder als eine Erhöhung der Nachfrage nach Gegenwartskonsum zu Lasten des Zukunftskonsums oder als eine Erhöhung der Investitionsnachfrage, weil sich die Möglichkeit der Transformation von Gütern heute in Güter morgen verbessert hat. Fragt der Staat Konsumgüter nach, die die privaten Wirtschaftssubjekte eigentlich gar nicht haben wollen, oder tätigt er Investitionen, die zum herrschenden Zinssatz nicht rentabel sind, dann bedeutet dies schlicht eine Verschwendung und einen Entzug von Gütern heute. In jedem Fall werden in dem betreffenden Land im Vergleich zum Ausland Güter heute relativ knapper zu Gütern morgen; in der Autarkiesituation stiege der relative Preis zwischen diesen Gütern, der Realzins. Bei integriertem Weltmarkt kauft das Land daher vermehrt Güter heute (bzw. verkauft weniger von diesen Gütern) gegen Güter morgen - und das ist die Veränderung des Handelsbilanzsaldos der betrachteten Periode.[8]

Daß diese doch letztlich so einfach liegenden Dinge nicht auseinandergehalten werden, liegt wohl auch daran, daß die Gütermärkte in der gängigen Darstellung des Mundell-Fleming-Modells so unklar dargestellt sind. Dies wird deutlich, wenn man sich ansieht, wie man von unserer Formulierung der Gütermärkte zu der gängigen Formulierung gelangt. Zunächst setzen auch wir G2 und G1' von vorneherein gleich null. Weiter ist zu beachten, daß der relative Güterpreis in Gestalt des Wechselkurses nur auf die Aufteilungsent-

---

8) Wie man sieht, ist der intertemporale Ansatz der Erklärung des Handelsbilanzsaldos nicht ein Ansatz neben anderen, er beruht wesentlich auf einer phänomenologischen Klärung - wie überhaupt alle wirklichen Meilensteine der ökonomischen Theorie, die Hinwendung zur Marginalbetrachtung, der Übergang vom absoluten zum komparativen Vorteil, die Unterscheidung von öffentlichen und privaten Gütern, die Unterscheidung von effektiven und hypothetischen (oder walrasianischen) Angebots- und Nachfrageplanungen, um nur einige zu nennen, in ihrem Kern phänomenologische Einsichten sind, und nicht etwa das Ergebnis empirischer Untersuchungen.

scheidung Einfluß nimmt und nicht auf das Konsumbudget der In- und Ausländer. Es gilt also:

$$C\ (Y1(1-t),\ i) = C1\ (e,\ Y1(1-t),\ i) + e\ C2\ (e,\ Y1(1-t),\ i) \qquad (2.141)$$

$$C'(Y2'(1-t'),\ i) = C2'(e,\ Y2'(1-t'),\ i) + (1/e)\ C1'(e,\ Y2'(1-t'),\ i) \qquad (2.142)$$

In die Gütermarktgleichungen eingesetzt:

$$Y1 = C(Y1(1-t),\ i) + I1(i) + G1 + C1'(e,\ Y2'(1-t'),\ i) - e\ C2\ (e,\ Y1(1-t),\ i) \qquad (2.143)$$

$$Y2' = C'(Y2'(1-t'),\ i) + I2'(i) + G2' + C2\ (e,\ Y1(1-t),\ i) - (1/e)\ C1'(e,\ Y2'(1-t'),\ i) \qquad (2.144)$$

Aus der Sicht des Inlandes sind C1' die Exporte (ausgedrückt in Einheiten von Gut 1) und C2 die mengenmäßigen Importe (ausgedrückt in Einheiten von Gut 2). Wenn wir dann auch noch wie in der gängigen Formulierung von einer Zinsabhängigkeit der Konsumnachfragen absehen, erhalten wir die bekannte Formulierung für die Gütermärkte:

$$Y1 = C\ (Y1(1-t)) + I1(i) + G1 + X\ (e,\ Y2'(1-t')) - e\ IM\ (e,\ Y1(1-t)) \qquad (2.145)$$

$$Y2' = C'(Y2'(1-t')) + I2'(i) + G2' + IM\ (e,\ Y1(1-t)) - (1/e)\ X\ (e,\ Y2'(1-t')) \qquad (2.146)$$

Die Gleichgewichtsbedingungen für die Gütermärkte sind nicht falsch, aber auf den ersten Blick schwer verständlich formuliert. Warum taucht in der Gleichgewichtsbedingung für das im Inland produzierte Gut die Nachfrage der Inländer nach dem im Ausland produzierten Gut auf? Hinzu kommt, daß in der gängigen Notation bei den Staatsausgaben und bei den Investitionsnachfragen im In- und Ausland jeder Hinweis auf das nachgefragte Gut fehlt, obwohl nur eine ausschließliche Nachfrage nach dem im eigenen Land produzierten Gut gemeint ist. Also gerade was die Trennung der beiden Fragen angeht, ob die Nachfrage von In- oder Ausländern ausgeübt wird und ob sie sich auf Gut 1 oder Gut 2 richtet, ist die gängige Darstellung "verunklarend".

2.3.3.3 Spezifikation der Gütermärkte wie im Heckscher-Ohlin Modell

In der Spezifikation des Heckscher-Ohlin-Modells werden beide Güter in beiden Ländern produziert, angeboten und nachgefragt. Um Komplikationen zu vermeiden, schließen wir den Fall der vollständigen Spezialisierung in einem der beiden Länder aus.
Unter klassisch-neoklassischen Annahmen hängt die Entwicklung des relativen Güterpreises davon ab, wie sich die Struktur der weltwirtschaftlichen Güternachfrage ändert. Bei einer Erhöhung der inländischen (oder ausländischen) Staatsausgaben stellt sich die Frage, wie die zusätzliche Staatsnachfrage auf die beiden Güter verteilt wird und wie die beiden Güter durch die Verdrängung der privaten Nachfrage, gemessen durch die Zinselastizitäten der beiden Güternachfragen, betroffen sind. Wenn die zusätzliche Staatsnachfrage sich etwa nur auf Gut 1 richtet und beide Güternachfragen durch den Zinsanstieg verdrängt werden, dann steigt der relative Preis von Gut 1. Die Entwicklung der Terms of Trade der Inländer hängen dann natürlich allein davon ab, ob das Inland dieses Gut 1 exportiert oder importiert. Davon unabhängig zu sehen ist die Entwicklung des realen Wechselkurses; dafür ist entscheidend, welchen Anteil das Gut 1 an der Absorption im Inland im Vergleich zum Ausland hat. Für die Entwicklung des Handelsbilanzsaldos gelten die Aussagen des Mundell-Fleming-Modells. Wenn die zusätzliche Nachfrage vom inländischen Staat ausgeht, dann gerät die (annahmegemäß anfänglich ausgeglichene) Handelsbilanz des Inlandes "normalerweise" ins Defizit, unabhängig davon ob die Terms of Trade des Inlandes steigen oder fallen. Wenn die zusätzlichen Staatsnachfrage des Inlandes verbunden ist mit einem Anstieg der Terms of Trade - weil sie sich auf das Gut richtet, das das Land auch exportiert - dann weist die Summe der Mengenreaktionen eindeutig in Richtung auf ein Defizit, aber für die Wertgröße Handelsbilanzsaldo kann die anomale Reaktion eines Überschusses im Extremfall nicht ausgeschlossen werden. Wenn dagegen

die Terms of Trade des Inlandes fallen, weist die Wertgröße Handelsbilanzsaldo eindeutig ein Defizit auf, während nun die Summe der Mengenreaktionen nicht mehr ganz eindeutig ist.

Die Veränderung des nominalen Wechselkurses wird genauso bestimmt wie im erweiterten Zwei-Länder-Modell. Wenn die Geldnachfragen nur vom Realeinkommen (und vom Zins) abhängen, werden wieder die Gleichungen (2.70) - (2.74) mit einer Veränderung des relativen Güterpreises und des Zinssatzes (bei zinsabhängigen Geldnachfragen) konfrontiert. Die Richtung der nominalen Wechselkursänderung hängt dann ab von der Produktionsstruktur der beiden Länder und den Elastizitäten der Geldnachfragen. Es gilt z.B. wieder die folgende Aussage: Steigt der relative Preis von Gut 1 und sind die Einkommens- und Zinselastizitäten der Geldnachfragen im In- und Ausland gleich, dann wertet die inländische Währung auf (der nominale Wechselkurs sinkt), wenn der Produktionsanteil von Gut 1 im Inland größer ist als im Ausland. Reagieren dann verzögert die sektoralen Angebotsmengen auf die Veränderung des relativen Güterpreises, dann bilden sich im Laufe des Strukturwandels die Reaktionen im nominalen und realen Wechselkurs und in den Terms of Trade wieder zurück.

Unter keynesianischen Annahmen folgen die insgesamt angebotenen Mengen von Gut 1 und Gut 2 den effektiv nachgefragten Mengen. Wenn das Inland die Staatsausgaben erhöht, gerät der Saldo der Handelsbilanz allein durch Mengeneffekte ins Defizit. Für den Wechselkurs gilt wieder die Regelkreisargumentation: Sind die Güterpreise in nationaler Währung auf 1 normiert, dann wird auch der Wechselkurs im Gleichgewicht nur den Wert 1 annehmen können, obwohl er an sich flexibel ist.

2.4 Fazit

Im Abschnitt 1.3 haben wir geklärt, daß eine rein finanzmarkttheoretische Erklärung des Wechselkurses sich immer nur beziehen kann auf die Abweichung des tatsächlichen Wechselkurses von einem fiktiven "Gravitationszentrum", d.h. von dem Wechselkurs, bei dem nicht nur ein Portfoliogleichgewicht herrscht, sondern auch -

zunächst ganz allgemein - die Strommärkte, die Güter- und Arbeitsmärkte, geräumt sind.

Das zweite Kapitel ist diesem fiktiven Wechselkurs im Gravitationszentrum gewidmet. Dabei werden zwei Fälle unterschieden: die Kompatibilität der hypothetischen oder walrasianischen Planungen, wenn die Güterpreise und Nominallöhne flexibel sind, und die Kompatibilität der effektiven Planungen in der Situation der keynesianischen Unterbeschäftigung, wenn die Güterpreise und Nominallöhne starr sind. Das Anliegen ist ein inhaltliches und methodisches zugleich. Inhaltlich geht es um die Beantwortung der Frage, wie der reale und nominale Wechselkurs im Gravitationszentrum auf eine dauerhafte, über mehrere Perioden durchgehaltene drastische Erhöhung der Absorptionsnachfrage in einem Land reagiert. Das konkrete und anschauliche Beispiel haben die USA in den achtziger Jahren geliefert, wobei zum einen die Budgetdefizite (in vorher nicht gekanntem Ausmaß), verursacht vor allem durch Steuersenkungen, und zum anderen die Anregung der privaten Investitionsnachfrage zu der drastischen Erhöhung der Absorptionsnachfrage beigetragen haben.

Will man diese Frage anhand einer Modellbetrachtung klären, muß man u.a. eine Spezifikation für die Gütermärkte finden. Dies bedeutet nichts anderes, als daß Güter nach einem bestimmten Kriterium zu unterscheiden sind, wobei die Spezifikation, das Unterscheidungskriterium, sich aus der Fragestellung ergeben sollte. Wenn es so gewesen wäre, daß die zusätzliche Nachfrage in den USA sich dezidiert auf Güter gerichtet hätte, die in den USA produziert werden, dann spräche dies für eine Einteilung der Güter nach Produktionsstandorten, um den Struktureffekt auf die weltwirtschaftliche Güternachfrage abbilden zu können. Wenn dagegen der Effekt in einer Erhöhung der Nachfrage der US-Amerikaner nach dem Warenkorb ihrer Endnachfrage besteht, kommt für die Abbildung des Struktureffekts am ehesten die Spezifikation des erweiterten Zwei-Länder-Modells in Frage. Die Nachfrage der Amerikaner nach ihrem Warenkorb steigt, und verdrängt wird die Nachfrage der Nicht-Amerikaner nach deren Warenkorb. Nun sind die beiden Warenkörbe, die unterschieden werden, weder vollkommen gleich noch völlig verschieden, und viele Güter aus den beiden Warenkörben stehen zueinander in einer engen Substitutionsbeziehung. Deshalb treten immer beide Effekte auf: die direkte mengenmäßige Verdrängung der Nachfrage der Nicht-Amerikaner durch die der Amerikaner und die relative Verknappung der Güter des US-Warenkorbes. Und deshalb ist in diesem Fall davon auszugehen, daß sich das einfache und das erweiterte Zwei-Länder-Modell die Erklärung teilen.

Danach wird es dann parallel zum Anstieg der US-Absorptionsnachfrage zu einem Defizit in der (anfänglich ungefähr ausgeglichenen) Leistungsbilanz kommen, das zu einem Teil direkt durch die mengenmäßige Verdrängung und zum anderen Teil durch die Abnahme der Terms of Trade (die Amerikaner exportieren die reichlicher gewordenen Güter des Warenkorbes der Nicht-Amerikaner und importieren die knapper gewordenen Güter ihres Warenkorbes) zustande kommt. Der reale Wechselkurs, der relative Preis der beiden Warenkörbe steigt, und der US-Dollar wertet unter den im Abschnitt 2.3.2. angegebenen Bedingungen (die wohl erfüllt sind) auch nominal auf. Wenn die Absorptionsnachfrage auf dem erhöhten Niveau dann über mehrere Perioden durchgehalten wird, wird in den USA ein Strukturwandel zu Lasten des Exportsektors einsetzen, während es im Rest der Welt (bei den wichtigsten Handelspartnerländern der USA) einen Strukturwandel zugunsten des Sektors geben wird, der Güter für die US-Endnachfrage herstellt. Im Zuge dieser Angebotsreaktion auf die Verschiebung der weltwirtschaftlichen Güternachfrage wird der reale Wechselkurs dann wieder sinken, und der US-Dollar wird auch nominal wieder abwerten - dies alles bei einem tendenziell unverändert hohen Leistungsbilanzdefizit. Von den Mengen her wird das Defizit sogar weiter wachsen, aber der Anstieg der Terms of Trade wirkt in Richtung auf einen Abbau des Defizits.

Diese aus dem einfachen und dem erweiterten Zwei-Länder-Modell entwickelte Gesamtsicht steht mit auffälligen Entwicklungen der achtziger Jahre in den USA in Einklang: die nahezu parallel zu den Budgetdefiziten auftretenden Leistungsbilanzdefizite, der vielfach beklagte Verlust an Wettbewerbsfähigkeit im Bereich der international handelbaren Güter (Güter, die in beiden Warenkörben vertreten sind), das Schrumpfen des Exportsektors und die im Vergleich zu den Handelspartnerländern viel stärkere Zunahme der Beschäftigung im Dienstleistungssektor. Aber vor allem gelingt eben eine Erklärung des weithin als rätselhaft empfundenen Kursverlaufes des US-Dollars in den achtziger Jahren und in der Gesamtsicht eine Erklärung des Zusammenspiels von Kursverlauf und Leistungsbilanzsalden, das erst recht als völlig rätselhaft betrachtet wurde: Die Aufwertung des US-Dollars bei steigenden Leistungsbilanzdefiten bis 1985 und dann die nachfolgende Abwertung bei (ungefähr) unverändert hohen Leistungsbilanzdefiziten. Auch diese Entwicklungen stehen völlig im Einklang mit dem erweiterten Zwei-Länder-Modell unter klassisch-neoklassischen Annahmen.

Die Ergebnisse dieser Analyse sind nicht etwa darauf zurückzuführen, daß andere Verhaltensannahmen - über die man sich ja dann streiten könnte - getroffen werden. Im Gegenteil: die grundlegenden Verhaltensannahmen der Makroökonomik (die Zinsabhängigkeit der Investitionsnachfrage, die Einkommens- und Zinsabhängigkeit der Konsumnachfrage und Geldnachfrage, ...) werden übernommen. Sie mögen zwar grob sein, sind doch aber - kaum zu bestreiten - auch grob zutreffend.

Was die Analyse im Rahmen des einfachen und des erweiterten Zwei-Länder-Modells von vielen anderen Erklärungsversuchen unterscheidet, ist, daß sie die Methodik der Makroökonomie wirklich ernst nimmt. Danach besteht die theoretische Klärung einer Frage darin, daß gezielt eine Modellwelt entworfen wird, in der diese Frage ebenfalls gestellt werden kann. Die vereinfachenden und idealisierenden Annahmen sollen dabei nur dazu dienen, diese eine Frage isoliert von anderen - aber dann auch unverzerrt - behandeln zu können. Die Ratlosigkeit gegenüber den Phänomenen rührt ja eigentlich daher, daß immer von vorneherein im Rahmen bekannter Modelle gedacht wird. Natürlich kann der Kursverlauf des US-Dollars in den achtziger Jahren nicht verstanden werden als eine rein finanzmarkttheoretisch zu erklärende Abweichungsdynamik und deshalb auch nicht erklärt werden im Rahmen des Dornbusch-Modells (oder einer Variante von diesem). Und auch das Mundell-Fleming-Modell ist zur Erklärung nicht geeignet, weil innerhalb des Modells der Struktureffekt auf die weltwirtschaftliche Güternachfrage, der von einer

Erhöhung der Nachfrage der US-Amerikaner nach dem Warenkorb ihrer Endnachfrage ausgeht, gar nicht beschrieben werden kann und weil zudem unter klassisch-neoklassischen Annahmen die Möglichkeit der Angebotsreaktion auf eine Verschiebung in der Struktur der weltwirtschaftlichen Güternachfrage von vorneherein unmöglich ist. Die Mundell-Fleming-Modellwelt ist immer dann als Instrument der Analyse geeignet, wenn es in der Situation der keynesianischen Unterbeschäftigung letztlich um die Frage geht, wie exogene Schocks (konjunkturpolitische Maßnahmen im In- und Ausland) auf die das Angebot restringierenden effektiven Nachfragen nach dem im Inland und im Ausland produzierten Gütern und damit auf die Einkommen des Inlandes und des Auslandes wirken. Wie wirkt eine konjunkturpolitische Maßnahme in einer offenen Volkswirtschaft? Wir wirken exogene Schocks, die aus dem Ausland kommen, auf das Inland? Bieten flexible Wechselkurse die Möglichkeit, sich von Störungen aus dem Ausland abzuschirmen? Für diese und verwandte Fragen ist das Mundell-Fleming-Modell konstruiert worden, und nur für diese Fragen ist es eine sinnvolles Instrument der Analyse. Es ist aber nicht die Beschreibung der offenen Volkswirtschaft schlechthin, auch nicht für die Situation der keynesianischen Unterbeschäftigung.

Das methodische Anliegen des zweiten Kapitels besteht darin zu zeigen, wie man sich von der Routine bekannter Standardmodelle und eingefahrener Sichtweisen befreit und die Entscheidung für ein bestimmtes Modell bewußt von der Fragestellung her trifft. Dabei ist dann eben auch wichtig, sich klarzumachen, daß ein Modell nicht einfach in einer Ansammlung von Gleichungen besteht, sondern es sich um den Entwurf einer vorstellbaren Modellwelt handeln muß (zumindest wenn es um gesamtwirtschaftliche Fragestellungen geht). Dann sind automatisch die folgenden Fragen zu beantworten: welche Märkte existieren in der Modellökonomie? Welche Sektoren werden unterschieden? Und wie verhalten sich die Sektoren auf den Märkten? Insgesamt wird auf diesem Wege deutlich, aus welchen Annahmen die Ergebnisse abgeleitet werden. Aber vor allem entsteht bei der Beantwortung dieser Fragen eine Vorstellung von der Modellwelt selbst, und nur anhand dieser Vorstellung wird man die ökonomisch letztlich entscheidende Frage beantworten können, die allein eine Streitfrage sein kann und immer eine Frage der Einschätzung bleiben wird: Was kann man aus dem Modell lernen für die Fragestellung aus der Realität?

3. Die finanzmarkttheoretische Erklärung der Wechselkursdynamik

In diesem Kapitel soll der finanzmarkttheoretische Beitrag zur Erklärung der Wechselkursdynamik ausgelotet werden. Dabei wird es zunächst darum gehen, den Analyserahmen, die Modellierung der zeitpunktbezogenen Vermögensallokationsentscheidung der In- und Ausländer, aufzuzeigen. Dies geschieht im Abschnitt 3.1 bei der Behandlung des allgemeinen Finanzmarktansatzes. Finanzmarktansätze werden unterschieden in monetäre Ansätze und Portfolioansätze; das Unterscheidungskriterium ist, ob die auf inländische und die auf ausländische Währung lautenden Wertpapiere als vollkommene oder nur unvollkommene Substitute angesehen werden.[1] Wir übernehmen diese Aufteilung und beschäftigen uns im Abschnitt 3.2 mit den monetären Ansätzen und im Abschnitt 3.3 mit den Portfolioansätzen.

In der Auseinandersetzung mit den monetären Ansätzen geht es um das grundlegende Verständnis dieser Ansätze. Wie wird der Wechselkurs bestimmt, und inwieweit kann überhaupt von einer finanzmarkttheoretischen Erklärung des Wechselkurses die Rede sein? In diesem Abschnitt werden wir anknüpfen an die Ergebnisse des Abschnitts 1.3, in dem es um die Gegenüberstellung von finanzmarkttheoretischer Sichtweise und Wechselkursbestimmung im Rahmen von makroökonomischen Modellen ging. Vor dem Hintergrund der prinzipiellen Einsicht, daß sich jeder rein finanzmarkttheoretische Erklärungsbeitrag nur auf die durch die Unterschiedlichkeit der Anpassungsgeschwindigkeiten verursachte Abweichungsdynamik richten kann, sind die gestellten Fragen leicht zu beantworten.

Wenn die beiden Wertpapiere nicht mehr als vollkommene Substitute angesehen werden, dann wird in der Regel eine Differenz in den erwarteten Ertragsraten entstehen. Wofür wird diese Risikoprämie gezahlt, wie ist das Zustandekommen einer Risikoprämie letztlich

---

1) Wir übernehmen damit die weit verbreitete Sprachregelung, die aber die eigentliche Annahme nicht offenlegt. Eigentlich geht es darum, ob die Anleger in ihrer Portfolioaufteilung risikoneutral sind. Wenn ja, steht fest, daß die erwarteten Renditen der beiden Wertpapiere in einem Finanzmarktgleichgewicht übereinstimmen, und dann wiederum sind die risikoneutralen Anleger hinsichtlich der beiden Wertpapiere indifferent.

zu erklären, und welchen Einfluß hat eine Risikoprämie auf den Wechselkurs? Diese Fragen werden in den Abschnitten 3.3 und 3.4 beantwortet. Dabei wird sich zeigen: Der eigentliche Erklärungsbeitrag der Portfolioansätze richtet sich auf die Risikoprämie und nicht auf den Wechselkurs. Zur Erklärung des Wechselkurses tragen Portfolioansätze kaum mehr bei als monetäre Ansätze.

3.1 Der allgemeine Finanzmarktansatz

Wir gehen aus von der aggregativen Struktur der Zwei-Länder-Modelle des zweiten Kapitels. Die Spezifikation der Gütermärkte spielt jetzt keine Rolle, denn es wird nur das zeitpunktbezogene Portfoliogleichgewicht auf den Finanzmärkten betrachtet. Bei der Sektoreneinteilung ist es zweckmäßig, zwischen In- und Ausländern zu unterscheiden und jede dieser Gruppen noch einmal zu unterteilen in die Gruppe der Schuldner oder Emittenten und in die Gruppe der Gläubiger oder Anleger. Wenn wir die Zentralbank in jedem Land dem Sektor Staat zuschlagen und darüberhinaus, nur vereinfachend, annehmen, daß die Unternehmen und der Staat keine Geldbestände halten, dann können wir den Sektor der Gläubiger oder Anleger mit dem Sektor der privaten Haushalte und den Sektor der Schuldner oder Emittenten mit den beiden Sektoren Staat (incl. Zentralbank) und Unternehmen identifizieren. Die von den Unternehmen insgesamt emittierten Wertpapiere sind wieder das Spiegelbild ihres Sachkapitalbestandes und der Gesamtbestand der vom Staat emittierten Wertpapiere ist das Ergebnis der Budgetdefizite in der Vergangenheit. Man kann also in dieser Weise ganz einfach einen Bezug herstellen zu den Zwei-Länder-Modellen des zweiten Kapitels.

Allerdings gibt es jetzt zwei Wertpapiermärkte. Da es von der Fragestellung her letztlich um die Bestimmung des Wechselkurses geht, ist das Unterscheidungskriterium die Währung, auf die die Zahlungsversprechen der Wertpapiere lauten. Insgesamt sind dann vier verschiedene Finanzmärkte zu betrachten, auf denen vier zu unterscheidende Sektoren agieren. Auch hier bietet es sich an, die sektoralen Überschußnachfragen, die geplanten Bestandsänderungen aus den sektoralen Aufteilungsentscheidungen der Aktiv- bzw. Passivseiten, in einer Matrixform anzuordnen. Die Tabelle 3 zeigt diese Matrix, die die komprimierteste und zugleich übersichtlichste Darstellung des allgemeinen Finanzmarktansatzes ist. Wegen der sektoralen Budgetrestriktionen müssen sich in jeder Spalte die sektoralen Überschußnachfragen zu null addieren, und im Finanzmarktgleichgewicht müssen sich auf jedem Markt die Überschußnachfragen der Sektoren zu null addieren, d.h. für jede Zeile muß die Zeilensumme den Wert null annehmen.

Hinweise zur Notation

Es ist bei der Formulierung des allgemeinen Finanzmarktansatzes wichtig, sich bei jeder Größe darüber im klaren zu sein, in welcher Währung sie ausgedrückt ist. Die Inländer planen in inländischer und die Ausländer in ausländischer Währung; deshalb müssen die Bestandsplanungen der Inländer (l, b_h, f_h, b_h^s, f_h^s) auf inländische Währung und die der Ausländer (l', b_f, f_f, b_f^s, f_f^s) auf ausländische Währung lauten. Die inländische Geldmenge M ist natürlich in inländischer Währung und die ausländische Geldmenge M' in ausländischer Währung angegeben. Die Bestände an Wertpapieren sind angegeben in der Währung, auf die die Zahlungsversprechen der Wertpapiere lauten.

Zunächst sind die Null-Eintragungen zu erläutern, denn dahinter verbergen sich wichtige Annahmen. Die Null-Eintragungen in den beiden Geldmarktzeilen bei den zuständigen Emittenten (Zentralbanken) bedeuten, daß die beiden nominalen Geldmengen für das Finanzmarktmodell exogene Variablen sind. Sie sind emittiert und stehen bei einer Veränderung der Ertragsraten oder des Wechselkurses nicht zur Disposition. Natürlich haben die inländischen Emittenten mit dem ausländischen Geld und umgekehrt die ausländischen Emittenten mit dem inländischen Geld nichts zu tun. Hinter den Null-Eintragungen in den beiden Anlegerspalten verbirgt sich die Annahme, daß von vorneherein feststeht, daß Wirtschaftssubjekte nur ihr heimisches Geld und nicht das jeweils fremde Geld nachfragen. Damit wird der ganze Problembereich der direkten Währungssubstitution ausgeblendet.

Unsere Formulierung des allgemeinen Finanzmarktansatzes weicht in einer ganz entscheidenden Hinsicht ab von den Formulierungen, die

Tabelle 3: Die Überschußnachfragen bzw. die geplanten Bestandsänderungen aus der Aufteilungsentscheidung der einzelnen Sektoren im allgemeinen Finanzmarktansatz (in inländischer Währung)

	Inländer		Ausländer	
	Anleger	Emittenten	Anleger	Emittenten
inländ. Geld	$l(...) - M$	$M - M = 0$	0	0
ausländ. Geld	0	0	$El'(...) - EM'$	$EM' - EM' = 0$
Bonds in inländ. Währung	$b_h(...) - B_h$	$b_h^s(...) - \tilde{B}_h$	$Eb_f(...) - B_f$	$Eb_f^s(...) - (B_h+B_f-\tilde{B}_h)$
Bonds in ausländ. Währung	$f_h(...) - EF_h$	$f_h^s(...) - E\tilde{F}_h$	$Ef_f(...) - EF_f$	$Ef_f^s(...) - E(F_h+F_f-\tilde{F}_h)$

man in der Literatur findet.[2] Wir unterstellen auch auf der Seite der Emittenten, was die Aufteilung ihrer Passivseite auf die beiden Wertpapiere angeht, eine Portfolioentscheidung. Die in- und ausländischen Emittenten der Wertpapiere werden, wenn etwa die erwartete Rendite auf Wertpapiere in inländischer Währung steigt, c.p. Wertpapiere in ausländischer Währung emittieren und mit dem Erlös Wertpapiere in inländischer Währung zurückkaufen. Es gibt keinen Grund, noch dazu in der bewußt allgemein gehaltenen Ausgangsformulierung des Finanzmarktansatzes, einer der beiden Marktseiten eine exogen gegebene Aufteilungsentscheidung zu unterstellen.[3]

Für monetäre Ansätze ist dieser Unterschied natürlich völlig belanglos, denn dort sind die beiden Wertpapiere ohnehin vollkommene Substitute. Aber für die Argumentation in Portfolioansätzen ist die Einführung einer Aufteilungsentscheidung auch auf der Seite der Emittenten von erheblicher Bedeutung. Die rein formale Konsequenz ist, daß die Bestände an Wertpapieren auch für die Zeitpunktbetrachtung nicht mehr als exogene Variablen aufzufassen sind. Die wichtigste inhaltliche Konsequenz ist vielleicht, daß sich aus dem Marktmechanismus eine Tendenz zur Verminderung oder sogar völligen Aufhebung von Risikoprämien begründen läßt. Einfach deshalb, weil Risikoprämien bei exogen gegebenen Beständen vielfach als Knappheitsrenten zu verstehen sind und nun die Angebotsreaktionen möglich sind.

Exkurs: <u>Warum es sinnvoll ist, in einem allgemeinen Finanzmarktansatz die Aufteilungsentscheidung der Emittenten nicht zu übergehen</u>

In der Literatur wird durchgehend von exogen gegebenen Beständen ausgegangen, eine Aufteilungsentscheidung auf der Seite der Emittenten wird überhaupt nicht betrachtet. Zunächst kann dies nicht etwa so begründet werden, daß die tatsächliche Sachlage dies

---

2) vgl. z.B. Murphy, van Duyne (1980) und Branson, Henderson (1985).

3) Es mag sein, daß öffentliche Haushalte aufgrund gesetzlicher Vorschriften nur Wertpapiere in Landeswährung emittieren, aber selbst wenn dies zutrifft, ist davon nur eine Teilmenge der Emittenten betroffen.

offenbar rechtfertigt. Zwar gibt es bedeutende Schuldnergruppen, die de jure oder de facto von vorneherein auf ihre Landeswährung festgelegt sind, aber dies gilt genauso für den (vermutlich) weit überwiegenden Teil der Geldkapitalbildung. Auf welcher Seite der Anteil überwiegt, der tatsächlich einer Aufteilungsentscheidung hinsichtlich der Währung unterliegt, ist eine offene Frage.

Die grundsätzliche Antwort lautet aber: Wenn es schon um die Modellierung eines Finanzmarktgleichgewichts geht, dann sollte man auch allen Akteuren des Modells eine Aufteilungsentscheidung zugestehen. Von gegebenen Beständen auszugehen, mag die Analyse formal vereinfachen, aber es wird damit der Zugang zu wichtigen ökonomischen Einsichten verbaut. Auch die Bedeutung und die Auswirkungen exogen plazierter (oder auch exogen gehaltener) Bestände erkennt man erst dann, wenn dies nicht schon der fraglose Ausgangspunkt jeder Analyse ist.[4] Darüberhinaus führt die Exogenisierung von Planungen in einem Modell, das von seinem Anspruch her als Totalanalyse auftritt, zu ökonomischen Komplikationen und Rätseln, die dann wieder unklare Debatten auslösen. Die folgenden Ausführungen sollen dies veranschaulichen.

In den letzten Jahren ist die unter Ökonomen ehemals breite Zustimmung zu einem System flexibler Wechselkurse umgeschlagen in Skepsis. Die Tendenzaussage, daß ein System flexibler Wechselkurse die Integration der Weltwirtschaft unterstützt und eine effiziente internationale Arbeitsteilung fördert, ist wieder umstritten. Die neue Fundamentalkritik lautet: Der Wechselkurs wird offenbar eindeutig durch die Arbitrage auf den internationalen Finanzmärkten determiniert und orientiert sich kaum noch an den realwirtschaftlichen Knappheiten. Die Handelsströme werden verzerrt und die Gütermärkte desintegriert. Soweit die Kritik in dieser allgemeinen

4) Exogen plaziert soll immer heißen, daß der jeweilige Emittent seine Passivseite unabhängig von Risikoeinschätzungen und den erwarteten Realzinssätzen aufteilt. Exogene Planungen in diesem Sinne kann es natürlich auch bei den Anlegern in der Aufteilung ihrer Aktivseite geben. Dahinter kann sich eigentlich jede mögliche Aufteilung verbergen, sie muß nur unabhängig von einem (μ, σ)-Kalkül sein, aber im Vordergrund steht natürlich immer die eine, daß nämlich Emittenten und Anleger von vorneherein nur auf ihre Landeswährung fixiert sind.

Form finanzmarkttheoretisch fundiert ist, kann ihr nur mit den Ausführungen des Abschnitts 1.3 begegnet werden: Die Arbitrage auf den Finanzmärkten kann eben nicht verantwortlich gemacht werden für eine völlige Abkoppelung des Wechselkurses vom walrasianischen Gleichgewicht, sondern bestenfalls (oder schlimmstenfalls) für eine Abweichungsdynamik. Und die eigentliche Ursache für diese Abweichungsdynamik liegt nicht an sich in der Arbitrage auf den Finanzmärkten, sondern in der Unterschiedlichkeit der Anpassungsgeschwindigkeiten.

Aber es gibt noch einen genauer formulierten Vorstoß, der von McKinnon unter der Überschrift "Indirekte Währungssubstitution" in die Diskussion eingeführt wurde.[5] Die Argumentation kann dabei wie folgt skizziert werden: Der exogene Schock besteht darin, daß die Anleger aufgrund neuer Informationen das Währungsrisiko z.B. der inländischen Währung höher einstufen. Deshalb möchten die Anleger (zu alten Ertragsraten und zum alten Wechselkurs) ihren Anteil an Wertpapieren in inländischer Währung vermindern und den Anteil in ausländischer Währung erhöhen. Dies ist gemeint mit "indirekter Währungssubstitution", und in den Szenarien von McKinnon kann das neue Finanzmarktgleichgewicht nur durch eine drastische Reaktion des Wechselkurses, in unserem Beispiel durch eine Abwertung der inländischen Währung, erreicht werden. Zwei Annahmen sind für dieses Ergebnis verantwortlich:

1) Die Renditen bzw. die Kurse der beiden Wertpapiere ändern sich nicht. Sie sind - jedenfalls für den Moment - "festgezurrt" durch die Gleichgewichtsbedingungen für die Geldmärkte.[6]

2) Die Gesamtbestände an Wertpapieren in inländischer und in ausländischer Währung sind gegeben.

Die Auseinandersetzung mit den Szenarien von McKinnon kreist ausschließlich um die erste Annahme, während der restriktive Charak-

5) Vgl. McKinnon (1983), (1984), (1985).
6) Für diese kurzfristige mangelnde Flexibilität der Zinssätze führt McKinnon mehrere Begründungen an, auf die wir für unsere Argumentation nicht einzugehen brauchen. Vgl. McKinnon (1984) S. 30ff, (1985) S. 109ff, (1983) S. 2ff, S. 9ff, S. 17ff.

ter der zweiten Annahme gar nicht wahrgenommen wird. Wenn aber nun auf der Seite der Emittenten ebenfalls eine Aufteilungsentscheidung angenommen wird, dann führt die erhöhte Risikoeinschätzung für die inländische Währung dazu, daß auch die Emittenten den Anteil an Verbindlichkeiten in inländischer Währung reduzieren möchten. Insgesamt kommt es dann nur zu einer "Auswanderung" der Kreditbeziehungen in die ausländische Währung, und durch diese "Mengenreaktion" kann ein neues Finanzmarktgleichgewicht erreicht werden, ohne daß die erwarteten Ertragsraten oder der Wechselkurs reagieren müssen. Man kann das dramatische Szenario von McKinnon also durchaus so einordnen, daß nicht etwa die Arbitrage auf den Finanzmärkten an sich, sondern die Beschränkung der Arbitrage auf nur eine Marktseite die scharfe Wechselkursreaktion (bei nicht ausreichend flexiblen Kursen der Wertpapiere) erzwingt. Dies alles erkennt man aber erst dann, wenn der Referenzrahmen der Analyse abgesteckt wird durch die freie Aufteilungsentscheidung der Anleger und der Emittenten.[7] Nur vor diesem Hintergrund gelingt die treffende Einordnung des Rätsels von McKinnon.

Noch restriktiver, was den Ausschluß einzelner Sektoren von einer Aufteilungsentscheidung angeht, ist die aggregative Struktur des Portfoliomodells von Branson. Dort treffen nur noch die Anleger des Inlandes eine Aufteilungsentscheidung; die Emittenten des In- und Auslandes und die ausländischen Anleger werden von vorneherein auf ihre Landeswährung festgelegt. Diese aggregative Struktur tritt immer auf in Verbindung mit der Annahme des kleinen Landes. Diese Annahme kann innerhalb der aggregativen Struktur rechtfertigen, daß der Zins für die Wertpapiere in ausländischer Währung für die Inländer gegeben ist, aber sie kann keine Rechtfertigung für die aggregative Struktur selbst sein. Wenn es in einer Zwei-Länder-Welt zwei Währungen gibt, dann gibt es den Anreiz zur Diversifikation für alle Wirtschaftssubjekte, unabhängig von der relativen Größe der Länder.

---

7) Und dieser Referenzrahmen ist eigentlich zwingend, wenn man sich der Aufgabe, das Portfoliogleichgewicht auf den Finanzmärkten zu modellieren, wirklich methodisch und nicht ad hoc nähert.

Wie restriktiv und wie einschneidend die Annahmen dieser aggregativen Struktur sind, wird deutlich, wenn man sich einmal ähnliche Eingriffe in die Heckscher-Ohlin-Modellwelt vorstellt. Auch dort können vier Sektoren unterschieden werden: für jedes Land einen Unternehmenssektor, der jeweils gemäß seiner Transformationskurve in Abhängigkeit vom relativen Güterpreis beide Güter herstellt, und für jedes Land einen Sektor der Haushalte, der die beiden Güter jeweils gemäß der repräsentativen Nutzenfunktion unter Beachtung der Budgetbeschränkungen (das jeweilige Volkseinkommen aus der Produktion beider Güter) nachfragt. Die Planungen dieser vier Sektoren bestimmen dann interdependent den gleichgewichtigen relativen Güterpreis und die Handelsströme. Nun kann man natürlich mit restriktiven Annahmen an dieses Modell herangehen und etwa dekretieren, daß die beiden Unternehmenssektoren, unabhängig vom relativen Güterpreis, einen ganz bestimmten Punkt auf ihren Transformationskurven realisieren und jeder ausländische Haushalt bestimmte Mengen von Gut 1 und Gut 2 konsumiert. Nur die inländischen Haushalte können die beiden Güter in Abhängigkeit vom relativen Güterpreis nachfragen bzw. untereinander austauschen. Dann agieren nur die inländischen Haushalte (preisabhängig) auf den beiden Gütermärkten und bestimmen allein den relativen Güterpreis.

Als eine reine Übung in Logik kann dagegen kaum etwas eingewendet werden. Aber aus ökonomischer Sicht erscheint eine derartige Analyse absurd. Denn jedes ökonomische Relevanzgefühl sagt einem, daß diese Annahmen einerseits völlig willkürlich und andererseits so einschneidend sind, daß keine (nicht konstruierte) Fragestellung erkennbar ist, für die man aus einem derartig "verstümmelten" Modell etwas lernen kann. Es bietet auch keine ökonomischen Einsichten, wie sie etwa das Heckscher-Ohlin-Modell eröffnet: die relative Knappheit der Faktoren als eine Ursache für komparative Kostendifferenzen (in der Autarkiesituation) und damit als eine Erklärung für die Richtung der Handelsströme (nach Öffnung der Grenzen), die Tendenz zum Faktorpreisausgleich über den internationalen Handel trotz der internationalen Immobilität der Faktoren. Wenn man dagegen das verstümmelte Modell betrachtet, dann besitzt es zwar auch eine Lösung, aber weder läßt sich irgendeine

Relevanz erkennen für diese Lösung, noch ist sie mit ökonomischen Einsichten verbunden.

Die aggregative Struktur des Branson-Modells kann in gleicher Weise in Frage gestellt werden. Dennoch erfreut sie sich großer Beliebtheit.[8] Der formale Grund dafür ist klar: Man kann ein Bestandsgleichgewicht mit den beiden verschiedenen Wertpapieren betrachten und braucht dennoch nur ein Land, das kleine Inland, zu betrachten. Man erspart sich ein Zwei-Länder-Modell. Aber dies ändert nichts an den prinzipiellen Einwänden. Auch das Gleichgewicht bei internationalem Handel kann man nicht bestimmen, wenn man nur die Planungen der Wirtschaftssubjekte des kleinen Landes betrachtet. Dann kann man eigentlich nur das Verhalten der Inländer als Mengenanpasser auf den Weltmärkten bestimmen, die Bestimmung eines Preises kann nur für Nontradables in Frage kommen.[9] Die ökonomisch sinnvollere Interpretation der Gleichungen des Finanzmarktansatzes von Branson würde man denn auch erhalten, wenn sie ein Mengenanpasserverhalten der inländischen Anleger auf den beiden Wertpapiermärkten bei gegebenen Ertragsraten (und insbesondere bei gegebener Differenz der Ertragsraten) beschreiben würden, wenn also B_h und F_h (neben W_h) die endogenen Variablen wären. Die umgekehrte Interpretation, daß ausgerechnet die Wirtschaftssubjekte

8) Dies gilt auch für die aggregative Struktur, wie sie etwa bei Kouri (1976) oder bei Calvo, Rodriguez (1977) anzutreffen ist. In diesen Arbeiten wird nicht zwischen Geld und Wertpapieren unterschieden; es gibt in jeder Währung nur ein Finanzaktivum. Aber wieder sind die Bestände exogen gegeben (also keine Aufteilungsentscheidung auf der Seite der Emittenten), und die ausländischen Anleger halten nur das Finanzaktivum in ihrer ausländischen Währung. Nur die Anleger des kleinen Inlandes halten wieder ein diversifiziertes Portfolio und entscheiden somit allein über den Wechselkurs im Finanzmarktgleichgewicht. Die Kritik dieses Exkurses richtet sich gegen alle Portfolioansätze, die nur ein kleines Land betrachten. Diese sind nämlich auf derartige aggregative Strukturen angewiesen, um im Rahmen des Modells überhaupt ein Gleichgewicht auf den Finanzmärkten (und nicht nur das "Mengenanpasserverhalten" der Inländer) betrachten zu können.

9) Analog kann das nationale Geld in einem Finanzmarktansatz, in dem Geld und Wertpapiere unterschieden werden, als ein international nicht handelbares Finanzaktivum angesehen werden. Deshalb handelt es sich in dem Finanzmarktansatz von Branson eigentlich nur bei der Geldmarktgleichung um eine echte Gleichgewichtsbedingung.

des kleinen Landes allein über die Risikoprämie und den Wechselkurs entscheiden, ist dagegen ökonomisch absurd.

Ende des Exkurses

Der Exkurs sollte veranschaulichen, warum als Referenzrahmen für die weitere Analyse nur ein Zwei-Länder-Modell in Frage kommt, in dem sich sowohl für die Anleger als auch für die Emittenten im In- und Ausland eine Aufteilungsentscheidung stellt.

Die Aufteilungsentscheidung der Sektoren

Gegeben sind zu jedem Zeitpunkt die Aktiva-Bestände bei den Anlegern und die "Passiva-Bestände" bei den Emittenten. Es handelt sich sozusagen um die gewünschten und realisierten Bestände des "Vorzeitpunkts", die in den jetzt betrachteten Zeitpunkt übernommen werden und das Finanzvermögen (positiv oder negativ) des jeweiligen Sektors bilden, das jetzt erneut, möglicherweise im Licht neuer Informationen, zur Aufteilung ansteht.

Spalte 1: Die inländischen Anleger (in inländischer Währung)

$$B_h + M + E\,F_h = W_h \quad (= l(\ldots) + b_h(\ldots) + f_h(\ldots)) \tag{3.1}$$

Spalte 2: Die inländischen Emittenten (in inländischer Währung)

$$\tilde{B}_h + E\tilde{F}_h = V_h \quad (= b_h^s(\ldots) + f_h^s(\ldots)) \tag{3.2}$$

Spalte 3: Die ausländischen Anleger (in ausländischer Währung)

$$B_f/E + M' + F_f = W_f \quad (= l'(\ldots) + b_f(\ldots) + f_f(\ldots)) \tag{3.3}$$

Spalte 4: Die ausländischen Emittenten (in ausländischer Währung)

$$\tilde{B}_f/E + \tilde{F}_f = V_f \quad (= b_f^s(\ldots) + f_f^s(\ldots)) \tag{3.4}$$

Die Gleichungen (3.1) - (3.4) sind nur die Definitionsgleichungen für die Variablen W_h, W_f, V_h und V_f. Aus den in Klammern gesetzten

Planungen der Sektoren erhält man die Gleichgewichtsbedingungen für die vier Finanzmärkte.

Die Gleichgewichtsbedingungen für die Finanzmärkte

In den Gleichgewichtsbedingungen sind jetzt die Argumente der Bestandsnachfragen bzw. der Bestandsangebote mit den Vorzeichen der partiellen Ableitungen aufgeführt.

Zeile 1: Markt für das inländische Geld (in inländischer Währung)

$$M = l(\underset{(-)}{i}, \underset{(-)}{i'}, \underset{(-)}{d^e}, \underset{(+)}{Y}, \underset{(+)}{W_h}) \tag{3.5}$$

Zeile 2: Markt für das ausländische Geld (in ausländischer Währung)

$$M' = l'(\underset{(-)}{i}, \underset{(-)}{i'}, \underset{(+)}{d^e}, \underset{(+)}{Y'}, \underset{(+)}{W_f}) \tag{3.6}$$

Zeile 3: Markt für das Wertpapier in inländischer Währung (in inländischer Währung)

$$b_h(\underset{(+)}{i}, \underset{(-)}{i'}, \underset{(-)}{d^e}, \underset{(-)}{Y}, \underset{(+)}{W_h}) + E\, b_f(\underset{(+)}{i}, \underset{(-)}{i'}, \underset{(-)}{d^e}, \underset{(-)}{Y'}, \underset{(+)}{W_f}) =$$

$$b_h^s(\underset{(-)}{i}, \underset{(+)}{i'}, \underset{(+)}{d^e}, \underset{(+)}{V_h}) + E\, b_f^s(\underset{(-)}{i}, \underset{(+)}{i'}, \underset{(+)}{d^e}, \underset{(+)}{V_f}) \tag{3.7}$$

Zeile 4: Markt für das Wertpapier in ausländischer Währung (in ausländischer Währung)

$$f_h(\underset{(-)}{i}, \underset{(+)}{i'}, \underset{(+)}{d^e}, \underset{(-)}{Y}, \underset{(+)}{W_h})/E + f_f(\underset{(-)}{i}, \underset{(+)}{i'}, \underset{(+)}{d^e}, \underset{(-)}{Y'}, \underset{(+)}{W_f}) =$$

$$f_h^s(\underset{(+)}{i}, \underset{(-)}{i'}, \underset{(-)}{d^e}, \underset{(+)}{V_h})/E + f_f^s(\underset{(+)}{i}, \underset{(-)}{i'}, \underset{(-)}{d^e}, \underset{(+)}{V_f}) \tag{3.8}$$

Mit d^e wird die erwartete Abwertungsrate für den nominalen Wechselkurs bezeichnet, die in die Planungen auf den Märkten eingeht. Es handelt sich also um die von den Wirtschaftssubjekten erwartete Abwertungsrate, die zunächst strikt zu unterscheiden ist von der Abwertungsrate, die das Modell tatsächlich produzieren wird bzw. von dem Erwartungswert dieser tatsächlichen Abwertungsrate, wenn diese bei stochastischer Formulierung eine Zufallsvariable ist. Der einfachste Fall liegt sicher vor, wenn statische Erwartungen angenommen werden, wenn also $d^e=0$ gesetzt wird. Dann ist die erwartete Abwertungsrate für die bisher entwickelten Gleichungen eine exogene Variable. Formal ähnlich gelagert ist der Fall, wenn d^e sozusagen rekursiv endogenisiert wird. Dies ist immer der Fall, wenn d^e nach irgendeiner Formel aus der Vergangenheit erklärt wird, wie z.B. bei adaptiver Erwartungsbildung. Eine zusätzliche Gleichung erklärt dann die erwartete Abwertungsrate, aber eben unabhängig von den bisher entwickelten Gleichungen des Finanzmarktansatzes, für die d^e dann wieder eine vorherbestimmte Variable ist.

Wenn wir also die erwartete Abwertungsrate in diesem Sinne für die bisher entwickelten Gleichungen als vorherbestimmte oder exogene Variable ansehen, dann ist das Modell determiniert, wenn man die Güterpreisniveaus (beide auf 1 normiert) und die Einkommen Y und Y' als exogene Variablen begreift. Dann bestimmen die vier Vermögensdefinitionen und die vier Gleichgewichtsbedingungen (drei davon sind unabhängig) die sieben endogenen Variablen: W_h, W_f, V_h, V_f, i, i', e.

Nun haben die Ausführungen in Abschnitt 1.3 gezeigt, daß man die Güterpreisniveaus für die Gleichungen (3.1)-(3.8) dann nicht als exogene Variablen ansehen kann, wenn diese Gleichungen einen Ausschnitt aus einem walrasianischen Gleichgewicht beschreiben.[10] Dann werden nämlich die Güterpreisniveaus durch die Gleichge-

10) Wenn als "Gravitationszentrum" nicht das walrasianische Gleichgewicht bei Mengenrationierung angesehen wird, dann können die Einkommen im In- und Ausland nicht als exogene Variablen aufgefaßt werden.

wichtsbedingungen für die Geldmärkte determiniert, und außerdem bestimmt in einem walrasianischen Gleichgewicht die Vermögensaufteilungsentscheidung die Struktur der Ertragsraten oder die Risikoprämie und nicht die Niveaus. Auch der Wechselkurs im walrasianischen Gleichgewicht kann nicht aus den bisher entwickelten Gleichungen bestimmt werden. Es fehlt die Gleichung (3.9), in der $\bar{p}$ und $\bar{p}'$ die Güterpreisniveaus im walrasianischen Gleichgewicht bezeichnen und q, der reale Wechselkurs im walrasianischen Gleichgewicht, als durch die Gütermärkte vorherbestimmt anzusehen ist.

$$\bar{E} = q\ \bar{p}/\bar{p}' \tag{3.9}$$

Wenn nun $p = \bar{p}$ und $p' = \bar{p}'$, dann gilt auch $E = \bar{E}$.

Von einer finanzmarkttheoretischen Bestimmung des Wechselkurses (und der Ertragsraten) kann nur insoweit die Rede sein, als es um die Abweichung des augenblicklichen Wechselkurses, bei dem nur ein Gleichgewicht auf den Finanzmärkten herrscht, von dem Wechselkurs im walrasianischen Gleichgewicht geht. Wenn man sich nun in einer derartigen Abweichungsdynamik befindet, dann kann die prozentuale Wechselkursänderung, die das Modell tatsächlich produzieren wird, wie folgt dargestellt werden:[11]

$$e_{t+1} - e_t = \alpha(\bar{e}_t - e_t) + (\bar{e}_{t+1} - \bar{e}_t) \tag{3.10}$$

Dabei ist der Parameter α ein Maß für die Geschwindigkeit, mit der sich die Anpassung an das walrasianische Gravitationszentrum abspielt.

Es liegt dann die folgende Situation vor: Die Wirtschaftssubjekte, die Akteure im Modell, erwarten eine Abwertungsrate d^e, die vielleicht nach irgendeiner Formel aus den zurückliegenden Realisationen für den Wechselkurs gebildet wird, während die Betrachter des

11) Zeitindices werden nur dort gesetzt, wo sie zum Verständnis notwendig sind. Wenn kein Index gesetzt wird, dann lautet er auf t.

Modells den wahren Zusammenhang kennen und ein überlegenes Wissen besitzen. Wenn das Ganze nicht nur eine logische Spielerei ist, sondern tatsächlich zumindest Aspekte der Realität erklären kann, dann sind die Betrachter des Modells auch zugleich Akteure, und in der beschriebenen Situation impliziert dies, daß die Kenner des Finanzmarktansatzes - der allen zugänglich ist - außergewöhnliche Gewinne erzielen können. Diese Möglichkeit außergewöhnlicher Gewinne bliebe im Marktprozess den Marktteilnehmern nicht verborgen, so daß in zunehmendem und dann letztlich marktbeherrschendem Maße sich die rationale Erwartungsbildung durchsetzen wird. Durch diesen Diffusions- oder Lernprozeß verschwinden dann natürlich wieder die überdurchschnittlichen Gewinne. Dies ist nur eine Ausprägung des allgemeinen Prinzips, daß das Streben nach Gewinn die überdurchschnittlichen Gewinnmöglichkeiten aufhebt.

Wie man sieht, sprechen nicht nur formale und ästhetische Gesichtspunkte - die Suche nach der modellimmanenten Lösung, die frei ist von jeder Beliebigkeit - für die Lösung bei vollkommener Voraussicht oder bei rationalen Erwartungen, sondern der Marktmechanismus selbst liefert eine Begründung dafür, daß diese Lösung von besonderem Interesse ist. Entweder, das Modell erklärt ohnehin nichts, dann ist jede Lösung irrelevant, oder aber es erklärt tatsächlich etwas, dann ist die modellimmanente Lösung von besonderem Interesse.[12]

Man erhält diese Lösung, indem man die von den Wirtschaftssubjekten erwartete mit der vom Modell tatsächlich produzierten Abwertungsrate gleichsetzt

$$d^e = \alpha(\bar{e}_t - e_t) + (\bar{e}_{t+1} - \bar{e}_t) \qquad (3.11)$$

Das allgemeine Finanzmarktmodell besteht dann aus den Gleichungen (3.1) - (3.8) und der Gleichung (3.11). Begreift man diese Gleichungen jetzt wieder als eine Momentaufnahme während der Abwei-

12) Außerdem stellt sich bei jeder nicht modellimmanenten Erwartungsbildung immer die paradoxe Frage: Warum eigentlich sollten die Wirtschaftssubjekte die ihnen vom Modell zugebilligten Erwartungen wirklich erwarten, wenn sie doch aus der Vergangenheit wissen, daß sie sich dann systematisch täuschen?

chungsdynamik mit für den Moment gegebenen Güterpreisen (und Einkommen), dann ist die aufgeführte Liste der endogenen Variablen um d^e zu ergänzen. Dagegen ist der Wechselkurs im walrasianischen Gleichgewicht für den allgemeinen Finanzmarktmarktansatz in jedem Fall eine vorherbestimmte Variable, die durch die Gleichung (3.9) bestimmt wird. Damit ist es jetzt auch geradezu augenfällig, daß es eigentlich nur um die Erklärung einer Abweichung geht. Im Laufe der Anpassung nähert sich der Wechselkurs dem Wert an, der für die sektoralen Aufteilungentscheidungen und für die Gleichgewichtsbedingungen auf den Finanzmärkten selbst exogen ist.

3.2 Zum Verständnis monetärer Ansätze

Diese Einordnung wird deutlich bestätigt, wenn wir die beiden Hauptvarianten des monetären Ansatzes einander gegenüberstellen. Es handelt sich zum einen um die auf Dornbusch zurückgehende Variante mit kurzfristig starren Güterpreisen (sticky prices) und zum anderen um die auf Frenkel und Bilson zurückgehende Variante mit sofortiger Anpassung der Güterpreise (flexible prices). Den monetären Ansatz der Wechselkursbestimmung erhält man aus dem allgemeinen Finanzmarktansatz unter der Annahme, daß die inländischen und ausländischen Anleger oder Emittenten die beiden Wertpapiere in ihrer Aufteilungsentscheidung als vollkommene Substitute ansehen - was letztlich bedeuten muß, daß die Anleger oder Emittenten risikoneutral sind. Die beiden Wertpapiermärkte können dann zu einem Markt zusammengefaßt werden. Es entfällt eine Marktgleichgewichtsbedingung und ein zu bestimmender Preis, nämlich die Risikoprämie. Es steht von vorneherein fest, daß

$$\Phi = i - i' - d^e = 0 \qquad (3.12)$$

gilt.[13] Von den drei verbleibenden Gleichgewichtsbedingungen für die Finanzmärkte kann die für den zusammengefaßten Wertpapiermarkt

---

13) In dieser Schreibweise handelt es sich um die Risikoprämie zugunsten einer Anlage in inländischer Währung, d.h. bei einer positiven Risikoprämie übersteigt die erwartete Rendite der Wertpapiere in inländischer Währung die der Wertpapiere in ausländischer Währung. Diese Definition für die Risikoprämie soll für die ganze Arbeit gelten.

vernachlässigt werden, so daß nur die Gleichgewichtsbedingungen für die beiden Geldmärkte - deshalb die Bezeichnung als monetärer Ansatz - betrachtet werden müssen.

Um die einfache Darstellung des monetären Ansatzes zu erhalten, wie sie in der Literatur durchgehend anzutreffen ist, bedarf es einer weiteren Annahme: Die Geldnachfragen der In- und Ausländer dürfen nicht vom Vermögen abhängen. Nur dann sind die monetären Ansätze rekursiv lösbar. Bei Vernachlässigung des zusammengefaßten Wertpapiermarktes erhält man dann die folgenden Gleichungen:

$$M/p = l(i, Y) \qquad (3.13)$$

$$M'/p' = l'(i', Y') \qquad (3.14)$$

$$d^e = i - i' \qquad (3.15)$$

$$d^e = \alpha(\bar{e}_t - e_t) + (\bar{e}_{t+1} - \bar{e}_t) \qquad (3.16)$$

Man könnte jetzt noch die Definitionsgleichungen für die sektoralen Finanzvermögen aufführen, aber in beiden Varianten des monetären Ansatzes werden sie wegen der vereinfachenden Annahmen zur Bestimmung der jeweils interessierenden endogenen Variablen nicht mehr gebraucht.

<u>a) bei flexiblen Güterpreisen</u>

Der monetäre Ansatz der Wechselkursbestimmung bei flexiblen Güterpreisen wird in der Literatur in der folgenden logarithmierten Form präsentiert:

$$m - \ln p = k_1 y - k_2 i \qquad (3.17)$$

$$m' - \ln p' = k_1' y' - k_2' i' \qquad (3.18)$$

$$e = \ln p - \ln p' \qquad (3.19)$$

Für die Geldnachfragen wird eine spezielle Funktionsform, die sogenannte Cagan-Form der Geldnachfrage, unterstellt. Die logarithmierte Fassung wird deshalb betrachtet, weil sie zu einer Bestimmungsgleichung für den Wechselkurs führt, die linear in den Strukturparametern ist und damit leicht zu schätzen ist.

$$e = m - m' + k_1' y' - k_1 y + k_2 i - k_2' i' \qquad (3.20)$$

Eine weitere Vereinfachung erhält man, wenn man für die Geldnachfragen der In- und Ausländer gleiche Elastizitäten unterstellt:

$$e = m - m' + k_1(y' - y) + k_2(i - i') \qquad (3.21)$$

Die endogenen Variablen der Gleichungen (3.17) - (3.19) sind p, p' und e. Neben den beiden Geldmengen und den beiden Realeinkommen sind auch die beiden Nominalzinssätze als vorherbestimmte Variablen anzusehen.

Dieser monetäre Ansatz wird in der Literatur immer als ein spezieller Finanzmarktansatz eingeordnet. Inwieweit trifft dies zu? Oder anders gefragt: Können die Gleichungen (3.17) - (3.19) abgeleitet werden aus den Gleichungen (3.13) - (3.16), von denen wir gezeigt haben, daß sie das Gleichgewicht auf den Finanzmärkten unter den vereinfachenden Annahmen des monetären Ansatzes beschreiben? Unproblematisch ist dies für die Gleichungen (3.17) und (3.18), die natürlich nur Konkretisierungen von (3.13) und (3.14) sind. Aber die entscheidende Gleichung (3.19) ist in keiner Weise aus den Gleichungen (3.13) - (3.16) abzuleiten. Es handelt sich bei (3.19) eigentlich um die Gleichung (3.9) (unter der Annahme q = 1), die mit dem Gleichgewicht auf den Finanzmärkten nicht das geringste zu tun hat. Weil bei vollkommen flexiblen Güterpreisen zu jedem Zeitpunkt $p = \bar{p}$ und $p' = \bar{p}'$ gilt, gilt auch $e = \bar{e}$ zu jedem Zeitpunkt.

$$e = \bar{e} = \ln q + \ln \bar{p} - \ln \bar{p}' = \ln q + \ln p - \ln p' \qquad (3.22)$$

Es kann also bei genauer und systematischer Betrachtung keine Rede davon sein, daß der Wechselkurs in der "flexible prices"-Variante des monetären Ansatzes von den sektoralen Vermögensaufteilungsentscheidungen abhängt und in diesem Sinne finanzmarkttheoretisch erklärt wird. Eine weitere Überlegung macht dies schlagend deutlich: Wenn man einmal für einen Moment annimmt, daß In- und Ausländer nur Wertpapiere in ihrer Landeswährung halten und emittieren dürfen, dann geht diese restriktive Annahme - die jeden finanzmarkttheoretischen Erklärungsbeitrag von vorneherein erledigt - an den Gleichungen (3.17) - (3.19) spurlos vorüber. Völlig unabhängig von dieser Annahme kann der Wechselkurs nach Gleichung (3.20) oder (3.21) bestimmt werden. Dies alles ist unmittelbar einsichtig, wenn man den finanzmarkttheoretischen Erklärungsbeitrag von vorneherein richtig einordnet, wenn man sich also darüber im klaren ist, daß er sich nur auf die Abweichungsdynamik beziehen kann. Da aber bei vollkommen flexiblen Güterpreisen eine derartige Abweichungsdynamik gar nicht entstehen kann, entfällt auch jeder rein finanzmarkttheoretische Erklärungsbeitrag. Genau hier liegt in der Einordnung der wesentliche Unterschied zum monetären Ansatz bei kurzfristig starren Güterpreisen, wie er von Dornbusch entwickelt wurde.

Wenn wir in die Gleichung (3.19) den gleichgewichtigen realen Wechselkurs aufnehmen, wie es sich gemäß ihrer Ableitung aus Gleichung (3.9) eigentlich auch gehört, dann lautet die Bestimmungsgleichung für den Wechselkurs in der allgemeinen Form (d.h. zunächst nur unter den Annahmen, daß die Güterpreise vollkommen flexibel sind und die Geldnachfragen nicht vom Vermögen abhängen):

$$e = \ln q + m - m' + \ln l'(i', Y') - \ln l(i, Y) \qquad (3.23)$$

Unter den weiter genannten Annahmen (Cagan-Form der Geldnachfrage und gleiche Elastizitäten) lautet sie:

$$e = \ln q + m - m' + k_1(y' - y) + k_2(i - i') \qquad (3.24)$$

Die Gleichungen (3.23) und (3.24) gelten unabhängig davon, ob die Wertpapiere nun als vollkommene Substitute angesehen werden oder nicht; sie gelten sogar für den Extremfall, daß In- und Ausländer mit ihrem ganzen (positiven oder negativen) Finanzvermögen von vorneherein auf ihre eigene Währung festgelegt sind.

Wo geht denn nun die Annahme der vollkommenen Substituierbarkeit der Wertpapiere eigentlich ein? Für welche Ausage wird sie gebraucht? Die Antwort auf diese Fragen erhält man, wenn man die Gleichungen (3.15) und (3.16) betrachtet, die ja unter dieser Annahme aus dem allgemeinen Finanzmarktansatz abgeleitet und für die Gleichungen (3.23) und (3.24) bisher noch nicht benötigt wurden. Bei vollkommen flexiblen Güterpreisen können die Gleichungen (3.15) und (3.16) verdichtet werden zu:

$$i - i' = d^e = \bar{e}_{t+1} - \bar{e}_t \ (= \pi - \pi') \qquad (3.25)$$

Die erwartete Abwertungsrate d^e ist (bei vollkommener Voraussicht) gleich der prozentualen Veränderung des Wechselkurses im walrasianischen Gleichgewicht. Diese ist für das Finanzmarktgleichgewicht exogen, aber in einem Gesamtmodell, wie aus der Gleichung (3.9) hervorgeht, durch die Differenz der Inflationsraten zu erklären, wenn sich der gleichgewichtige reale Wechselkurs nicht ändert (was insbesondere für spätere Ableitungen eine erhebliche Komplikation bedeuten würde, die jetzt - wie allgemein üblich - schlicht ignoriert werden soll). Das erste Gleichheitszeichen in (3.25) gilt jedoch nur, wenn die Risikoprämie gleich null ist, wie es im monetären Ansatz der Fall ist. Nur dann ist die Differenz der Nominalzinssätze gleich der erwarteten Abwertungsrate und damit letztlich gleich der Differenz der Inflationsraten. Die Annahme der vollkommenen Substituierbarkeit wird also benötigt, um in der Bestimmungsgleichung (3.24) die Differenz der Nominalzinssätze ersetzen zu können durch die Differenz der Inflationsraten.

Die gängige Einteilung der verschiedenen Ansätze ist die in Portfolioansätze und monetäre Ansätze, wobei innerhalb der monetären Ansätze noch einmal nach dem Kriterium der Flexibilität der Güterpreise die beiden Varianten unterschieden werden. Für die systematische Herleitung der Bestimmungsgleichungen für den Wechselkurs ist jedoch die Einteilung in die Varianten I - IV, wie sie die folgende Matrix zeigt, viel sinnvoller:

	Güterpreise sind vollkommen flexibel	Güterpreise sind kurzfristig starr
Risikoprämie ist gleich null	Variante I	Variante III
Risikoprämie ist ungleich null	Variante II	Variante IV

Die Varianten I und III sind dann die beiden Varianten des monetären Ansatzes. Analog könnte man bei II von der "flexible prices"-Variante des Portfolioansatzes und bei IV von der "sticky prices"-Variante des Portfolioansatzes sprechen. Nur den Varianten III und IV wird man nach den bisherigen Ausführungen einen finanzmarkttheoretischen Erklärungsbeitrag zubilligen können, aber dennoch lassen sich natürlich für alle Varianten Bestimmungsgleichungen für den Wechselkurs aufstellen.

Für die Varianten I und II haben wir dieselbe Bestimmungsgleichung (3.24) ausgemacht, und dennoch gibt es einen Unterschied, der in der Umformulierung deutlich wird.

<u>Variante I</u>

Die Bestimmungsgleichung für den Wechselkurs lautet:

$$e = \ln q + m - m' + k_1(y' - y) + k_2(i - i') \tag{3.26}$$

Sie kann, da die Risikoprämie annahmegemäß gleich null ist, umformuliert werden zu:

$$e = \bar{e} = \ln q + m - m' + k_1(y' - y) + k_2(\pi - \pi') \tag{3.27}$$

Variante II

Die Bestimmungsgleichung lautet ebenfalls:

$$e = \ln q + m - m' + k_1(y' - y) + k_2(i - i') \tag{3.28}$$

In der Umformulierung taucht jetzt aber die Risikoprämie auf:

$$e = \bar{e} = \ln q + m - m' + k_1(y' - y) + k_2(\pi - \pi' + \Phi) \tag{3.29}$$

Für eine empirische Überprüfung erscheint die Gleichung (3.29) nicht geeignet, denn die Risikoprämie ist nicht direkt beobachtbar. Dies gilt auch für die erwarteten Inflationsraten in (3.27) und (3.29), wenngleich sich hier Möglichkeiten der Approximation anbieten. Für die Varianten I und II selbst haben die Umformulierungen weiter keine Bedeutung; sie werden jedoch später benötigt, um die Bestimmungsgleichungen für die Varianten III und IV ableiten zu können.

b) bei kurzfristig starren Güterpreisen

Bei kurzfistig starren Güterpreisen wird jeder Schock, der sich auf die Gleichgewichtsbedingungen für die Geldmärkte auswirkt, eine Abweichung des tatsächlichen Wechselkurses von seinem Wert im walrasianischen Gleichgewicht auslösen. Die eingängige Regel lautet: Immer dann, wenn bei vollkommen flexiblen Güterpreisen eine sofortige Anpassung der Niveaus der Güterpreise einträte, wird es bei kurzfristig starren Güterpreisen zu der Abweichungsdynamik kommen. Es sind also nicht nur die immer wieder bemühten Standardschocks, die einmalige und unerwartete Erhöhung oder Verminderung der Geldmenge (Dornbusch (1976)) oder die Unstetigkeiten im inflationären Geldangebotsprozess (Frankel (1979b)), die die Abweichung auslösen können. Ihnen kommt vielleicht die größte praktische Bedeutung zu, aber prinzipiell kann die Abweichung auch ausgelöst werden durch eine Instabiltät der Geldnachfrage oder durch Veränderungen der Argumente der Geldnachfragen. Für eine Momentaufnahme während der Anpassungsdynamik sind die Niveaus der Güterpreise in den Gleichungen (3.13) - (3.16) jetzt exogene Variablen. Die endogenen Variablen sind i, i', d^e und e, die in dieser Reihenfolge rekursiv aus den Gleichungen bestimmt werden können. Wenn im Inland plötzlich die Geldmenge ausgeweitet wird, sinkt der Zins der auf inländische Währung lautenden Wertpapiere. Der Renditeausgleich erfordert eine Aufwertungserwartung für die heimische Währung (3.15), die sich gemäß Gleichung (3.16) nur dann einstellt, wenn der momentane Wechselkurs stärker abwertet als der (jetzt fiktive) Wechselkurs im neuen walrasianischen Gleichgewicht, der ebenfalls abwertet. Weil das Güterpreisniveau im Inland nicht ausreichend reagibel ist, entsteht eine Abweichung zum Güterpreisniveau des walrasianischen Gleichgewichts. Und diese Abweichung, das Spiegelbild des Liquiditätseffekts, erklärt die Abweichung des momentanen Wechselkurses vom fiktiven Wechselkurs im walrasianischen Gleichgewicht, also von dem Wechselkurs, der sich bei vollkommen flexiblen Güterpreisen sofort eingestellt hätte. Damit ist dann auch klar, wie man für die Variante III (kurzfristig starre Güterpreise, aber keine Risikoprämie) die Bestimmungsgleichung für den Wechselkurs ableitet. Aus den Gleichungen (3.15) - (3.16) erhält man zunächst:

$$e = \bar{e} - (1/\alpha)\ (i - i') + (1/\alpha)\ (\bar{e}_{t+1} - \bar{e}_t) \qquad (3.30)$$

An dieser Stelle wird jetzt die Umformulierung (3.27) gebraucht, um den nicht beobachtbaren Wechselkurs im walrasianischen Gleichgewicht zu erklären.

$$e = \ln q + m - m' + k_1(y' - y) - (1/\alpha)\ (i - i') + k_2(\pi - \pi') + (1/\alpha)\ (\bar{e}_{t+1} - \bar{e}_t) \qquad (3.31)$$

Die Veränderung des fiktiven Wechselkurses im walrasianischen Gleichgewicht ist dann wieder gemäß (3.9) bzw. (3.25) zu erklären durch die Differenz der Inflationsraten (Frankel, 1979b)[14]:

14) In den Arbeiten von Frankel und Dornbusch (bei dem die Inflationsraten und damit die Veränderung des Wechselkurses im walrasianischen Gleichgewicht von vorneherein auf null gesetzt sind) ist diese Substitution unproblematisch, denn beide Autoren gehen von einem konstanten gleichgewichtigen realen Wechselkurs aus. Wenn allerdings, wie dies in der Arbeit von Hooper, Morton (1982) der Fall ist, das Modell selbst eine Veränderung des gleichgewichtigen realen Wechselkurses vorsieht, dann entsteht bei vollkomme-

$$e = \ln q + m - m' + k_1(y' - y) - (1/\alpha)(i - i') + (k_2 + 1/\alpha)(\pi - \pi') \qquad (3.32)$$

Der Wechselkurs befindet sich in einer Abweichungsdynamik, wenn die Differenz der Nominalzinssätze als Ausdruck eines Liquiditätseffektes verschieden ist von der Differenz der erwarteten Inflationsraten, wenn also die Realzinssätze verschieden sind.[15] Nach Abschluß der Preisanpassung, die den Liquiditätseffekt aufhebt, stimmen die Differenzen der Nominalzinssätze und der erwarteten Inflationsraten wieder überein, und die Gleichung (3.32) vereinfacht sich zu der Gleichung (3.26) bzw. (3.27).

In der Originalarbeit von Dornbusch (1976) ist es eine einmalige Erhöhung des Niveaus der inländischen Geldmenge, die den Liquiditätseffekt und die Wechselkursdynamik verursacht. Dieser monetäre Schock löst einen einmaligen Sprung des fiktiven Wechselkurses im walrasianischen Gleichgewicht aus, und danach bleibt dieser fiktive Wechselkurs dann konstant. Hier setzt die Modifikation von Frankel (1979b) an, der die Wechselkursdynamik einbettet in einen allgemeineren Rahmen, in dem die Werte des walrasianischen Gleichgewichts auch auf einem Inflationspfad liegen können. Für eine empirische Überprüfung der Variante III über einen Zeitraum, der durch Abweichungsdynamiken von einem Inflationspfad gekennzeichnet ist, kommt also nur die Frankel-Gleichung (3.32) in Betracht. Sie ist auch vielfach geschätzt worden, wobei der gleichgewichtige reale Wechselkurs als konstant behandelt wurde und die Differenz der erwarteten Inflationsraten approximiert wurde durch die Diffe-

---

ner Voraussicht bzw. bei rationalen Erwartungen ein Problem. Hooper und Morton erkennen dieses Problem und treffen deshalb die Annahme (S. 41), daß die Veränderungen immer unerwartet auftreten.

15) Wenn wir im Kontext dieses Modells von Inflationsraten oder erwarteten Inflationsraten sprechen (also die Größen, die mit π und π' bezeichnet werden), dann sind genaugenommen nicht die (erwarteten) tatsächlichen Preissteigerungsraten gemeint, sondern die fiktiven Preissteigerungsraten, die sich bei vollkommen flexiblen Güterpreisen aus der antizipierten Inflationsdynamik eingestellt hätten. Es handelt sich also um die (erwarteten) tatsächlichen Preissteigerungsraten abzüglich der prozentualen Veränderung der Güterpreisniveaus, die wegen der verzögerten Anpassung zunächst unterbleibt.

renz der tatsächlichen Inflationsraten oder durch die Differenz der langfristigen Zinssätze. Die Annahme eines konstanten gleichgewichtigen realen Wechselkurses erscheint jedoch sehr restriktiv; sie ist nur zu vertreten, wenn im Analysezeitraum keine nennenswerten realen Schocks auftreten. Hier setzten Hooper und Morton (1982) an, indem sie eine Veränderung des gleichgewichtigen realen Wechselkurses zulassen.[16]

Wir können an dieser Stelle auch schon die Bestimmungsgleichung für die Variante IV angehen. Die Gleichung (3.15) ist dabei zu ersetzen durch:

$$d = i - i' - \Phi \qquad (3.33)$$

Dann erhält man anstelle von (3.30) die folgende Gleichung (3.34)

$$e = \bar{e} - (1/\alpha)\ (i - i') + (1/\alpha)\ \Phi + (1/\alpha)\ (\bar{e}_{t+1} - \bar{e}_t) \qquad (3.34)$$

Im Gegensatz zu der Variante III ist der Wechselkurs im walrasianischen Gleichgewicht jetzt durch (3.29) - und nicht durch (3.27)[17] - zu ersetzen. Die Veränderung des Wechselkurses im walrasianischen Gleichgewicht ist wieder gleichzusetzen mit der Differenz der erwarteten Inflationsraten. Man erhält dann:

---

16) Allerdings ist die Erklärung dieses Wechselkurses in mehrfacher Hinsicht sehr fragwürdig. Dies verrät schon die Einleitung des betreffenden Abschnitts (Hooper, Morton (1982), S. 43):

> The equilibrium real exchange rate is defined as the rate that equilibrates the current account in the long run. The long-run equilibrium or "sustainable" current account, in turn, is determined by the rate at which foreign and domestic residents wish to accumulate or decumulate domestic-currency-denominated assets net of foreign-currency-denominated assets in the long run.

17) Diesen Fehler findet man häufig, z.B. auch in den Arbeiten von Frankel (1983) und (1984) und bei Hooper, Morton (1982). Bei Frankel kommt dieser Fehler wohl dadurch zustande, daß die Bestimmungsgleichung ursprünglich nur für den monetären Ansatz abgeleitet wurde und dann auch auf den Portfolioansatz ausgedehnt werden sollte. Zu diesem Zweck wird einfach eine Risikoprämie (bzw. ein Term, der die Risikoprämie erklärt) angehängt, ohne die Konsequenzen einer Risikoprämie für die Ableitung selbst zu berücksichtigen.

$$e = \ln q + m - m' + k_1(y' - y) - (1/\alpha)(i - i') + (k_2 + 1/\alpha)(\pi - \pi' + \Phi) \qquad (3.35)$$

Auch hier gilt, daß sich nach Abschluß der Anpassungsdynamik, wenn der Term $(i - i')$ mit dem Term $(\pi - \pi' + \Phi)$ übereinstimmt, die Gleichung (3.35) zu der Gleichung (3.29) bzw. (3.28) vereinfacht.

Die Ableitung der Gleichung (3.35) ist nur eine Vorarbeit. Sie zeigt, wie eine Risokoprämie, wenn sie existiert, in einer Bestimmungsgleichung für den Wechselkurs zu berücksichtigen ist. Aber die Risikoprämie kann weder direkt beobachtet werden, noch kann sie in naheliegender Weise unmittelbar approximiert werden. Das Zustandekommen einer Risikoprämie selbst ist noch nicht erklärt, und für eine empirische Überprüfung der Gleichung (3.35) ist es unerläßlich, die Risikoprämie auf beobachtbare Größen weiter zurückzuführen.

In der Systematik der Ableitungen erscheint die Bestimmungsgleichung (3.32) für die Variante III als ein Spezialfall der allgemeineren Bestimmungsgleichung (3.35) für die Variante IV. Dieser Spezialfall einer Null-Risikoprämie tritt ein unter den Annahmen des monetären Ansatzes: Wenn die Wirtschaftssubjekte in ihrer Vermögensaufteilungsentscheidung risikoneutral sind, dann steht von vorneherein fest, daß die erwarteten Renditen der beiden Wertpapiere in einem Finanzmarktgleichgewicht übereinstimmen müssen, und dann wiederum betrachten die Anleger die beiden Wertpapiere als vollkommene Substitute. Verläßt man dagegen diese Annahmen des monetären Ansatzes und nimmt an, daß die Wirtschaftssubjekte sich risikoavers verhalten, dann wird sich, so die gängige Meinung, in aller Regel eine Risikoprämie im Finanzmarktgleichgewicht herausbilden. Natürlich wird der zufällige Ausgleich der Renditen auch in einem Portfolioansatz nicht ausgeschlossen, aber es handelt sich dann eben um einen reinen Zufall - genauso wie auch Äpfel und Bananen zufälligerweise den gleichen Marktpreis haben können.

3.3 Die Risikoprämie in Portfolioansätzen

Sind die Wirtschaftssubjekte nun eher risikoneutral oder eher risikoavers? Soll man hier eine Einschätzung abgeben, wird man sich wohl nur für die Aussage entscheiden können, daß die überwältigende Mehrheit der Wirtschaftssubjekte tatsächlich risikoavers ist. Dies ist nicht nur einleuchtend theoretisch begründbar - die Erwartungsnutzenhypothese und der abnehmende Grenznutzen des Einkommen implizieren Risokoaversion -, es gibt auch eine Vielzahl unmittelbarer Indizien für eine ausgeprägte und weit verbreitete Risikoaversion.

Für eine rein theoretische Analyse, in der einer ganz anderen Frage nachgegangen wird, kann es natürlich dennoch erlaubt sein, zur Vereinfachung von Risikoneutralität auszugehen. Für die Dornbusch-Analyse der Wechselkursdynamik nach monetären Schocks ist es z.B. unerheblich, ob eine Risikoprämie vorliegt oder nicht. In beiden Fällen erhält man, auch dies zeigt unsere Systematik der Bestimmungsgleichungen, dasselbe Muster der Wechselkursdynamik. Bei empirischen Untersuchungen sieht es natürlich anders aus. Wenn die Daten, die in die Untersuchung eingehen, auch durch eine in der Zeit variierende Risikoprämie verursacht wurden und dieser Einfluß nicht vernachlässigbar gering ist, dann gehört die Risikoprämie bzw. gehören die Variablen, die die Risikoprämie erklären, in die Bestimmungsgleichung für den Wechselkurs.

Wenn die Wirtschaftssubjekte tatsächlich risikoavers sind - was kaum zu bezweifeln ist - und die gängige Anschauung zutrifft, daß dann in aller Regel eine Risikoprämie zu erwarten ist, dann kommt nur die Gleichung (3.35) für eine empirische Überprüfung in Frage, wobei sich dann noch zuvor die Aufgabe stellt, die Risikoprämie durch beobachtbare Variablen zu erklären. Diese Aufgabe wird in diesem Abschnitt in Angriff genommen. Dabei gehen wir - in Übereinstimmung mit der Literatur, aber im Gegensatz zu unserem Entwurf des allgemeinen Finanzmarktansatzes - zunächst von exogen gegebenen Beständen an Wertpapieren aus. Die strukturelle Einsicht in das Zustandekommen einer Risikoprämie, die man dabei erhält, verhilft einem dann zu der weitergehenden Einsicht, daß die Einbeziehung einer Aufteilungsentscheidung auch auf der Seite der Emittenten die Risikoprämie im Finanzmarktgleichgewicht auch systematisch und nicht nur zufällig aufheben kann. Damit erweist sich die gängige Anschauung, Risikoaversion der Marktteilnehmer führt in aller Regel auch zu einer Risikoprämie im Marktgleichgewicht, als eine direkte Folge der restriktiven Annahme, daß eine Aufteilungsentscheidung nur auf einer Marktseite getroffen wird.

3.3.1 Die Bestimmung der Risikoprämie bei exogen gegebenen Beständen an Wertpapieren

Die strukturelle Einsicht in das Zustandekommen einer Risikoprämie kann verbunden werden mit der Beantwortung der folgenden sechs Fragen:

F1: Wie tritt die Risikoprämie auf den Finanzmärkten in Erscheinung?

F2: Welchen Bezug erhält man zur Frage der Effizienz auf den Devisenmärkten?

F3: Für welches Risiko wird die Risikoprämie eigentlich gezahlt?

F4: Wie bildet sich eine Risikoprämie in der Annäherung an das Marktgleichgewicht heraus?

F5: Was sind letztlich die Bestimmungsgründe der Risikoprämie im Marktgleichgewicht?

F6: Was bedeutet "home currency preference" im Gegensatz zu "uniform preference", und wie kann "home currency preference" begründet werden?

Wir betrachten im folgenden eine Zwei-Länder-Modellwelt, in der diese Fragen ebenfalls gestellt werden können. Die zahlreichen vereinfachenden Annahmen erleichtern die Analyse, aber die Antworten auf die gestellten Fragen sind von ihnen unabhängig.

Die Risikoprämie entsteht bei der Aufteilungsentscheidung zwischen den beiden Wertpapieren. Wir betrachten deshalb eine Zwei-Länder-Modellwelt, in der Inländer und Ausländer nur vor der einen Frage stehen: In welchem Verhältnis lege ich mein Vermögen in Wertpapieren in inländischer Währung und in Wertpapieren in ausländischer Währung an?[18] Die beiden zur Auswahl stehenden Wertpapiere haben eine Laufzeit von einer Periode und weisen sichere nominale Ertragsraten in Höhe von i und i' auf. Dagegen sind die realen Ertragsraten unsicher, denn die Inflationsraten in Höhe von π und π' sind den Wirtschaftssubjekten am Anfang der Periode nicht bekannt. Genauer: Die Wirtschaftssubjekte kennen nicht die Realisationen der Zufallsvariablen π und π'. Wenn die Wirtschaftssubjekte am Anfang der Periode Wertpapiere in der aus ihrer Sicht fremden Währung kaufen, dann hängt die Rendite ihres Wertpapierportfolios auch von der Änderungsrate des Wechselkurses ab.

$$d = e_{t+1} - e_t \tag{3.36}$$

$$d = \pi - \pi' + u \tag{3.37}$$

Der Wechselkurs ist ausgedrückt als Preis der ausländischen Währung in inländischer Währung; also bezeichnet d die Abwertungsrate der inländischen Währung. Die Zufallsvariable u ist normalverteilt mit $E\,[u] = 0$ und $Var\,[u] = \sigma^2(u)$. Damit ergibt sich die erwartete Wechselkursänderungsrate aus der erwarteten Einhaltung der relativen Kaufkraftparität.

$$E\,[d] = E\,[\pi] - E\,[\pi'] \tag{3.38}$$

Die Einhaltung der relativen Kaufkraftparität kann jedoch nicht mit Sicherheit erwartet werden, es gibt das Risiko der Abweichung bzw. das Risiko der Veränderung des realen Wechselkurses. Dieses Risiko bezeichnen wir im folgenden als das Wechselkursrisiko, das durch $\sigma^2(u)$ gemessen wird. In unserer Modellwelt gibt es also drei

---

18) Wir übernehmen die Modellwelt (mit geringfügigen weiteren Vereinfachungen), wie sie von Beenstock (1986) für eine speziellere Fragestellung (Wie kann "home currency preference" theoretisch begründet werden?) entworfen wurde.

Quellen originärer Unsicherheit, mit denen sich die Wirtschaftssubjekte in ihrer Anlageentscheidung konfrontiert sehen:

Risiko	Zufallsvariable	Varianz
1) Inflationsrisiko des Inlandes	π	$Var[\pi] = \sigma^2(\pi)$
2) Inflationsrisiko des Auslandes	π'	$Var[\pi'] = \sigma^2(\pi')$
3) Wechselkursrisiko	u	$Var[u] = \sigma^2(u)$

Zur Vereinfachung wollen wir annehmen, daß die Zufallsvariablen π, π' und u voneinander unabhängig und normalverteilt sind.[19]

Inländer und Ausländer können ihr Vermögen anlegen in Wertpapieren in inländischer und in ausländischer Währung. Die jeweiligen realen Renditen dieser Anlagen kann man in der folgenden Matrix anordnen:

	Inländer	Ausländer
Wertpapiere in inländischer Währung	$i - \pi$	$i - d - \pi' =$ $i - \pi - u$
Wertpapiere in ausländischer Währung	$i' + d - \pi =$ $i' - \pi' + u$	$i' - \pi'$

Die Wirtschaftssubjekte können das Inflationsrisiko im eigenen Land umgehen, indem sie Wertpapiere in der für sie fremden Währung kaufen. Dann aber unterwerfen sie sich dem Inflationsrisiko des anderen Landes und zusätzlich dem Wechselkursrisiko. Die Berechnung der realen Renditen beruht auf einer Annahme, die noch herausgestellt werden muß: Die Inländer und die Ausländer kaufen

19) Die Annahme der stochastischen Unabhängigkeit stellt gegenüber Beenstock (1986) eine weitere Vereinfachung dar. Die Annahme der Normalverteilung wird benötigt, um die Varianzen der Portfoliorenditen (Gl. 3.47 und Gl. 3.50) ausdrücken zu können durch die Varianzen (und Kovarianzen bei stochastischer Abhängigkeit) der drei Zufallsvariablen π, π' und u.

Güter nur im eigenen Land, sie können der heimischen Inflationsrate nicht dadurch entgehen, daß sie Güter im jeweils anderen Land kaufen. Diese Annahme begünstigt, wie sich noch zeigen wird, das Zustandekommen einer Risikoprämie.[20]

Bevor wir uns dem Kalkül des einzelnen Anlegers zuwenden, sollten wir noch die Fragen F1 und F2 beantworten:

Die Risikoprämie ist die Differenz der erwarteten realen Ertragsraten der Wertpapiere in den beiden Währungen.

a) aus der Sicht der Inländer:

$$\Phi = E[i - \pi] - E[i' - \pi' + u] \quad (3.39)$$

$$= i - i' - (E[\pi] - E[\pi']) = i - i' - E[d] \quad (3.40)$$

b) aus der Sicht der Ausländer:

$$\Phi = E[i - \pi - u] - E[i' - \pi'] = i - i' - E[d] \quad (3.41)$$

Wenn also eine Risikoprämie existiert, dann ist sie für Inländer und Ausländer gleich.

In unserer Modellwelt wird die Arbitrage auf den Finanzmärkten dafür sorgen, daß die "covered interest parity" (CIP) immer erfüllt ist. Denn es gibt nur die drei aufgezählten Quellen der Unsicherheit, die die CIP nicht in Frage stellen.

$$i - i' = \ln(\text{Terminkurs}) - e_t \quad (3.42)$$

Beachtet man ferner

$$E[d] = E[e_{t+1}] - e_t \quad (3.43)$$

---

20) Und ist deshalb eher unbequem, denn ein Ziel unserer Analyse ist zu zeigen, daß die Risikoprämie im Marktgleichgewicht auch dann systematisch verschwinden kann, wenn alle Marktteilnehmer risikoavers sind.

und subtrahiert (3.43) von (3.42), dann erhält man:

$$\Phi = i - i' - E\,[d] = \ln(\text{Terminkurs}) - E\,[e_{t+1}] \qquad (3.44)$$

Die Risikoprämie kann also auch dargestellt werden als Differenz zwischen dem Logarithmus des Terminkurses und des erwarteten logarithmierten zukünftigen Kassakurses.

Hier liegt dann auch der Bezug zur Frage der Effizienz auf den Finanzmärkten. Die Ableitung zeigt nämlich die logische Möglichkeit auf, daß selbst in einer Modellwelt, in der die Finanzmärkte zweifelsfrei (weil annahmegemäß) effizient sind, der Terminkurs kein unverzerrter Predictor ist für den zukünftigen Kassakurs.[21] Diese Möglichkeit tritt genau dann ein, wenn das Gleichgewicht auf den Finanzmärkten nur bei einer (von null verschiedenen) Risikoprämie erreicht wird. Dies hat dann auch zur Folge, daß die "uncovered interest parity" (UIP) nicht gilt. Die empirischen Untersuchungen zeigen relativ deutlich, daß der Terminkurs tatsächlich kein unverzerrter Predictor für den zukünftigen Kassakurs ist.[22] Da aber weder die Risikoprämie noch die Effizienz zu beobachten sind, ist nicht zu entscheiden, ob dieses Ergebnis auf eine Risikoprämie hindeutet oder gegen die Hypothese der Effizienz auf den Finanzmärkten spricht.[23]

<u>Die Aufteilungsentscheidung des repräsentativen inländischen und ausländischen Anlegers</u>

Für den einzelnen Anleger sind die nominalen Ertragsraten und die Momente der Zufallsvariablen π, π' und u gegebene Größen. Seine Entscheidungsvariable ist allein die Aufteilung des gegebenen Ver-

---

21) Die klassische Definition eines effizienten Marktes stammt von Fama (1970) S. 383: "A market in which prices always "fully reflect" available informations is called "efficient"."
22) Eine Übersicht liefert z.B. Levich (1985), S. 1033ff.
23) Vor diesem Hintergrund ist die grundlegende Arbeit von Fama (1984) einzuordnen, in der er einen statistischen Test vorschlägt, der auf eine Trennung dieser beiden Fragen abzielt. Frankel und Froot (1987) versuchen dieses Dilemma zu lösen, indem sie direkte Befragungen der Marktteilnehmer auf eine Risikoprämie hin auswerten. Vgl. zu diesen Arbeiten auch Koedijk und Ott (1987).

mögens auf die beiden Wertpapiere. Diese Aufteilung kann für Inländer und Ausländer einheitlich gemessen werden durch den Anteil b der Wertpapiere in inländischer Währung.[24]

Ein Portfolio ist durch b gekennzeichnet, die reale Gesamtrendite des Portfolios (R) und deren Erwartungswert und die Varianz können damit als Funktion von b aufgefaßt werden.

a) aus der Sicht des repräsentativen inländischen Anlegers:

$$R(b) = b(i - \pi) + (1 - b)\ (i' - \pi' + u) \tag{3.45}$$

$$E\ [R(b)] = b(i - E\ [\pi]) + (1 - b)\ (i' - E\ [\pi'] \tag{3.46}$$

$$Var\ [R(b)] = b^2\ \sigma^2(\pi) + (1 - b)^2\ (\sigma^2(\pi') + \sigma^2(u)) \tag{3.47}$$

b) aus der Sicht des repräsentativen ausländischen Anlegers:

$$R'(b) = b(i - \pi - u) + (1 - b)\ (i' - \pi') \tag{3.48}$$

$$E\ [R'(b)] = b(i - E\ [\pi]) + (1 - b)\ (i' - E\ [\pi'] \tag{3.49}$$

$$Var\ [R'(b)] = b^2\ (\sigma^2(\pi + \sigma^2(u)) + (1 - b)^2\ \sigma^2(\pi') \tag{3.50}$$

Offenbar gelten die folgenden Aussagen, die wir für die weitere Argumentation herausstellen wollen:

<u>Aussage 1:</u> Wenn In- und Ausländer die gleiche Aufteilung wählen, dann erhalten sie auch den gleichen Erwartungswert für die reale Portfoliorendite.

$$E\ [R(b)] = E\ [R'(b)] \text{ für alle } 0 \leq b \leq 1$$

<u>Ausage 2:</u> Die Varianzen der realen Portfoliorenditen sind bei gleicher Aufteilung nur dann für alle $b \in [0,1]$ gleich, wenn es kein Wechselkursrisiko gibt.

24) Für Ausländer bezeichnet b also den Anteil der Wertpapiere in der aus ihrer Sicht fremden Währung.

$Var\ [u] = 0 \implies Var\ [R(b)] = Var\ [R'(b)]$ für alle $0 \leq b \leq 1$

Aussage 3: Gibt es ein Wechselkursrisiko, dann stimmen die Varianzen nur für b = 0,5 überein.

$Var\ [u] > 0 \implies Var\ [R(b)] = Var\ [R'(b)]$ für $b = 1/2$

und $Var\ [R(b)] \neq Var\ [R'(b)]$ für alle $b \neq 1/2$

Aussage 4: Die Inländer realisieren die varianzminimale Aufteilung bei

$$b_h^* = (\sigma^2(\pi') + \sigma^2(u)) \ / \ (\sigma^2(\pi) + \sigma^2(\pi') + \sigma^2(u))$$

und die Ausländer bei

$$b_f^* = \sigma^2(\pi') \ / \ (\sigma^2(\pi) + \sigma^2(\pi') + \sigma^2(u))$$

Aussage 5: Gibt es für beide Währungen ein Inflationsrisiko, dann kann die varianzminimale Aufteilung immer nur durch eine Diversifikation des Vermögens erreicht werden.[25]

$Var\ [\pi] > 0$ und $Var\ [\pi'] > 0 \implies 0 < b_h^* < 1$ und $0 < b_f^* < 1$

Graphische Ableitung der möglichen Kombinationen von Erwartungswert und Varianz

In der Abbildung 14 wird jeder Portfolioaufteilung, gemessen durch b, der Erwartungswert für die reale Portfoliorendite zugeordnet. Die Zeichnung zeigt den Fall einer positiven Risikoprämie für das Halten von Wertpapieren in inländischer Währung $(i - E\ [\pi] > i' - E\ [\pi'])$. Für die Inländer erhält man die Strecke AA', für die

25) Deshalb enthalten die drei Abbildungen bei Beenstock (1986) auch einen Fehler: In den drei Abbildungen erreichen die Anleger die minimale Varianz für die Portfoliorendite in den Eckpunkten, in denen sie ihr gesamtes Vermögen in das Wertpapier mit dem niedrigeren Inflationsrisiko angelegt haben.

Abbildung 14: Der Erwartungswert der realen Portfoliorendite für Inländer und Ausländer in Abhängigkeit von der Aufteilung ihres Portfolios

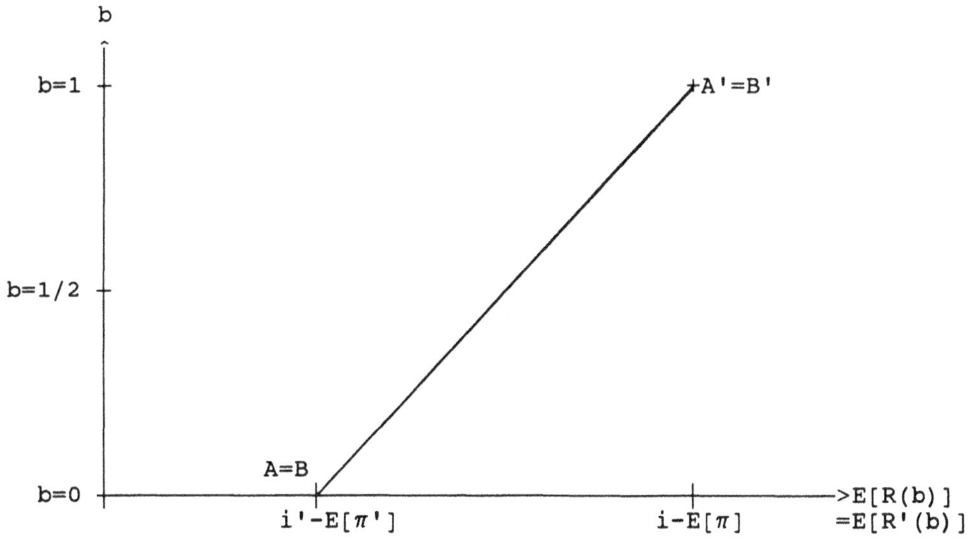

Abbildung 15: Die Varianz der realen Portfoliorenditen für Inländer und Ausländer in Abhängigkeit von der Aufteilung ihres Portfolios

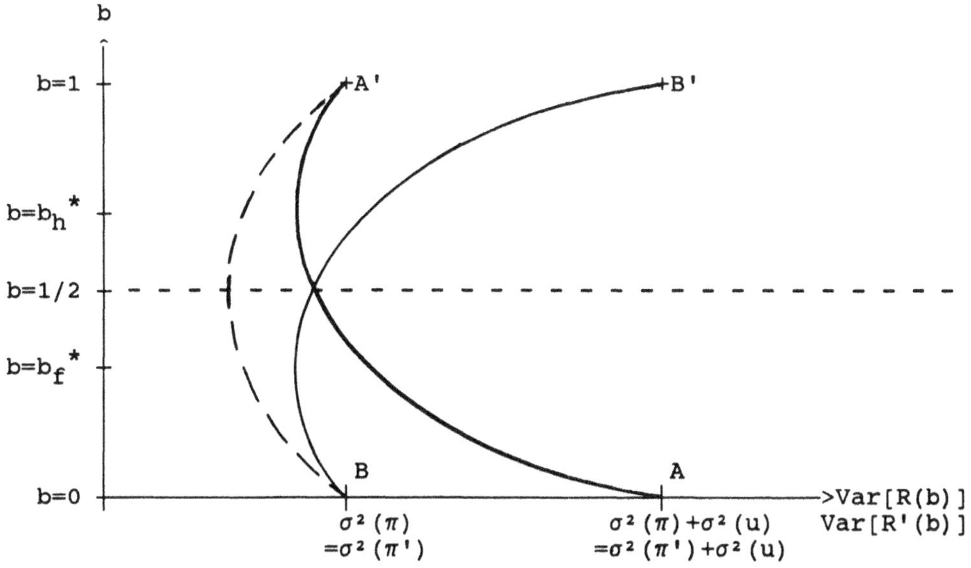

Ausländer die Strecke BB'. Gemäß Aussage 1 fallen diese beiden Strecken zusammen.

In der Abbildung 15 wird jeder Portfolioaufteilung die Varianz der realen Portfoliorendite zugeordnet. Um die Auswirkungen des Wechselkursrisikos besonders deutlich zu machen, haben wir in der Abbildung 15 angenommen, daß die Inflationsrisiken der beiden Währungen gleich hoch sind (Var [π] = Var [π']). Es werden in der Abbildung 15 zwei Fälle unterschieden, einmal mit und einmal ohne Wechselkursrisiko. Für den einfacheren Fall, in dem es kein Wechselkursrisiko gibt (Var [u] = 0), erhält man die gestrichelte Kurve BA', die gemäß Aussage 2 für Inländer und für Ausländer gilt. Die varianzminimale Aufteilung liegt in diesem Fall nur deshalb im Punkt b = 1/2, weil in der Zeichnung gleiche Werte für die Inflationsrisiken angenommen werden.

Wenn ein Wechselkursrisiko besteht, dann erhält man für die Inländer die durchgezogene Kurve AA' und für die Ausländer die durchgezogene Kurve BB'. Diese Kurven schneiden sich immer im Punkt b = 1/2 (vgl. Aussage 3). Daß man die eine Kurve durch Spiegelung der anderen Kurve an der b = 1/2-Achse erhält, ist dagegen nur auf die Annahme Var [π] = Var [π'] zurückzuführen. Wenn die Inländer im Punkt A' nur Wertpapiere in inländischer Währung halten, dann unterwerfen sie sich mit ihrem ganzen Portfolio dem Inflationsrisiko der inländischen Währung. Wenn Ausländer in B' nur Wertpapiere in inländischer Währung halten, dann setzen sie ihr ganzes Vermögen zusätzlich noch dem Wechselkursrisiko aus. Dies kehrt sich in den Punkten A und B um. In B setzen die Ausländer sich mit ihrem ganzen Vermögen dem Inflationsrisiko ihrer ausländischen Währung aus, während die inländischen Anleger in A zusätzlich noch das Wechselkursrisiko tragen. Ausgehend von den Punkten A' und B' (A und B) führt jede Erhöhung des Anteils an Wertpapieren in ausländischer (inländischer) Währung zunächst immer zu einer Verringerung der Varianz der Portfoliorendite, bis die varianzminimale Aufteilung erreicht ist (vgl. Aussage 4 und Aussage 5).

Zu jedem Erwartungswert für die Portfoliorendite gehört eine bestimmte Aufteilung, und jeder Aufteilung kann wiederum eine bestimmte Varianz der Portfoliorendite zugeordnet werden. Also ist es ebenfalls möglich, jedem Erwartungswert aus einer Aufteilung die damit verbundene Varianz zuzuordnen. Die Abbildungen 14 und 15 können also zu der Abbildung 16 kondensiert werden, in der die Kurven die erreichbaren Kombinationen von Erwartungswert und Varianz angeben. Dabei werden wieder die beiden Fälle, einmal mit und einmal ohne Wechselkursrisiko, unterschieden: Die gestrichelte BA'-Kurve gibt den Möglichkeitsbereich für In- und Ausländer an unter der Annahme, daß kein Wechselkursrisiko besteht. Die durchgezogenen AA'- und BB'-Kurven beschreiben die verschiedenen Möglichkeitsbereiche für Inländer (AA') und für Ausländer (BB') bei einem Wechselkursrisiko in Höhe von $\sigma^2(u)$.

Die tatsächliche Wahl der Aufteilung erhält man aus der Maximierung der Risikopräferenzfunktion unter der Nebenbedingung der Einhaltung des Möglichkeitsbereiches. In der Abbildung 17 nehmen wir vereinfachend an, daß In- und Ausländer sich in ihrer Risisikopräferenzfunktion nicht unterscheiden; es gibt nur eine Schar von Indifferenzkurven, die die gemeinsame Risikopräferenzfunktion repräsentiert. Wenn es kein Wechselkursrisiko gibt, dann entscheiden sich In- und Ausländer übereinstimmend für die Aufteilung im Punkt E. Bei einem Wechselkursrisiko in Höhe von $\sigma^2(u)$ entscheiden sich die Inländer für die Aufteilung im Punkt D und die Ausländer für die Aufteilung im Punkt C.[26]

An dieser Stelle können wir die Frage F6 beantworten. Was bedeutet "home currency preference" im Gegensatz zu "uniform preference" und wie kann "home currency preference" begründet werden? Mit "home currency preference" wird das Phänomen bezeichnet, daß die Anleger ihr Vermögen überwiegend in ihrer eigenen Landeswährung anlegen. In unserem Modell: Die inländischen (ausländischen) Anleger halten einen größeren Anteil ihres Vermögens in Wertpapieren, die auf inländische (ausländische) Währung lauten, als die ausländischen (inländischen) Anleger. Und dies gilt auch dann, wenn die

---

26) Den jeweiligen Wert für b kann man aus der Abbildung entnehmen, indem man den Abstand des Punktes zur (i'- E [π'])-Horizontalen dividiert durch den Abstand zwischen der (i - E [π])-Horizontalen und der (i'- E [π'])-Horizontalen.

in- und ausländischen Anleger die gleiche Risikopräferenzfunktion aufweisen, sie den gleichen Zugang zu den beiden Wertpapieren haben und sie die Erträge und die Risiken der beiden Wertpapiere gleich einschätzen. Dagegen läge der "uniform preference"-Fall vor, wenn in- und ausländische Anleger unter diesen Annahmen die gleiche Aufteilung wählten.

In unserem Modell liegt die Erklärung für "home currency preference" in dem realen Wechselkursrisiko, das dazu führt, daß eine Anlage in ausländischer Währung für den Inländer risikoreicher ist als für den Ausländer und er deshalb bei optimaler Diversifikation einen niedrigeren Anteil in der ausländischen und einen höheren Anteil in der inländischen Währung hält als der Ausländer. In dem Maße, in dem das reale Wechselkursrisiko gegenüber den beiden Inflationsrisiken an Gewicht verliert, nähern sich die geplanten Aufteilungen einander an. Im Extremfall, in dem das reale Wechselkursrisiko ganz wegfällt, wählen In- und Ausländer - wie in der Abbildung 17 im Punkt E - die gleiche Aufteilung.[27]

Das reale Wechselkursrisiko führt in unserem Modell aber nur deshalb zur "home currency preference", weil die Wirtschaftssubjekte annahmegemäß Güter nur im eigenen Land kaufen. Der entgegengesetzte Extremfall liegt vor, wenn In- und Ausländer in gleicher Aufteilung Güter aus dem Inland und dem Ausland beziehen. Dann gilt trotz Wechselkursrisiko wieder der "uniform preference"-Fall. Zusammengefaßt: Je stärker die Wirtschaftsubjekte in der Güternachfrage auf ihr Heimatland festgelegt sind und je höher das Wechselkursrisiko im Verhältnis zu den anderen Risiken ist, desto ausgeprägter ist nach unseren Überlegungen die "home currency preference".

Das Zustandekommen einer Risikoprämie im Marktgleichgewicht

Die Argumentation ist am einfachsten zu entwickeln, wenn man zunächst die Komplikation aus der "home currency preference" ausblendet und den "uniform preference"-Fall betrachtet. Gehen wir

27) Dies ist denn auch das Fazit der Arbeit von Beenstock (1986), die der Frage F6 gewidmet ist.

Abbildung 16: Die möglichen Kombinationen von Erwartungswert und Varianz der realen Portfoliorendite für In- und Ausländer

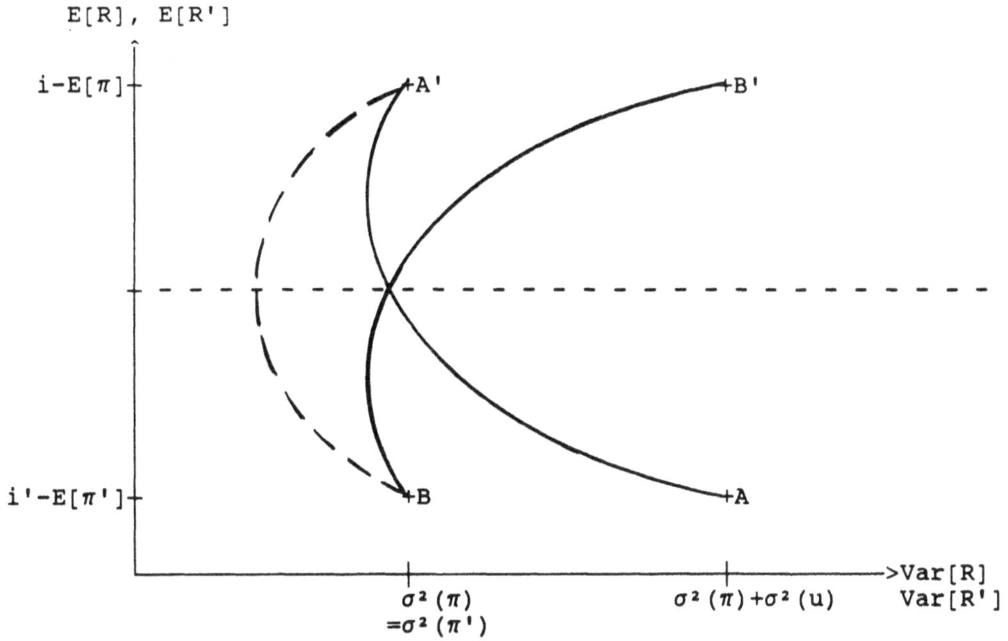

Abbildung 17: Die Portfolioaufteilung der In- und Ausländer

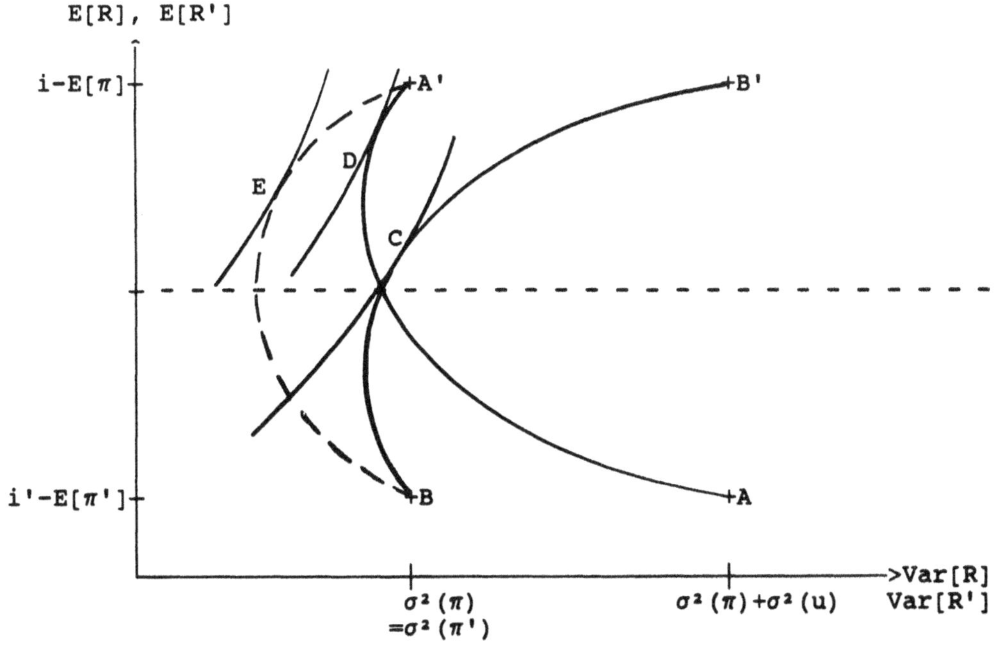

einmal aus vom Punkt E in der Abbildung 17. Die Abbildung 17 zeigt die Aufteilungsentscheidung eines jeden Anlegers angesichts gegebener Momente für die Zufallsvariablen π, π' und u und einer Risikoprämie $\Phi = E[i - \pi] - E[i' - \pi']$. Die Momente der Zufallsvariablen sind auch für das Marktgleichgewicht exogene Größen, aber nicht die Risikoprämie. Das Gleichgewicht auf den Finanzmärkten wird über die Veränderung der Risikoprämie bzw. über die Veränderung der Differenz der Nominalzinssätze bei gegebenen erwarteten Inflationsraten erreicht.

Wenn im Punkt E der geplante Anteil an Wertpapieren in inländischer Währung z.B. gerade b = 0.7 beträgt, dann ist diese geplante Aufteilung der in- und ausländischen Anleger nur in einem Fall mit einem Marktgleichgewicht vereinbar, nämlich nur dann, wenn der (in diesem Abschnitt noch) exogene Bestand an Wertpapieren in inländischer Währung am Gesamtbestand an Wertpapieren ebenfalls genau 0.7 beträgt. Die Bedingung für ein Marktgleichgewicht für den "uniform preference"-Fall lautet also:

$$b(\Phi) = B/W = B/(B + EF) \qquad (3.51)$$

Nehmen wir im Gegensatz dazu einmal eine Konstellation an, in der ein Ungleichgewicht herrscht. Wir verändern unser Beispiel für ein Marktgleichgewicht im Punkt E nur in der Hinsicht, daß jetzt keine Risikoprämie besteht. Wir betrachten also die folgende Konstellation:

1) $\sigma^2(u) = 0$

2) $\sigma^2(\pi) = \sigma^2(\pi')$

3) $B/(B + EF) = 0.7$

4) $\Phi = i - i' - (E[\pi] - E[\pi']) = 0$

Wenn die Risikoprämie null beträgt, dann ist die erwartete Portfoliorendite bei jeder Aufteilung gleich. Die Anleger versuchen dann, die risikominimale, d.h. varianzminimale, Aufteilung zu realisieren. Aus 1) und 2) folgt dann, daß alle Anleger die Wertpapiere in der Aufteilung b = 0.5 nachfragen. Dies bedeutet jedoch eine positive Überschußnachfrage nach Wertpapieren in ausländischer Währung und, spiegelbildlich dazu, ein positives Überschußangebot an Wertpapieren in inländischer Währung. Der Kurs der Wertpapiere in ausländischer Währung steigt (i' sinkt), und der Kurs der Wertpapiere in inländischer Währung fällt (i steigt). Es entsteht in der Anpassung an das Marktgleichgewicht genau die Risikoprämie, die der Abbildung 17 zugrundeliegt.

Diese Skizzierung einer Anpassung an das Marktgleichgewicht beantwortet eigentlich die Frage F4 (Wie bildet sich eine Risikoprämie in der Annäherung an das Marktgleichgewicht heraus?). Es ist immer hilfreich, gedanklich zunächst von der Situation auszugehen, daß die Risikoprämie null beträgt. Die Wirtschaftsubjekte versuchen in dieser fiktiven Situation, ihr varianzminimales Portfolio zu realisieren. Das Ungleichgewicht in dieser Situation (auf welchem Markt herrscht die positive Überschußnachfrage und auf welchem Markt herrscht das positive Überschußangebot?) zeigt an, in welche Richtung sich die Kurse der Wertpapiere verändern und in welche Richtung damit eine Risikoprämie in der Annäherung an das Marktgleichgewicht entsteht.

Wir können an dieser Stelle auch die Frage F3 aufgreifen. Die Risikoprämie wird gezahlt für die Inkaufnahme eines Risikos bzw. für den Verzicht auf die Vermeidung eines Risikos. Aber für welches Risiko genau? Die bisherigen Überlegungen haben gezeigt, daß die Risikoprämie gezahlt werden muß, damit die Anleger die für ein Gleichgewicht auf den Finanzmärkten erforderliche, aber eben nicht risikominimale Aufteilung wählen. Aus dem Marktgleichgewicht betrachtet: Die Anleger erhalten die Risikoprämie dafür, daß sie die (für jeden einzelnen Anleger ja mögliche) weitere Diversifikation in Richtung auf das varianzminimale Portfolio unterlassen. Die Risikoprämie ist der Preis dafür, daß die Anleger auf die Verringerung der Varianz der Portfoliorendite verzichten. Es geht also um das Risiko des Gesamtportfolios, soweit es das (individuell) erreichbare minimale Risiko übersteigt.[28]

Um für den "home currency preference"-Fall gewappnet zu sein, sollten wir die Gleichgewichtsbedingung für den "uniform preference"-Fall etwas analytischer und systematischer herleiten. Es gibt weltweit n Anleger. Die Anleger i = 1,2,...,h sind die Inländer, die Anleger i = h+1,h+2,...,n sind die Ausländer. Der einzelne Anleger hält die Bestände B_i und F_i, die sein anzulegendes Finanzvermögen $W_i = B_i + EF_i$ ausmachen. Die Gesamtbestände sind dann $W = \Sigma W_i$, $B = \Sigma B_i$ und $F = \Sigma F_i$.[29]

Im "uniform preference"-Fall müssen wir nicht unterscheiden zwischen In- und Ausländern; alle Anleger wählen angesichts einer Risikoprämie die gleiche Aufteilung $b(\Phi)$. Gleichgewicht auf dem Markt für das Wertpapier in inländischer Währung herrscht, wenn der ausstehende Gesamtbestand von allen Wirtschaftssubjekten auch nachgefragt wird.

$$B = \Sigma\, b(\Phi)\, W_i = b(\Phi)\, \Sigma\, W_i = b(\Phi)\, W \qquad (3.52)$$

$$\Longrightarrow \quad b(\Phi) = B/W = B/(B + EF) \qquad (3.53)$$

Wegen der Budgetrestriktion herrscht dann auch Gleichgewicht auf dem Markt für das Wertpapier in ausländischer Währung.

Bei "home currency preference" wählen In- und Ausländer angesichts derselben Risikoprämie unterschiedliche Aufteilungen, wobei der von den Inländern geplante Anteil $b_h(\Phi)$ größer ist als der von den Ausländern geplante Anteil an Wertpapieren in inländischer Währung $b_f(\Phi)$. Die Bedingung für das Gleichgewicht auf den Finanzmärkten lautet dann:

---

28) Falsch ist die manchmal anzutreffende Vorstellung, daß es die Risikoprämie immer für die Anlage in dem "riskanteren" Wertpapier gibt, dessen Rendite eine höhere Varianz aufweist. Dies mag ceteris paribus eine Risikoprämie begünstigen, aber denkbar ist auch das Gegenteil. Das Zustandekommen einer Risikoprämie ist nur aus dem Marktgleichgewicht heraus zu verstehen.

29) Wenn nicht anders angegeben, wird immer über alle Anleger i = 1,...,n summiert.

$$B = \sum_{i=1}^{h} b_h(\Phi)\ W_i + \sum_{i=h+1}^{n} b_f(\Phi)\ W_i \qquad (3.54)$$

$$= b_h(\Phi) \sum_{i=1}^{n} W_i + b_f(\Phi) \sum_{i=h+1}^{n} W_i \qquad (3.55)$$

$$= b_h(\Phi)\ W_h + b_f(\Phi)\ W_f \qquad (3.56)$$

Erweitert und umgeformt:

$$B/(B + EF) = b_h(\Phi)\ (B_h + EF_h)/(B + EF) + b_f(\Phi)\ (B_f + EF_f)/(B + EF) \qquad (3.57)$$

Die Risikoprämie im Marktgleichgewicht hängt jetzt auch ab von der Verteilung der Finanzaktiva auf In- und Ausländer. Im Gegensatz zum "uniform preference"-Fall erfordert die Erklärung der Risikoprämie nicht nur die Kenntnis der exogenen Gesamtbestände B und F, sondern auch noch die der Verteilung auf In- und Ausländer B_h, B_f, F_h, F_f.

Damit ist die Frage F5 berührt. Was sind letztlich die Bestimmungsgründe der Risikoprämie im Marktgleichgewicht (bei exogen gegebenen Beständen)? Die letzten Ausführungen legen die Antwort nahe, daß im "uniform preference"-Fall die Variablen B, F und E und im "home currency preference"-Fall die Variablen B, F, B_h, B_f, F_h, F_f und E die Risikoprämie determinieren. Wenn man sich aber die gesamte Ableitung der Risikoprämie vor Augen hält, dann erkennt man, daß es darüberhinaus selbst in unserer stark vereinfachten Modellwelt noch weitere Bestimmungsgründe gibt: das Ausmaß der Risikoaversion bei In- und Ausländern (die Risikopräferenzfunktionen) und die Inflationsrisiken im In- und Ausland und das Wechselkursrisiko (die Varianzen der Zufallsvariablen π, π' und u).

In empirischen Untersuchungen ist es die herrschende Praxis, diese weiteren Bestimmungsgründe als konstant anzunehmen. Die vermutete Variation der Risikoprämie wird immer zurückgeführt auf die Veränderungen in den Beständen an Finanzaktiva.[30] Dieser Einschränkung liegt aber wohl kaum die sachliche Einschätzung zugrunde, daß tatsächlich allein die Veränderungen in den Beständen an Finanzaktiva die vermutete Variation der Risikoprämie dominierend verursacht haben. Das Ausblenden der weiteren Bestimmungsgründe dürfte vielmehr allein diktiert sein von der Zielsetzung, zu einem noch handhabbaren Test zu kommen und die Risikoprämie durch prinzipiell beobachtbare Größen zu erklären.

Dieses Ergebnis kann in die noch vorläufige Bestimmungsgleichung (3.35) der Variante IV eingesetzt werden, um dann - endlich - die noch ausstehende Bestimmungsgleichung für den Wechselkurs zu erhalten. Wir verzichten darauf, diese Ableitungen zu verfolgen.[31] Wir schlagen einen anderen Weg ein und versuchen die Frage zu klären, welche Auswirkungen es auf die Risikoprämie im Marktgleichgewicht hat, wenn wir die Annahme exogener Bestände aufgeben, wenn wir also im Modell den Emittenten die Aufteilungsentscheidung zugestehen, die sie in der Realität ja auch tatsächlich haben. Die Analyse wird zeigen: Das Problem der Risikoprämie wird durch die Einbeziehung der Angebotsentscheidung tendenziell entschärft. Sollte aber dennoch eine Konstellation vorliegen, in der mit einer nicht vernachlässigbaren Risikoprämie zu rechnen ist, dann wird die Risikoprämie durch den angedeuteten Erklärungsversuch ohnehin nicht eingefangen, einmal ganz davon abgesehen, daß die weiteren Bestimmungsgründe in diesem Erklärungsversuch, sachlich völlig unbegründet, als konstant angenommen werden.

Wir befinden uns hier in einem Gegensatz zu der herrschenden Meinung in der Literatur, wie sie etwa von Dornbusch oder Frankel vertreten wird.[32] Diese Autoren lösen die Problematik der Aufteilungsentscheidung auf der Seite der Emittenten, indem sie für die

30) Dies gilt z.B. für die Arbeiten von Branson/Halttunen/Masson (1977) bzw. (1979), Dornbusch (1980), Dooley/Isard (1982), Frankel (1983) und Frankel (1984).
31) Man findet diese Ableitung z.B. bei Frankel (1983), S. 96ff.
32) Z.B. ausgeführt in Dornbusch (1980) und Frankel (1983).

Erklärung der Risikoprämie nur die Bestände an "outside assets" (die von den öffentlichen Haushalten emittierten Wertpapiere) betrachten. Die Kreditbeziehungen der Privaten untereinander heben sich nach Meinung der Autoren gegenseitig auf, und es bleiben nur die Nettopositionen gegenüber den öffentlichen Haushalten, die ihre Bestände, so die übliche Annahme, nur in Landeswährung emittieren. Mit dieser Argumentation begründen die Autoren ihr Verdikt: "All that matters are the supplies of outside assets in the market".[33] Und es sind dann diese Bestände an "outside assets", die in die Gleichung (3.35) zur Erklärung der Risikoprämie eingehen. Selbst wenn die Annahme zuträfe, daß die öffentlichen Haushalte von vorneherein auf ihre Landeswährung festgelegt sind und keine am (μ, σ)-Kalkül orientierte Aufteilungsentscheidung treffen, würde diese Argumentation einer näheren Betrachtung nicht standhalten, wie die folgende Analyse zeigen wird.

3.3.2 Die Einbeziehung der Portfolioentscheidung der Emittenten

Wir sind bisher ausgegangen von gegebenen Beständen an Wertpapieren in in- und ausländischer Währung. Unter dieser Annahme wäre es bei risikoaversen Wertpapierhaltern ein reiner Zufall, wenn sich im Marktgleichgewicht keine Risikoprämie herausbilden würde. Dieser Zufall würde nur dann eintreten, wenn die beiden Wertpapiere bei der Realisierung des varianzminimalen Portfolios genau in dem Verhältnis nachgefragt würden, in dem sie auch angeboten werden. Dieses Bild ändert sich jedoch, wenn man das Modell dahingehend natürlich erweitert, daß auch auf der Seite der Wertpapieremittenten eine Portfolioentscheidung unterstellt wird. Der einfachste Fall liegt sicher vor bei Risikoneutralität der Emittenten. Es leuchtet unmittelbar ein, daß eine von null verschiedene Risikoprämie dann nicht entstehen kann. Die Risikoneutralität nur einer Marktseite ist hinreichend für das Verschwinden der Risikoprämie. Aber auch wenn beide Marktseiten sich risikoavers verhalten, kann die Risikoprämie verschwinden - und zwar auch systematisch und

33) Frankel (1983), S. 96. Und nahezu wortgleich Dornbusch (1980), S. 169: "What matters for the risk premium are the relative supplies of outside bonds (net assets for the private sector) denominated in the two currencies, independently of the issuing source".

nicht nur zufällig. Es hängt von der Konstellation ab, davon wie die folgenden Fragen beantwortet werden:

1) Liegt eine Präferenz zugunsten einer Anlage bzw. Verschuldung in heimischer Währung vor, oder gilt der "uniform preference"-Fall?

2) Verhalten sich ausnahmslos alle Marktteilnehmer bei der Aufteilung ihrer Aktiv- bzw. Passivseite risikoavers, oder gibt es einige Marktteilnehmer, die unabhängig vom (μ, σ)-Kalkül eine vorab festgelegt Aufteilung realisieren? Im Prinzip kann dies für alle Marktteilnehmer auf beiden Marktseiten gleich gut oder besser gleich schlecht begründet werden. Das Standardbeispiel in der Literatur sind die von den öffentlichen Haushalten emittierten "outside assets". Dabei wird angenommen, daß die öffentlichen Haushalte (möglicherweise aufgrund gesetzlicher Vorschriften) Staatsanleihen nur in heimischer Währung emittieren. Das Gegenstück dazu sind dann die "inside"-Wertpapiere, die von privaten Unternehmen emittiert werden. Die Bestände an Staatsanleihen werden also mit den exogen plazierten Beständen identifiziert, aber worauf es ankommt, ist die exogene Aufteilung bei der Emission (bzw. bei der Wertpapierhaltung, was allerdings nie betrachtet wird) und nicht, daß es sich um Staatsanleihen oder "outside assets" handelt.

3) Haben die Marktteilnehmer eine Präferenz für die heimische Währung? Wenn ja, dann spielt es eine Rolle, ob und in welcher Richtung es eine Nettoverschuldung zwischen In- und Ausländern gibt.

Wenn der "uniform preference"-Fall vorliegt und ausnahmslos alle Marktteilnehmer sich risikoavers verhalten, kann eine Risikoprämie nicht entstehen. Bei einer Risikoprämie von null werden die Wertpapierhalter und die Emittenten die varianzminimale Aufteilung ihrer Aktiv- bzw. Passivseite wählen. Dies ist dann zugleich auch das Marktgleichgewicht. Im "uniform preference"-Fall gibt es nur die Risiken aus den Geldpolitiken, unter denen Gläubiger und Schuldner gemeinsam leiden, und deshalb haben beide Seiten ein gemeinsames Interesse an der varianzminimalen Währungsaufteilung der Kreditbeziehung. Wenn wir die "uniform preference"-Annahme beibehalten und nun exogen plazierte Bestände an Wertpapieren zulassen, wird sich in der Regel eine Risikoprämie im Gleichgewicht am Markt bilden. Die Ausnahme einer Risikoprämie von null wird nur eintreten, wenn die exogen plazierten Bestände gerade die varianzminimale Aufteilung aufweisen. Wenn aber z.B. der Anteil der Wertpapiere in inländischer Währung bei den "outside assets" größer ist als bei der varianzminimalen Aufteilung, entsteht bei einer Risikoprämie von null ein Überschußangebot an Wertpapieren in inländischer Währung und eine Überschußnachfrage nach Wertpapieren in ausländischer Währung. Das Marktgleichgewicht erfordert dann also eine Risikoprämie zugunsten der Wertpapiere in inländischer Währung. Aus diesen Überlegungen heraus ist verständlich, warum in der Gleichung

$$B/(B + E\ F) = b(\Phi) \qquad (3.58)$$

die Größen B und F nur die Bestände an "outside assets" - um das Standardbeispiel für exogen plazierte Bestände zu übernehmen - angeben sollen. Dennoch kann man sich dem Verdikt von Frankel "All that matters are outside assets in the market" nur bedingt anschließen. Richtig ist, daß eine Risikoprämie unter der "uniform preference"-Annahme nur entstehen kann, wenn es exogen plazierte (oder exogen gehaltene) Wertpapiere gibt, und zwar in einem Verhältnis, das abweicht von der risikominimalen Aufteilung. Aber für die Höhe der Risikoprämie ist eben auch entscheidend das Volumen dieser Wertpapiere im Verhältnis zum gesamten Marktvolumen. Je größer der Anteil des Wertpapierangebots (bzw. der Wertpapiernachfrage) ist, dem eine am (μ, σ)-Kriterium orientierte Portfolioentscheidung zugrunde liegt, desto geringer ist c.p. die Risikoprämie.

Wie verhält es sich nun, wenn wir jetzt von einer Präferenz für die heimische Währung ausgehen? Welche Rolle spielt dabei die internationale Nettoverschuldung? Um diese Frage getrennt von dem Problem exogen plazierter bzw. gehaltener Wertpapiere zu trennen, gehen wir davon aus, daß ausnahmslos alle Marktteilnehmer sich risikoavers verhalten. Wenn keine Nettoverschuldung zwischen In- und Ausländern vorliegt, wird sich auch bei einer "home currency preference" keine Risikoprämie herausbilden. Dies kann am besten anhand eines Beispiels gezeigt werden. Keine Nettoverschuldung zwischen In- und Ausländern bedeutet, daß wenn Inländer wertmäßig z.B. 40% aller weltweit ausgegebenen Wertpapiere emittiert haben, sie auch 40% dieser Wertpapiere halten. Bei einer Risikoprämie von null werden die Inländer diese 40% in einem Verhältnis von vielleicht 70% in inländischer Währung und 30% in ausländischer Währung aufteilen - auf der Aktivseite der inländischen Gläubiger wie auch auf der Passivseite der inländischen Schuldner. Und die Ausländer werden ihren 60%-Anteil an der "Weltaktivseite" bzw. an der "Weltpassivseite" vielleicht zu 65% in ausländischer Währung und zu 35% in inländischer Währung aufteilen. Wie auch immer die Zahlen sind, offenbar sind die die Varianz minimierenden Planungen der Marktteilnehmer kompatibel. Somit liegt bei einer Risikoprämie von null das Marktgleichgewicht. Für dieses Ergebnis ist hinreichend, wenn bei einer ausgeglichenen internationalen Nettoposition Gläubiger und Schuldner einer Nation diesselbe Aufteilung wünschen. Daß inländische Marktteilnehmer bei "home currency preference" einen höheren Anteil in inländischer Währung planen als die ausländischen Marktteilnehmer, stellt das Marktgleichgewicht nicht in Frage. Aber dieses Ergebnis hängt entscheidend von der Annahme ab, daß der Anteil der Inländer (Ausländer) an der "Weltaktivseite" genauso groß ist wie ihr Anteil an der "Weltpassivseite".

Wenn wir jetzt einmal ausgehen von einer positiven Nettoposition der Inländer gegenüber den Ausländern, wird sich eine Risikoprämie zugunsten der auf ausländische Währung lautenden Wertpapiere herausbilden. Um dieses Ergebnis abzuleiten, können wir am besten wieder die Marktsituation bei einer Risikoprämie von null betrachten, in der annahmegemäß ausnahmslos alle Marktteilnehmer ihre varianzminimale Aufteilung anstreben. Für den Betrag der Nettoposition - und nur aus dieser Position kann bei einer Risikoprämie von null ein Ungleichgewicht herrühren - gilt dann, daß er nur von Ausländern emittiert und nur von Inländern gehalten wird. Dabei werden die Ausländer wegen der "home currency preference" einen höheren Anteil in ausländischer Währung bei der Emission planen als die Inländer bei der Wertpapierhaltung. Es herrscht also ein Überschußangebot an Wertpapieren in ausländischer Währung und eine Überschußnachfrage nach Wertpapieren in inländischer Währung. Es entsteht eine Risikoprämie zugunsten der auf ausländische Währung lautenden Wertpapiere, die auf beiden Marktseiten eine Annäherung an das Marktgleichgewicht auslöst. Die Emittenten werden ihren Anteil in ausländischer Währung reduzieren, und die Wertpapierhalter werden diesen Anteil erhöhen. Die Höhe der Risikoprämie hängt ab vom Ausmaß der "home currency preference" - wie stark differieren die gewünschten Aufteilungen? - und von der Höhe der Nettoposition im Verhältnis zum gesamten Marktvolumen.

Wenn wir jetzt auch für den "home currency preference"-Fall exogen plazierte oder exogen gehaltene Wertpapiere zulassen, dann haben diese natürlich auch einen Einfluß auf die Risikoprämie im Marktgleichgewicht. Ob die Risikoprämie durch diesen zusätzlichen Einfluß erhöht oder vermindert wird, hängt von der Konstellation ab, wobei für diese Frage eine Vielzahl von Konstellationen zu unterscheiden wären. Dies wäre nur kompliziert, ohne eine neue Einsicht zu bieten. Wichtig ist, daß es letztlich nur zwei Ursachen für eine Risikoprämie gibt, die gedanklich voneinander zu trennen sind. Die Ursache für die Risikoprämie, die bei "home currency preference" in Verbindung mit internationaler Nettoverschuldung entsteht, liegt letztlich im Wechselkursrisiko, in der Variabilität des realen Wechselkurses begründet. Die Risikoprämie bei exogen plazierten bzw. gehaltenen Wertpapieren ist letztlich das Ergebnis einer fehlenden Optimierung bzw. einer Regulierung.

Auch wenn die Marktteilnehmer auf beiden Marktseiten sich ausgeprägt risikoavers verhalten, ist nicht automatisch und in der Regel mit einer deutlichen Risikoprämie zu rechnen. Die Analyse hat gezeigt, daß nur bei einem Zusammentreffen von "ungünstigen" Umständen eine deutliche Risikoprämie zu erwarten ist, wobei insbesondere zwei Kombinationen hier zu beachten sind.

1) Einen hohen Anteil von exogen plazierten bzw. gehaltenen Wertpapieren am gesamten Wertpapierbestand in Verbindung mit einer

Währungsaufteilung dieses Anteils, die stark von der risikominimalen Aufteilung abweicht.

2) Eine im Vergleich zum Gesamtmarkt hohe Nettoposition in Verbindung mit einer sehr ausgeprägten Präferenz für die heimische Währung.

Auch wenn die Gründe für eine Risikoprämie gegeben sind, ist zu beachten, daß eine entstehende Risikoprämie auf beiden Marktseiten - und zwar auf der ganzen Marktbreite (abzüglich der exogenen Planungen) - eine Anpassung an das Marktgleichgewicht auslöst. Dies vermindert die zur Erreichung des Marktgleichgewichts erforderliche Risikoprämie. Es bleibt letztlich natürlich eine Frage der Abschätzung, aber es drängt sich insgesamt doch der Eindruck auf, daß Risikoprämien, wenn sie denn überhaupt auftreten, nur geringfügig ausfallen. Die Annahme einer Null-Risikoprämie in monetären Ansätzen erscheint nicht mehr als so willkürlich und kann auch in empirischen Untersuchungen mit einer gewissen Berechtigung als eine lediglich vereinfachende Annahme angesehen werden.

3.4 Fazit

Unter der Überschrift Finanzmarktansätze werden in der Literatur zwei große Modellklassen unterschieden: Portfolioansätze und monetäre Ansätze. Obwohl das eigentliche Unterscheidungskriterium nur in der Frage liegt, ob die Wirtschaftsubjekte sich in ihrer Vermögensaufteilungsentscheidung risikoneutral oder risikoavers verhalten, ist das äußere Erscheinungsbild dieser beiden Modellklassen sehr verschieden. Wenn man sich einmal ansieht, welche Wechselkursdynamiken in bekannten Portfoliomodellen abgeleitet werden und wie überhaupt der Wechselkurs bestimmt wird, dann erkennt man kaum Parallelen.

Diese kunstvollen Wechselkursdynamiken folgen jedoch nicht etwa allein aus der Risikoaversion der Wirtschaftssubjekte, sondern werden hervorgerufen durch die Einführung weiterer restriktiver Annahmen, die die aggregative Struktur des Modells betreffen. Besonders beliebt sind dabei die Annahmen, die zu der Spezifikation des Kleinen Landes führen: Den inländischen und ausländischen Emittenten der Finanzaktiva wird keine Aufteilungsentscheidung zugebilligt, sie sind von vorneherein auf ihre jeweilige Landeswährung festgelegt. Und auch die ausländischen Anleger halten ihr Vermögen nur in ausländischer Währung. Nur die Anleger des kleinen Inlandes können zwischen den beiden Währungen bzw. zwischen Wertpapieren in den beiden Währungen wählen, und damit entscheiden sie allein über den Wechselkurs im Finanzmarktgleichgewicht. Diese Annahmen haben weiter zur Folge, daß jede von den inländischen Anlegern geplante Veränderung der Währungsaufteilung ihres Portfolios kurzfristig nur über eine Veränderung des Wechselkurses realisiert werden kann, die die vorhandenen Bestände umbewertet, und daß jede Veränderung des Bestandes in ausländischer Währung sich nur im Zeitablauf realisieren kann und dabei an den Saldo der Leistungsbilanz gekoppelt ist. Dies sind dann auch die wesentlichen Bausteine der Wechselkursdynamik in den bekannten Portfolioansätzen, aber sie beruhen eben nur auf den ebenso restriktiven wie einschneidenden Annahmen der aggregativen Struktur des Modells.

Wir haben in dem Exkurs im Abschnitt 3.1 die Frage nach der ökonomischen Sinnhaftigkeit dieser Annahmen gestellt, und wir haben in der Konstruktion derartiger Modellwelten keinen Sinn entdecken können. Wir verzichten deshalb bewußt auf derartige Annahmen und orientieren uns an der Modellwelt unseres allgemeinen Finanzmarktansatzes, in der sich für alle Wirtschaftssubjekte, für Inländer und Ausländer, für Anleger und für Emittenten die Frage nach der Währungsaufteilung ihrer Aktiv- oder Passivseite stellt.

Wenn man die Dinge so angeht, dann liegen sie plötzlich ganz einfach. Der rein finanzmarkttheoretische Erklärungsbeitrag für den Wechselkurs (und auch für die Niveaus der Ertragsraten) kann sich nur auf eine Abweichungsdynamik beziehen. Die Bedeutung dieser grundlegenden Erkenntnis kann für die treffende Einordnung der Finanzmarktansätze kaum überschätzt werden. Geradezu sinnfällig wird dies bei der Gegenüberstellung der beiden Varianten des monetären Ansatzes. In der "sticky prices"-Variante von Dornbusch geht es genaugenommen nur um die Erklärung der Abweichungen des Wechselkurses und der Ertragsraten von den Werten im walrasianischen

Gleichgewicht, wobei diese Abweichungen eben nur zustande kommen, weil die Güterpreisniveaus nach auftretenden Schocks sich nur allmählich an ihre neuen Werte im walrasianischen Gleichgewicht anpassen. Wenn dagegen in der "flexible prices"-Variante die Anpassung der Güterpreise sofort stattfindet, dann entfällt auch jeder finanzmarkttheoretische Erklärungsbeitrag. Der monetäre Ansatz der Wechselkursbestimmung bei vollkommen flexiblen Güterpreisen wird zwar immer als ein Finanzmarktansatz eingeordnet, er ist aber eigentlich nur ein Ausschnitt aus dem walrasianischen Gleichgewicht.

An diesen Dingen ändert sich nichts, wenn man nun die Annahme der Risikoneutralität der Wirtschaftssubjekte aufgibt. Es tauchen dann nur neue Fragen auf im Zusammenhang mit der Risikoprämie. Unter welchen Umständen bildet sich im Finanzmarktgleichgewicht eine Risikoprämie, und wie ist das Zustandekommen dieser Risikoprämie zu erklären? An der Logik der Wechselkursbestimmung, dies zeigt unsere Systematik der Bestimmungsgleichungen für die Varianten I bis IV sehr deutlich, ändert sich im Prinzip nichts. Der eigentliche, d.h. neue, Erkenntnisgegenstand des Portfolioansatzes (im Rahmen des allgemeinen Finanzmarktansatzes) ist die Risikoprämie und nicht der Wechselkurs.

Verzeichnis der Notation

Hinweis: Zunächst gilt immer die spezielle Notation eines Abschnitts. Wenn die Abkürzung in der speziellen Notation nicht aufzufinden ist oder es eine spezielle Notation für einen Abschnitt nicht gibt, dann gilt die allgemeine Notation des Kapitels.

Notation im ersten Kapitel

allgemeine Notation

E	nominaler Wechselkurs (Preis der ausländischen Währung in inländischer Währung)
e	natürlicher Logarithmus von E
$\bar{e}$	Wert für e im langfristigen Gleichgewicht, d.h. nach Abschluß der Anpassungsprozesse
P (P')	Preis des inländischen (ausländischen) Gutes in inländischer (ausländischer) Währung
p (p')	natürlicher Logarithmus von P (P')
$\bar{p}$ $(\bar{p}')$	Wert für p (p') im langfristigen Gleichgewicht
T	realer Saldo der Leistungsbilanz
K	realer Saldo der Kapitalverkehrsbilanz
Y (Y')	Realeinkommen der Inländer (der Ausländer)
y (y')	natürlicher Logarithmus von Y (Y')
i (i')	nominale Rendite der Schuldverschreibungen in inländischer (ausländischer) Währung
C	reale Konsumnachfrage der Inländer
I	reale Investitionsnachfrage der Inländer
G	reale inländische Staatsnachfrage
L	reale Geldnachfrage der Inländer
M	nominale inländische Geldmenge
m	natürlicher Logarithmus von M

spezielle Notation im Abschnitt 1.2.1.1

T'	Saldo der Handelsbilanz in ausländischer Währung
M'	Bestand an ausländischem Geld in Händen der Inländer

m' natürlicher Logarithmus von M'

M^* von den Inländern absolut gewünschter Bestand an M

M'^* von den Inländern absolut gewünschter Bestand an M'

m^* (m'^*) natürlicher Logarithmus von M^* (M'^*)

<u>spezielle Notation im Abschnitt 1.2.1.2</u>

D reale gesamtwirtschaftliche Nachfrage

x erwartete Abwertungsrate der inländischen Währung

A reale Absorptionsnachfrage der Inländer

C realer Saldo der Kapitalverkehrsbilanz

CS reale Konsumnachfrage der Inländer

S reale Ersparnis der Inländer

<u>spezielle Notation im Abschnitt 1.2.2</u>

U Nutzen

c_1 (c_2) mengenmäßige Güternachfrage in der ersten (zweiten) Periode

n_1 (n_2) mengenmäßiges Arbeitsangebot in der ersten (zweiten) Peride

w_1 (w_2) Nominallohn in der ersten (zweiten) Periode

p_1 (p_2) Güterpreis in der ersten (zweiten) Periode

i Nominalzins

b_1 (b_2) nominales Defizit der Kapitalverkehrsbilanz in der ersten (zweiten) Periode

y_1 (y_2) mengenmäßige Überschußnachfrage der Ausländer in der ersten (zweiten) Periode

<u>spezielle Notation im Abschnitt 1.2.3.1</u>

B Bestand an Wertpapieren in inländischer Währung (ausgedrückt in inländischer Währung)

F Bestand an Wertpapieren in ausländischer Währung in Händen der Inländer (in ausländischer Währung)

W Vermögen der Inländer (in inländischer Währung)

m	gewünschter Anteil des inländischen Geldes an W
b	gewünschter Anteil des inländischen Wertpapiers an W
f	gewünschter Anteil des ausländischen Wertpapiers an W

<u>spezielle Notation im Abschnitt 1.2.3.3</u>

e	realer Wechselkurs = relativer Preis zwischen dem heimischen und dem internationalen Gut
m	reale inländische Geldmenge (in Einheiten des heimischen Gutes)
p	Preis des heimischen Gutes in inländischer Währung
D	Bestand an ausländischem Geld in Händen der Inländer (ausgedrückt in ausländischer Währung)
a	reales Vermögen der Inländer (in heimischen Gütern)
L	Zusammenhang zwischen der gewünschten Portfolioaufteilung und der erwarteten prozentualen Wechselkursänderung
Q_T	im Inland produzierte Menge des internationalen Gutes
Q_H	im Inland produzierte Menge des heimischen Gutes
C_T	mengenmäßige Nachfrage der Inländer nach dem internationalen Gut
C_H	mengenmäßige Nachfrage der Inländer nach dem heimischen Gut
μ	Wachstumsrate der nominalen Geldmenge

<u>spezielle Notation im Abschnitt 1.3.1</u>

U	intertemporale Gesamtnutzen
u	Periodennutzen
σ	Zeitpräferenzrate im Nutzen
c_t	Pro-Kopf-Konsum in der Periode t
y_t	Pro-Kopf-Einkommen in der Periode t
k_t	Pro-Kopf-Sachkapitalbestand in der Periode t
$\bar{k}$	Wert für k im stationären Gleichgewicht
n	Pro-Kopf-Arbeitszeit

r	Realzins
b_t	Pro-Kopf-Bestand an Wertpapieren am Ende der Periode t
w_t	Reallohn in der Periode t
w^n	Nominallohn
Y	gesamtwirtschaftliches Realeinkommen
N	gesamtwirtschaftliches Arbeitsangebot
N^d	gesamtwirtschaftliche Arbeitsnachfrage
p	Güterpreis
K_t	gesamtwirtschaftlicher Kapitalstock am Ende der Periode t
$\bar{Y}$ $(\bar{K})$	Wert für Y (K) im stationären Gleichgewicht
S	reale gesamtwirtschaftliche Ersparnis
I	reale gesamtwirtschaftliche Investitionsnachfrage
K_t^d	gewünschter Kapitalstock am Ende der Periode t
L^n	nominale Geldnachfrage
i	Nominalzins
B	Bestand an Wertpapieren
W	Bestand an Geldvermögen
B_i	Bestand an Wertpapieren des Typs i , i=0,1,2
b_i	gewünschter Anteil des Wertpapiers B_i
l_w	gewünschter Anteil des Geldes
i_f	Rendite des risikofreien Wertpapiers B_0
i_1 (i_2)	Rendite des Wertpapiers B_1 (B_2)
L_T	Geldnachfrage aus dem Transaktionsmotiv
I1 (I2)	Investitionsnachfrage des ersten (zweiten) Sektors
$B_{1,-1}$	Bestand an Wertpapieren, die vom ersten Sektor zu Beginn der betrachteten Periode angeboten werden
$B_{2,-1}$	Bestand an Wertpapieren, die vom zweiten Sektor zu Beginn der betrachteten Periode angeboten werden
W_{-1}	Vermögen zu Beginn der betrachteten Periode

W^d Geldvermögen, daß zum Ende der betrachteten Periode nachgefragt wird

B_1^d (B_2^d) Bestand an Wertpapieren vom Typ 1 (2), der zum Ende der betrachteten Periode nachgefragt wird

Notation im zweiten Kapitel

allgemeine Notation

e		nominaler Wechselkurs (Preis der ausländischen Währung in inländischer Währung)
q		realer Wechselkurs
i		Nominalzins
Y	(Y')	reales Volkseinkommen der Inländer (Ausländer)
Y^n	(Y^{n}')	nominales Volkseinkommen der Inländer (Ausländer)
Y^v	(Y^{v}')	reales verfügbares Einkommen der Inländer (Ausländer)
C	(C')	reale Konsumnachfrage der Inländer (Ausländer)
C^n	(C^{n}')	nominale Konsumnachfrage der Inländer (Ausländer)
I	(I')	reale Investitionsnachfrage der Inländer (Ausländer)
G	(G')	reale Güternachfrage der inländischen (ausländischen) öffentlichen Haushalte
T	(T')	reale Steuern der Inländer (Ausländer)
T^n	(T^{n}')	nominale Steuern der Inländer (Ausländer)
t	(t')	Steuersatz im Inland (Ausland)
M	(M')	inländische (ausländische) Geldmenge
S	(S')	reale Ersparnis der Inländer (Ausländer)
N^s	(N^{s}')	Arbeitsangebot der Inländer (Ausländer)
N^d	(N^{d}')	Arbeitsnachfrage der Inländer (Ausländer)
N	(N')	Beschäftigung im Inland (Ausland)
L	(L')	reale Geldnachfrage der Inländer (Ausländer)
p	(p')	Güterpreisniveau in inländischer (ausländischer) Währung

w (w')	Nominallohn im Inland (Ausland)
NP	Nettoposition des Inlandes in inländischer Währung
K_{-1}	Sachkapitalbestand zu Beginn der Periode im Inland
K'_{-1}	Sachkapitalbestand zu Beginn der Periode im Ausland
TB	Handelsbilanzüberschuß des Inlandes in inländischer Währung
B_{-1} (F_{-1})	Bestand an Wertpapieren zu Beginn der Periode, die von den Unternehmen (vom Staat) emittiert wurden
B_d (F_d)	Nachfrage am Ende der Periode nach Wertpapieren, die von Unternehmen (vom Staat) emittiert wurden.
B^s (F^s)	Angebot der Unternehmen (des Staates) an Wertpapieren am Ende der Periode
L^H (L^U)	Geldnachfrage der privaten Haushalte (der Unternehmen) am Ende der Periode
M^H_{-1} (M^U_{-1})	Geldbestand bei den privaten Haushalten (den Unternehmen) zu Beginn der Periode

allgemeine Notation für die Zwei-Güter-Zwei-Sektoren Betrachtung

Y1 (Y2)	Produktion von Gut 1 (Gut 2) im Inland
Y1' (Y2')	Produktion von Gut 1 (Gut 2) im Ausland
Y_1 (Y_2)	Realeinkommen der Inländer, ausgedrückt in Einheiten von Gut 1 (Gut 2)
Y'_1 (Y'_2)	Realeinkommen der Ausländer, ausgedrückt in Einheiten von Gut 1 (Gut 2)
p_1 (p_2)	Preis für Gut 1 (Gut 2) in inländischer Währung
p'_1 (p'_2)	Preis für Gut 1 (Gut 2) in ausländischer Währung
w_1 (w_2)	Nominallohn im Sektor 1 (Sektor 2) im Inland
w'_1 (w'_2)	Nominallohn im Sektor 1 (Sektor 2) im Ausland
L_1 (L_2)	reale Geldnachfrage der Inländer, ausgedrückt in Einheiten von Gut 1 (Gut 2)
L'_1 (L'_2)	reale Geldnachfrage der Inländer, ausgedrückt in Einheiten von Gut 1 (Gut 2)
N_1 (N_2)	Beschäftigung im Sektor 1 (Sektor 2) des Inlandes
N'_1 (N'_2)	Beschäftigung im Sektor 1 (Sektor 2) des Auslandes

C1 (C2)	Konsumnachfrage der Inländer nach Gut 1 (Gut 2)
C1' (C2')	Konsumnachfrage der Ausländer nach Gut 1 (Gut 2)
c (c')	Konsumquote der Inländer (Ausländer)
G1 (G2)	Nachfrage des inländischen Staates nach Gut 1 (Gut 2)
G1' (G2')	Nachfrage des inländischen Staates nach Gut 1 (Gut 2)
k	relativer Güterpreis im langfristigen Gleichgewicht, d. h. nach Abschluß der Angebotsreaktionen
$I1_1$ ($I1_2$)	Investitionsnachfrage des inländischen Sektors 1 (Sektors 2) nach Gut 1
$I2_1$ ($I2_2$)	Investitionsnachfrage des inländischen Sektors 1 (Sektors 2) nach Gut 2
$I1_{1+2}$	Investitionsnachfrage beider inländischer Sektoren nach Gut 1
$I2_{1+2}$	Investitionsnachfrage beider inländischer Sektoren nach Gut 2
I_1^n (I_2^n)	nominale Investitionsnachfrage des inländischen Sektors 1 (Sektors 2)
$I2'_{1+2}$	Investitionsnachfrage des Auslandes nach Gut 2
$K_{1,-1}$	Sachkapitalbestand im inländischen Sektor 1 zu Beginn der Periode
$K_{2,-1}$	Sachkapitalbestand im inländischen Sektor 2 zu Beginn der Periode
$K'_{1,-1}$	Sachkapitalbestand im ausländischen Sektor 1 zu Beginn der Periode
$K'_{2,-1}$	Sachkapitalbestand im ausländischen Sektor 2 zu Beginn der Periode
N_1^s (N_2^s)	Arbeitsangebot der Inländer im Sektor 1 (Sektor 2)
$N_1^{s\prime}$ ($N_2^{s\prime}$)	Arbeitsangebot der Ausländer im Sektor 1 (Sektor 2)
N_1^d (N_2^d)	Arbeitsnachfrage des Sektors 1 (Sektors 2) im Inland
$N_1^{d\prime}$ ($N_2^{d\prime}$)	Arbeitsnachfrage des Sektors 1 (Sektors 2) im Ausland
$B1_{-1}$	Bestand an Wertpapieren zu Beginn der Periode, die vom Sektor 1 emittiert wurden
$B2_{-1}$	Bestand an Wertpapieren zu Beginn der Periode, die vom Sektor 2 emittiert wurden

$B1^d$ ($B2^d$)	Nachfrage am Ende der Periode nach Wertpapieren, die vom Sektor 1 (Sektor 2) emittiert wurden
$B1^s$ ($B2^s$)	Angebot des Sektors 1 (Sektors 2) an Wertpapieren zum Ende der Periode
n(x,y)	Elastizität von x in Bezug auf y

<u>spezielle Notation im Abschnitt 2.3.3.1</u>

YH (YT)	Produktion des heimischen Gutes (des international handelbaren Gutes) im Inland
YH' (YT')	Produktion des heimischen Gutes (des international handelbaren Gutes) im Ausland
p_H (p_T)	Preis des heimischen Gutes des Inlandes (des international handelbaren Gutes) in inländischer Währung
p_H' (p_T')	Preis des heimischen Gutes des Auslandes (des international handelbaren Gutes) in ausländischer Währung
GH (GT)	Nachfrage des inländischen Staates nach dem heimischen Gut (dem international handelbaren Gut)
GH' (GT')	Nachfrage des ausländischen Staates nach dem heimischen Gut (dem international handelbaren Gut)
CH (CT)	Konsumnachfrage der Inländer nach dem heimischen Gut (dem international handelbaren Gut)
CH' (CT')	Konsumnachfrage der Ausländer nach dem heimischen Gut (dem international handelbaren Gut)
IH (IT)	Investitionsnachfrage der Inländer nach dem heimischen Gut (dem international handelbaren Gut)
IH' (IT')	Investitionsnachfrage der Ausländer nach dem heimischen Gut (dem international handelbaren Gut)
LT (LT')	reale Geldnachfrage der Inländer (der Ausländer), ausgedrückt in Einheiten des international handelbaren Gutes
N_H (N_T)	Beschäftigung im Sektor des Inlandes, der das heimische Gut (das international handelbare Gut) produziert
N_H' (N_T')	Beschäftigung im Sektor des Auslandes, der das heimische Gut (das international handelbare Gut) produziert
p (p')	durchschnittliches Güterpreisniveau im Inland (Ausland) in inländischer (ausländischer) Währung

spezielle Notation im Abschnitt 2.3.3.2

X Exporte des Inlandes = Importe des Auslandes

IM Importe des Inlandes = Exporte des Auslandes

Notation im dritten Kapitel

allgemeine Notation

E nominaler Wechselkurs (Preis der ausländischen Währung in inländischer Währung)

$\bar{E}$ Wert von E im Gleichgewicht auf den Strommärkten

e natürlicher Logarithmus von E

M Bestand an inländischem Geld, ausgedrückt in inländischer Währung

M' Bestand an ausländischem Geld, ausgedrückt in ausländischer Währung

B_h (B_f) Bestand an Wertpapieren in inländischer Währung in Händen der inländischen (ausländischen) Gläubiger, ausgedrückt in inländischer Währung

$\bar{B}_h$ ($\bar{B}_f$) Der von inländischen (ausländischen) Schuldnern emittierte Bestand an Wertpapieren in inländischer Währung, ausgedrückt in inländischer Währung

F_h (F_f) Bestand an Wertpapieren in ausländischer Währung in Händen der inländischen (ausländischen) Gläubiger, ausgedrückt in ausländischer Währung

$\bar{F}_h$ ($\bar{F}_f$) Der von inländischen (ausländischen) Schuldnern emittierte Bestand an Wertpapieren in inländischer Währung, ausgedrückt in ausländischer Währung

l Nachfrage der Inländer nach dem inländischen Geld, ausgedrückt in inländischer Währung

l' Nachfrage der Ausländer nach dem ausländischem Geld, ausgedrückt in ausländischer Währung

b_h (f_h) Nachfrage der inländischen Gläubiger nach Wertpapieren in inländischer (ausländischer) Währung, ausgedrückt in inländischer Währung

b_h^s (f_h^s) Angebot der inländischen Schuldner an Wertpapieren in inländischer (ausländischer) Währung, ausgedrückt in inländischer Währung

b_f	(f_f)	Nachfrage der ausländischen Gläubiger nach Wertpapieren in inländischer (ausländischer) Währung, ausgedrückt in ausländischer Währung
b_f^s	(f_f^s)	Angebot der inländischen Schuldner an Wertpapieren in inländischer (ausländischer) Währung, ausgedrückt in inländischer Währung
W_h	(V_h)	Vermögen (Verbindlichkeiten) der inländischen Gläubiger (Schuldner), ausgedrückt in inländischer Währung
W_f	(V_f)	Vermögen (Verbindlichkeiten) der ausländischen Gläubiger (Schuldner), ausgedrückt in ausländischer Währung
i	(i')	nominale Ertragsrate der Wertpapiere in inländischer (ausländischer) Währung
d^e		erwartete Abwertungsrate für den nominalen Wechselkurs
Y	(Y')	Realeinkommen der Inländer (Ausländer)
y	(y')	natürlicher Logarithmus von Y (Y')
m	(m')	natürlicher Logarithmus von M (M')
p	(p')	Güterpreisniveau im Inland (Ausland)
$\bar{p}$	$(\bar{p}')$	Wert für p (p') im Gleichgewicht auf den Strommärkten
q		realer Wechselkurs im Gleichgewicht auf den Strommärkten
π	(π')	Inflationsrate im Inland (Ausland)
Φ		Risikoprämie zugunsten einer Anlage in Wertpapieren, die auf inländische Währung lauten

<u>spezielle Notation in Abschnitt 3.3</u>

d		tatsächliche und erwartete Abwertungsrate für den nominalen Wechselkurs
b		Anteil der Wertpapiere in inländischer Währung am gesamten Wertpapierportfolio
R	(R')	reale Gesamtrendite des Wertpapierportfolios aus der Sicht eines Inländers (Ausländers)
b_h^*	(b_f^*)	varianzminimale Portfolioaufteilung der Inländer (Ausländer)

Literaturverzeichnis

Ahtiala, P. (1984), "A Synthesis of the Macroeconomic Approaches to Exchange Rate Determination", European Economic Review, 24, S. 117-136.

Ando, A., Shell, K. (1975), "Demand for Money in a General Portfolio Model in the Presence of an Asset that Dominates Money", Anhang zu: A. Ando und F. Modigliani, "Some Reflections on Describing Structures of Financial Sectors" in: Fromm, G. und Klein, L.R. (Hrsg.), The Brooking Model: Perspective and Recent Developments, Amsterdam-Oxford-New York.

Baltensperger, E., Böhm, P. (1982), "Stand und Entwicklungstendenzen der Wechselkurstheorie - Ein Überblick", Aussenwirtschaft, 37, S. 109-157.

Barro, R.J. (1987), Macroeconomics, 2. Auflage, New York u.a.

Barro, R.J., Grossman, H.I. (1971), "A General Disequilibrium Model of Income and Employment", American Economic Review, 61, S. 82-93.

Beenstock, M. (1986), "A Theory of Home Currency Preference", Weltwirtschaftliches Archiv, 122, S. 223-231

Bender, B. (1982), "Finanzmarkttheorie des Wechselkurses", in: Handwörterbuch der Wirtschaftswissenschaft (HdWW), Band 9, S. 748-764.

Bergsten, C.F. (1987), "Economic Imbalances and World Politics", Foreign Affairs, 65, S. 770-794.

Bhandari, J.S. (1981), "A Stochastic Macroequilibrium Approach to a Floating Exchange Rate Economy with Interest-Bearing Assets", Weltwirtschaftliches Archiv, 117, S. 1-19.

Bhandari, J.S., Driskill, R., Frenkel, J.A. (1984), "Capital Mobility and Exchange Rate Overshooting", European Economic Review, 24, S. 309-320.

Bhandari, J.S., Putnam, B.H. (1983), Economic Interdependence and Flexible Exchange Rates, Cambridge, Mass. , London.

Bilson, J.F.O. (1978a), "The Monetary Approach to the Exchange Rate: Some Empirical Evidence", International Monetary Fund Staff Papers, 25, S. 48-75.

Bilson, J.F.O. (1978b), "Rational Expectations and Exchange Rates", in: J.A. Frenkel and H.G. Johnson (Hrsg.), The Economics of Exchange Rates: Selected Studies, S. 75-96.

Bilson, J.F.O. (1978c), "The Current Experience with Floating Exchange Rates. An Appraisal of the Monetary Approach", American Economic Review, 68, S. 392-397.

Bilson, J.F.O. (1979), "Recent Developments in Monetary Models of Exchange Rate Determination", IMF Staff Paper, 26, S. 201-223.

Bisignano, J., Hoover, K. (1982), "Some Suggested Improvements to a Simple Portfolio Balance Model of Exchange Rate Determination with Special Reference to the U.S. Dollar/Canadian Dollar Rate", Weltwirtschaftliches Archiv, 118, S. 19-37.

Branson, W.H. (1977), "Assets Markets and Relative Prices in Exchange Rate Determination", Sozialwissenschaftliche Annalen, 1, S. 69-80.

Branson, W.H. (1979), "Exchange Rate Dynamics and Monetary Policy", in: A. Lindbeck (Hrsg.), Studies in International Economics, 5, Amsterdam 1979, S. 189-224.

Branson, W.H. (1986), "The Limits of Monetary Coordination as Exchange Rate Policy", Brookings Papers on Economic Activity, S. 175-194.

Branson, W.H., Halttunnen, H. und Masson, P. (1977), "Exchange Rates in the Short Run: The Dollar-Deutschemark Rate", European Economic Review, 10, S. 303-324.

Branson, W.H., Halttunnen, H. und Masson, P. (1979), "Exchange Rates in the Short Run: Some Further Results", European Economic Review, 12, S. 395-402.

Branson, W.H., Henderson, D.W. (1985), "The Specification and Influence of Asset Markets", in: Jones, R.W., Kenen, P.B. (Hrsg.), Handbook of International Economics, Vol. II, Amsterdam, New York, Oxford, S. 749-805.

Brunner, K., Meltzer, A.H. (1987), "Bubbles and Other Essays", in: Brunner, K., Meltzer, A.H. (Hrsg.), Policies for Employment, Prices and Exchange Rates, Carnegie-Rochester Conference Series on Public Policy, 26, S. 1-8.

Buiter, W.H., Eaton, J. (1981), "Keynesian Balance-of-Payments Models: Comment", American Economic Review, 71, S. 784-795.

Calvo, G.A., Rodriguez, C.A. (1977), "A Model of Exchange Rate Determination with Currency Substitution and Rational Expectations", Journal of Political Economy, 85, S. 617-626.

Claassen, E.-M. (1983), "The Keynesian and Classical Determination of the Exchange Rate", Weltwirtschaftliches Archiv, 119, S. 19-35.

Cooper, R.N. (1986), "Dealing with the Trade Deficit in a Floating Rate System", Brookings Papers on Economic Activity, S. 195-207.

Deardorf, A.V. (1981), "Keynesian Balance-of-Payments Models: Comment", American Economic Review, 71, S. 774-777.

Demery, D. (1984), "Exchange Rate Dynamics", European Economic Review, 24, S. 151-159.

Dooley, M., Isard, P. (1982), "A Portfolio-Balance Rational-Expectations Model of the Dollar-Mark Exchange Rate", Journal of International Economics, 12, S. 257-276.

Dornbusch, R. (1976), "Expectations and Exchange Rate Dynamics", Journal of Political Economy, 84, S. 1191-1176.

Dornbusch, R. (1980), "Exchange Rate Economics: Where Do We Stand?" Brookings Papers on Economic Activity, S. 143-185.

Dornbusch, R. (1986), Dollars, Debts, and Deficits, Cambridge, Mass., London.

Dornbusch, R., Fischer, S. (1980), "Exchange Rates and the Current Account", American Economic Review, 70, S. 960-971.

Driskill, R.A. (1981a), "Exchange Rate Dynamics: An Empirical Investigation", Journal of Political Economy, 89, S. 357-371.

Driskill, R.A. (1981b), "Exchange Rate Overshooting, the Trade Balance, and Rational Expectations", Journal of International Economics, 11, S. 361-377.

Driskill, R.A., McCafferty, S. (1987), "Exchange-Rate Determination: An Equilibrium Approach with Imperfect Capital Substitutability", Journal of International Economics, 23, S. 241-261.

Driskill, R.A., Sheffrin, S.M. (1981), "On the Mark: Comment", American Economic Review, 71, S. 1068-1074.

Fama, E.F. (1984), "Forward and Spot Exchange Rates", Journal of Monetary Economics, 13, S. 319-338.

Fama, E.F. (1970), "Efficient Capital Markets: A Review of Theory and Empirical Work", Journal of Finance, 25, S. 383-417.

Felderer, B., Homburg, S. (1987), Makroökonomik und neue Makroökonomik, Berlin, Heidelberg, New York.

Feldstein, M. (1987), "Correcting the Trade Deficit", Foreign Affairs, 65, S. 795-806.

Flood, R.P. (1987), "Comments on Speculation and the Volatility of Foreign Currency Exchange Rates", in: Brunner, K., Meltzer, A.H. (Hrsg.), Policies for Employment, Prices and Exchange Rates, Carnegie-Rochester Conference Series on Public Policy, 26, S. 57-62.

Foley, D.K. (1975), "On Two Specifications of Asset Equilibrium in Macroeconomic Models", Journal of Political Economy, 83, S. 303-324

Frankel, J.A. (1979a), "The Diversifiability of Exchange Risk", Journal of International Economics, 9, S. 379-393.

Frankel, J.A. (1979b), "On the Mark: A Theory of Floating Exchange Rates Based on Real Interest Differentials", American Economic Review, 69, S. 610-622.

Frankel, J.A. (1981), "On the Mark: Reply", American Economic Review, 71, S. 1075-1082.

Frankel, J.A. (1982), "The Mystery of the Multiplying Marks: A Modification of the Monetary Model", Review of Economics and Statistics, S. 515-519.

Frankel, J.A. (1983), "Monetary and Portfolio-Balance Models of Exchange Rate Determination", in: Bhandari, J.S., Putnam, B.H. (1983), Economic Interdependence and Flexible Exchange Rates, Cambridge, Mass. , London, S. 84-115.

Frankel, J.A. (1984), "Test of Monetary and Portfolio Balance Models of Exchange Rate Determination", in: J.F.O. Bilson and R.C. Marston (Hrsg.), Exchange Rate Theory and Practice, S. 239-259.

Frankel, J.A. (1985), "The Dazzling Dollar", Brookings Papers on Economic Activity, 1, S. 199-217.

Frankel, J.A., Froot, K. (1987), "Using Survey Data to Test Some Standard Propositions Regarding Exchange Rate Expectations", American Economic Review, 77, S. 133-153.

Frenkel, J.A. (1976), "A Monetary Approach to the Exchange Rate: Doctrinal Aspects and Empirical Evidence", Scandinavian Journal of Economics, S. 200-224. Wiederabgedruckt in: J.A. Frenkel, H.G. Johnson (Hrsg.), The Economics of Exchange Rates: Selected Studies, Reading, Mass. 1978, S. 1-25.

Frenkel, J.A. (1977), "The Forward Exchange Rate, Expectations, and the Demand for Money: The German Hyperinflation", American Economic Review, 67, S. 653-670.

Frenkel, J.A., Johnson, H.G. (1978), The Economics of Exchange Rates: Selected Studies, Reading, Massachusetts.

Frenkel, J.A., Mussa, M.L. (1985), "Asset Markets, Exchange Rates and the Balance of Payments", in: Jones, R.W., Kenen, P.B. (Hrsg.), Handbook of International Economics, Vol. II, Amsterdam, New York, Oxford, S. 679-747.

Frenkel, J.A., Rodriguez, C.A. (1982), "Exchange Rate Dynamics and the Overshooting Hypothesis", International Monetary Fund Staff Papers, 29, S. 1-30

Friedman, M. (1953), "The Case for Flexible Exchange Rate", in: Ders., Essays in Positive Economics, Chicago, S. 157-203.

Gaab, W. (1983), Devisenmärkte und Wechselkurse, Berlin.

Gylfason, T., Helliwell, J.F. (1983), "A Synthesis of Keynesian, Monetary, and Portfolio Approaches to Flexible Exchange Rates", The Economic Journal, 93, S. 820-831.

Haynes, S.E., Stone, J.A. (1981), "On the Mark: Comment", American Economic Review, 71, S. 1060-1067.

Hodrick, R.J. (1978), "An Empirical Analysis of the Monetary Approach to the Determination of the Exchange Rate", in J.A. Frenkel u. H.G. Johnson (Hrsg.), The Economics of Exchange Rates, S. 97-116.

Hooper, P., Morton, J. (1982), "Fluctuations in the Dollar: A Model of Nominal and Real Exchange Rate Determination", Journal of International Money and Finance, 1, S. 39-56.

Isard, P. (1978), "The Process of Exchange-Rate Determination: A Survey of Popular Views and Recent Models", Princeton Studies in International Finance, 42, Princeton.

Kearney, C., MacDonald, R. (1986), "A Structural Portfolio Balance Model of the Sterling-Dollar Exchange Rate", Weltwirtschaftliches Archiv, 122, S. 478-496.

Kenen, P.B. (1981), "Effects of Intervention and Sterilisation in the Short Run and in the Long Run", in: R.N. Cooper, P.B. Kenen, J.B. de Macedo und J. van Ypersele (Hrsg.), The International Monetary System and Flexible Exchange Rates: Global, Regional and National, Cambridge, Mass., S. 51-60.

Koedijk, K.G., Ott, M. (1987), "Risk Aversion, Efficient Markets and the Forward Exchange Rate", Federal Reserve Bank of St. Louis: Review, 69, S. 5-13.

Kouri, P.J.K. (1976), "The Exchange Rate and the Balance of Payments, in the Short Run and in the Long Run: A Monetary Approach", Scandinavian Journal of Economics, 78, S. 280-304.

Kuska, E. (1987), "On the Almost Total Inadequacy Theory", American Economic Review, 68, S. 659-670.

Kuska, E. (1982), "On the Adequacy or Inadequacy of Keynesian Balance-of-Payments Theory: A Reply", American Economic Review, 72, S. 887-898.

Lang, P., Ohr, R. (1981), "Dynamische Wechselkursanalyse: Eine rechnergestützte Verbindung von Devisenmarkttheorie und Portfolio-Analyse", Jahrbuch für Sozialwissenschaft, 32, S. 295-310.

Levich, R.M. (1985), "Empirical Studies of Exchange Rates: Price Behavior, Rate Determination and Market Efficiency", in: Jones, R.W., Kenen, P.B. (Hrsg.), Handbook of International Economics, Vol. II, Amsterdam, New York, Oxford, S. 979-1040.

Levintakis, J.A. (1987), "Exchange Rate Models: Do They Work?" Weltwirtschaftsliches Archiv, 123, S. 363-376.

Lintner, J. (1965), "Security Prices, Risk, and Maximal Gains from Diversification", The Journal of Finance, 20, S. 587-615.

MacDonald, R. (1988), Floating Exchange Rates: Theories and Evidence, London.

Maddala, G. (1977), Econometrics, New York.

McKinnon, R.I. (1982), "Currency Substitution and Instability in the World Dollar Standard", American Economic Review, 72, S. 320-333.

McKinnon, R.I. (1983), "Why Floating Exchange Rates Fail", unveröffentlichtes Manuskript, Stanford University.

McKinnon, R.I. (1984), An International Standard for Monetary Stabilization, Cambridge, London

McKinnon, R.I. (1985), "Two Concepts of International Currency Substitution", in: Conolly, M., McDermott, J. ,The Economics of the Caribbean Basin, New York, S. 101-113

Meese, R., Rogoff, K. (1983), "Empirical Exchange Rate Models of the Seventies: Do they fit out of Sample?", Journal of International Economics, 14, S. 3-24.

Meese, R., Rogoff, K. (1984), "The Out of Sample Failure of Empirical Exchange Rate Models: Sampling Error or Misspecification?", in: J.A. Frenkel (Hrsg.), Exchange Rates and International Macroeconomics, Chicago.

Miller, M.C. (1981), " Keynesian Balance-of-Payments Models: Comment", American Economic Review, 71, S. 778-783.

Mossin, J. (1966), "Equilibrium in a Capital Asset Market", Econometrica, 34, S. 768-783.

Mundell, R.A. (1962), "The Appropriate Use of Monetary and Fiscal Policy under Fixed Exchange Rates", International Monetary Fund Staff Papers, 9, S. 70-77.

Mundell, R.A. (1968), International Monetary Economics, New York.

Murphy, R.G., Van Duyne, C. (1980), "Asset Market Approaches to Exchange Rate Determination: A Comparative Analysis, Weltwirtschaftliches Archiv, 116, S. 628-656.

Mussa, M.L. (1976), "The Exchange Rate, the Balance of Payments and Monetary and Fiscal Policy Under a Regime of Controlled Floating, Scandinavian Journal of Economics, 78, S. 229-254.

Mussa, M.L. (1979), "Empirical Regularities in the Behavior of Exchange Rates and the Theories of the Foreign Exchange Market", in: Brunner, K., Meltzer, A.H. (Hrsg.), Policies for Employment, Prices and Exchange Rates, Carnegie-Rochester Conference Series on Public Policy, 11, S. 9-57.

Niehans, J. (1977), "Exchange rate Dynamics with Stock/Flow Interaction", Journal of Political Economy, 85, S. 1245-1257.

Niehans, J. (1984a), International Monetary Economics, Baltimore, Maryland.

Niehans, J. (1984b), "Interest Rates and Capital Flows", unveröffentlichtes Manuskript.

Rodriguez, C.A. (1980), "The Role of Trade Flows in Exchange Rate Determination: A Rational Exspectations Approach", Journal of Political Economy, 88, S. 1148-1158.

Rothschild, K.W. (1981), Einführung in die Ungleichgewichtstheorie, Berlin, Heidelberg, New York.

Sargent,.T.J. (1982), Makroökonomik, München, Wien.

Sarantis, N. (1987), "A Dynamic Asset Market Model for the Exchange Rate of the Pound Sterling", Weltwirtschaftliches Archiv, 123, S. 24-38.

Schneeweiß, H. (1978), Ökonometrie, Würzburg, Wien.

Sharpe, W.F. (1964), "Capital Asset Prices: A Theory of Market Equilibrium under Conditions of Risk", Journal of Finance, 19, S. 425-442.

Singleton, K. (1987), "Speculation and the Volatility of Foreign Currency Exchange Rates", in: Brunner, K., Meltzer, A.H. (Hrsg.), Policies for Employment, Prices and Exchange Rates, Carnegie-Rochester Conference Series on Public Policy, 26, S. 9-56.

Sinn, H.W. (1983), "International Capital Movements, Flexible Exchange Rates, and the IS-LM Model: A Comparison Between the Portfolio-Balance and the Flow Hypotheses", Weltwirtschaftliches Archiv, 119, S. 37-63.

Sinn, H.W. (1983), "Pro und contra Crowding-Out: Zur Stichhaltigkeit dreier populärer Argumente", Kredit und Kapital, 32, S. 488-511.

Tobin, J. (1969), "A General Equilibrium Approach to Monetary Theory", Journal of Money, Credit and Banking, 1, S. 15-29.

Tobin, J. (1980), Asset Accumulation and Economic Activity, Oxford.

Vaubel, R. (1986), "Probleme der Währungspolitik und Währungsordnung", in: Glismann, Horn, Nehring, Vaubel, Weltwirtschaftslehre, Band I: Außenhandels- und Währungspolitik, Göttingen, S. 149-260.

Williamson, J. (1986), "Target Zones and the Management of the Dollar", Brookings Papers on Economic Activity, S. 165-174

Wirtschaftswissenschaftliche Beiträge

Band 28: Ingo Heinz und
Renate Klaaßen-Mielke
Krankheitskosten durch Luftverschmutzung
1990. 147 Seiten. Brosch. DM 55,-
ISBN 3-7908-0471-1

Band 29: Brigitte Kalkofen
Gleichgewichtsauswahl in strategischen Spielen
1990. 214 Seiten. Brosch. DM 65,-
ISBN 3-7908-0473-8

Band 30: Klaus G. Grunert
Kognitive Strukturen in der Konsumforschung
1990. 290 Seiten. Brosch. DM 75,-
ISBN 3-7908-0480-0

Band 31: Stefan Felder
Eine neo-österreichische Theorie des Vermögens
1990. 118 Seiten. Brosch. DM 49,-
ISBN 3-7908-0484-3

Band 32: Götz Uebe (Hrsg.)
Zwei Festreden Joseph Langs
1990. 116 Seiten. Brosch. DM 55,-
ISBN 3-7908-0487-8

Band 33: Uwe Cantner
Technischer Fortschritt, neue Güter und internationaler Handel
1990. 289 Seiten. Brosch. DM 75,-
ISBN 3-7908-0488-6

Band 34: Wolfgang Rosenthal
Der erweiterte Maskengenerator eines Software-Entwicklungs-Systems
1990. 275 Seiten. Brosch. DM 75,-
ISBN 3-7908-0492-4

Band 35: Ursula Nessmayr
Die Kapitalsituation im Handwerk
1990. 177 Seiten. Brosch. DM 59,-
ISBN 3-7908-0495-9

Band 36: Henning Wüster
Die sektorale Allokation von Arbeitskräften bei strukturellem Wandel
1990. 148 Seiten. Brosch. DM 55,-
ISBN 3-7908-0497-5

Band 37: Rudolf Hammerschmid
Entwicklung technisch-wirtschaftlich optimierter regionaler Entsorgungsalternativen
1990. 239 Seiten. Brosch. DM 68,-
ISBN 3-7908-0499-1

Band 38: Peter Mitter /
Andreas Wörgötter (Hrsg.)
Austro-Keynesianismus
1990. 102 Seiten. Brosch. DM 55,-
ISBN 3-7908-0514-9

Band 39: Alfred Katterl/
Kurt Kratena
Reale Input-Output Tabelle und ökologischer Kreislauf
1990. 114 Seiten. Brosch. DM 55,-
ISBN 3-7908-0515-7

Band 40: Anette Gehrig
Strategischer Handel und seine Implikationen für Zollunion
1990. 174 Seiten. Brosch. DM 65,-
ISBN 3-7908-0519-X

Band 41: Gholamreza
Nakhaeizadeh/
Karl-Heinz Vollmer (Hrsg.)
Anwendungsaspekte von Prognoseverfahren
1990. 169 Seiten. Brosch. DM 59,-
ISBN 3-7908-0519-X

Band 42: Claudia Fantapié
Altobelli
Die Diffusion neuer Kommunikationstechniken in der Bundesrepublik Deutschland
1991. 319 Seiten. Brosch. DM 79,-
ISBN 3-7908-0525-4

Band 43: Josef Richter
Aktualisierung und Prognose technischer Koeffizienten in gesamtwirtschaftlichen Input-Output Modellen
1991. 376 Seiten. Brosch. DM 89,-
ISBN 3-7908-0529-7

Band 44: Elmar Spranger
Expertensystem für Bilanzpolitik
1991. 228 Seiten. Brosch. DM 69,-
ISBN 3-7908-0532-7

Band 45: Frank Schneider
Corporate-Identity-orientierte Unternehmenspolitik
1991. 295 Seiten. Brosch. DM 79,-
ISBN 3-7908-0533-5

Band 46: Beat Gygi
Internationale Organisationen aus der Sicht der Neuen Politischen Ökonomie
1991. 258 Seiten. Brosch. DM 75,-
ISBN 3-7908-0537-8

Band 47: Ludwig Hennicke
Wissensbasierte Erweiterung der Netzplantechnik
1991. 194 Seiten. Brosch. DM 55,-
ISBN 3-7908-0544-0

Band 48: Torsten Knappe
DV-Konzepte operativer Früherkennungssysteme
1991. 176 Seiten. Brosch. DM 55,-
ISBN 3-7908-0545-9

Band 49: Peter Welzel
Strategische Handelspolitik
1991. 207 Seiten. Brosch. DM 69,-
ISBN 3-7908-0546-7

Band 50: Hartmut Wiethoff
Risk Management auf spekulativen Märkten
1991. 202 Seiten. Brosch. DM 69,-
ISBN 3-7908-0549-1

Band 51: Rainer Riedl
Strategische Planung von Informationssystemen
1991. 227 Seiten. Brosch. DM 75,-
ISBN 3-7908-0548-3

Band 52: Klaus Sandmann
Arbitrage und die Bewertung von Zinssatzoptionen
1991. 172 Seiten. Brosch. DM 65,-
ISBN 3-7908-0551-3

Band 53: Peter Engelke
Integration von Forschung und Entwicklung in die unternehmerische Planung und Steuerung
1991. 351 Seiten. Brosch. DM 98,-
ISBN 3-7908-0556-4

Band 54: Frank Blumberg
Wissensbasierte Systeme in Produktionsplanung und -steuerung
1991. 268 Seiten. Brosch. DM 79,-
ISBN 3-7908-0557-2

GPSR Compliance

The European Union's (EU) General Product Safety Regulation (GPSR) is a set of rules that requires consumer products to be safe and our obligations to ensure this.

If you have any concerns about our products, you can contact us on ProductSafety@springernature.com

In case Publisher is established outside the EU, the EU authorized representative is:

Springer Nature Customer Service Center GmbH
Europaplatz 3
69115 Heidelberg, Germany

Batch number: 10816681

Printed by Printforce, the Netherlands